当代群众文化探索

张新建 陈素平 著

中国文联出版社

图书在版编目（CIP）数据

当代群众文化探索 / 张新建，陈素平著. -- 北京 ：
中国文联出版社，2024.6. -- ISBN 978-7-5190-5554-7

Ⅰ．G249.2

中国国家版本馆CIP数据核字第2024EX0000号

著　　者　张新建　陈素平
责任编辑　周　欣
责任校对　秀点校对
装帧设计　研杰星空

出版发行　中国文联出版社有限公司
社　　址　北京市朝阳区农展馆南里10号　　　邮编　100125
电　　话　010-85923025（发行部）　　　　010-85923091（总编室）
经　　销　全国新华书店等
印　　刷　明玺印务（廊坊）有限公司

开　　本　710毫米×1000毫米　　　1/16
印　　张　18.5
字　　数　308千字
版　　次　2024年6月第1版第1次印刷
定　　价　86.00元

前　言

　　群众文化是当代社会中一个重要而丰富的领域，它不仅反映了人们的生活方式、价值观和审美偏好，也在很大程度上塑造了社会的认同感和凝聚力。当代群众文化是指广泛传播和受到大众关注的文化形式和内容，它以群众为主体，满足大众的娱乐、消费和审美需求。群众文化可以包括电影、音乐、电视节目、流行艺术、时尚等领域，以及社交媒体和数字娱乐等新兴形式。随着科技的快速发展和全球化的影响，群众文化正经历着前所未有的变革和创新。本书全面概述了群众文化的多个方面，包括其概述、教育意义、与新媒体的关系、与消费社会的互动、在社会变迁中的作用、与艺术创作的关联、创新与传承、与身体文化的相互关系、对国家形象塑造的作用、研究方法与途径以及未来发展趋势。本书全面而系统地介绍了群众文化的内涵、特点和影响，为读者提供了深入了解和研究群众文化的重要参考资料。

　　群众文化在当代社会具有重要的意义。首先，它反映了人们的生活方式、价值观和审美偏好，成为社会文化的一个重要组成部分。其次，群众文化可以促进社会凝聚力和文化认同感，使人们通过共享文化经验来建立联系和沟通。此外，群众文化也具有经济价值，创造了就业机会并推动了创意产业的发展。

　　当代群众文化呈现出多样性和快速变化的特点。随着技术的进步和全球化的影响，群众文化不断涌现新的形式和内容。电影、音乐、游戏等传统领域正在数字化和虚拟化，而社交媒体和在线平台为用户创造了更多参与和互动的机会。

　　当代群众文化的发展趋势是多元化和个性化。随着社会的进步和技术的发展，人们对文化的需求变得更加多样化和个性化。首先，互联网的普及使得信息传播更加便捷，人们可以自由获取各种文化资源，从而增加了文化消费的选择性。其次，社交媒体的兴起使得人们更加容易分享自己的兴趣爱好和创作，促进了个性化文化的发展。同时，跨界融合也成为一种趋势，不同文化之间的交流和碰撞使得新的艺术形式和文化表达方式得以诞生。此外，环保、健康等价值观念的兴起也影响了文化的发展方向，鼓励人们关注可持续发展和身心健康。总的来说，当代群众文化的发展趋势朝着多元化、个性化和可持续发展的方向前进。再者，虚拟现实、增强现实等技术的不断发展将为群众文化带来全新的感知和体验方式。通过虚拟现实设备，人们可以身临其境地参与到各种文化的体验中，例如参观博物馆、观赏演出等。而增强现实技术则能够将虚拟元素与现实场景相结合，提供更加丰富的互动体验。另外，全球化也将继续推动文化交流和融合，促进各国文化的多样性与共享。然而，全球化也带来了文化保护与传承的挑战，需要在尊重多元文化的同时，注重本土文化的保护和传承，以确保文化的多样性和独特性得以持续发展。

《当代群众文化探索》由山东省郓城县工人文化宫张新建、东明县工人文化宫陈素平共同撰写完成。具体撰写分工如下：张新建负责第一、第二、第三、第五、第十一章的内容撰写，共计14万字符；陈素平负责第四、第六、第七、第八、第九、第十章的内容撰写，共计14万字符。在撰写过程中，我们深入研究了当代群众文化领域的最新发展和实践经验。我们相信，通过阅读本书，你将能够更好地理解当代群众文化的重要性，并运用所学知识提升自己在实践中的能力。

最后，衷心感谢您对本书的支持和阅读！我们希望本书能成为你学习和参考的良友，祝愿你在阅读本书的过程中获得丰富的知识，并能够将其应用于实际工作中，取得更大的成功。

目 录

第一章　群众文化概述

第一节　群众文化的定义和内涵

一、群众文化的定义

群众文化是指在大众中广泛流行、受到普遍喜爱和参与的文化形式和内容。它以大众娱乐、流行艺术、流行音乐、电影、电视剧、网络文化等为主要表现形式，具有较低的门槛和易于接触的特点。

群众文化通常以满足大众娱乐需求为目的，追求普遍的欢乐、轻松和愉悦。它反映了社会大众的兴趣、审美趣味和生活方式，具有浓厚的时代特色和流行元素。

群众文化的内容涵盖广泛，包括但不限于音乐、电影、综艺节目、游戏、网络文化、时尚、明星崇拜等。它通过大众传媒、互联网和社交媒体等渠道广泛传播和共享，成为当代社会中不可忽视的文化现象。

群众文化与传统文化有所区别。传统文化更强调历史、民族性和地域性，注重文化传承和保护，而群众文化则更加注重当代社会的流行趋势、大众喜好和娱乐消遣。尽管有所区别，群众文化与传统文化之间也存在相互影响和交融的关系。

二、群众文化的内涵

1. 大众参与

群众文化的大众参与是指广泛流行于大众之中的文化形式，它鼓励和促进了大众的参与和互动。相比传统文化，群众文化更加注重大众的需求和参与度，通过各种娱乐活动和文化产品来满足大众的兴趣和欢乐。

首先，群众文化通过提供多样的娱乐活动和文化产品，激发了大众的参与热情。音乐会、演唱会、综艺节目、电影院等场所成为人们共同参与的社交空间。无论是观看演出还是参与互动游戏，人们都能够在其中找到快乐和满足感。群众文化也通过社交媒体平台和网络直播等方式，实现了大众与艺人、明星之间的互动，增强了参与感和共同体验。

其次，群众文化以大众的需求为导向，积极倾听和反映大众的喜好和意见。通过市场调研、用户反馈和数据分析等手段，文化产业能够更好地了解大众的兴趣和偏好，从而推出更符合大众口味的文化产品。这种以大众需求为导向的创作和生产模式，使得群众文化能够与广大观众建立更紧密的联系，并且形成良好的市场反馈循环。

最后，群众文化也通过各种参与性的活动来促进大众的互动和创造力的发挥。例如，一些电视节目和网络平台推出了互动投票、才艺表演等环节，让观众可以积极参与其中，展示自己的才能和观点。同时，群众文化也鼓励大众创作和分享自己的作品，通过社交媒体平台和视频网站等渠道传播和互动，形成了一个充满创造力和多样性的文化生态系统。

2. 流行元素

群众文化作为一种广泛流行于大众之中的文化形式，具有明显的流行元素，能够反映出当下社会的潮流和趋势。这些流行元素不仅体现在音乐、艺术领域，还贯穿于时尚、娱乐、社交等方方面面。

首先，流行音乐是群众文化中最突出的流行元素之一。随着技术的发展和音乐市场的多元化，各种流派和风格的音乐迅速涌现，并且通过广播、电视、网络平台等传媒渠道广泛传播。无论是流行歌曲、摇滚乐还是嘻哈音乐，它们都能够迅速引起大众的关注和追捧，成为代表当代音乐潮流的流行元素。

其次，流行艺术也是群众文化中常见的流行元素。绘画、雕塑、摄影等艺术形式经过创新和变革，产生了许多具有时代特色和流行趋势的作品。当代艺术家借鉴流行文化、大众图像和消费主义的元素，将其融入艺术创作中，使得作品更贴近大众的审美需求和情感共鸣。

最后，时尚也是群众文化中不可忽视的流行元素。时尚产业以服装、配饰、美容等为主要内容，通过时尚杂志、时尚秀场、社交媒体等渠道向大众传递最新的潮流趋势。人们追求时尚不仅是为了满足自身的审美需求，也是为了展示个性和彰显身份认同。

流行元素在群众文化中的传播和推广离不开媒体的作用。电视、广播、互联网和社交媒体等平台成为流行元素迅速走红的关键渠道。这些媒体将流行元素呈现给大众，并且通过宣传、报道、推广等方式引发大众的关注和参与，进而形成集体共享和追捧的现象。

3. 多样性和包容性

群众文化作为一种广泛流行于大众之中的文化形式，具有丰富多样的内容和表现形式。无论是音乐、电影、综艺节目还是网络文化，群众文化都能够满足不同人群的兴趣和需求，展现出多元化的文化特点。

首先，群众文化在音乐领域中呈现了多样性。从流行音乐到摇滚、爵士、古典音乐等各种风格，不同类型的音乐满足了不同人群的喜好。无论是活泼张扬的流行歌曲，还是深沉内敛的古典乐曲，都能够找到属于自己的音乐享受。此外，不同地域和文化背景的音乐也得到了广泛传播，促进了不同文化之间的交流和理解。

其次，在电影和电视剧领域，群众文化也呈现出多样性。不同类型的电影和电视剧涵盖了喜剧、动作、爱情、科幻等各种题材，满足了观众对不同故事和情感的追求。同时，国际影视作品的引入和本土创作的发展，使得群众文化更具多元性，能够在全球范围内推广和交流。

再次，综艺节目也是群众文化中的重要组成部分，呈现了丰富多样的表演形式。舞蹈、歌唱、相声、魔术等各种才艺在综艺节目中争奇斗艳，展示了不同类型和风格的艺术表演。这些综艺节目不仅满足了大众对于娱乐的需求，也提供了平台让各类艺人展现自己的才华和创造力。

最后，网络文化也是群众文化中的新兴形式，具有极高的多样性和包容性。通过社交媒体、短视频平台和直播平台等，人们可以分享自己的生活经历、创作作品以及与他人进行互动交流。这种开放和互动的环境，促进了各类文化元素的融合和碰撞，形成了独特而多元的网络文化现象。

4.娱乐性和消遣性

娱乐性和消遣性是群众文化的主要目的之一。群众文化通过各种形式的表演、媒体内容和社交媒体等，为大众提供轻松愉快的体验。

首先，群众文化为人们提供了丰富多样的娱乐选择。电影、音乐、戏剧等艺术形式都是群众文化的重要组成部分。观看电影可以让人们进入一个全新的虚拟世界，感受到不同的情感和体验。听音乐能够舒缓压力、放松身心。参与戏剧表演则可以让人们体验到戏剧人物的生活和情感，带来共鸣和享受。

其次，群众文化也通过媒体内容为人们带来乐趣。电视节目、综艺节目、网络视频等丰富多样的媒体内容能够满足人们对于娱乐的需求。人们可以在家中观看自己喜欢的节目，与家人朋友一同笑声不断，共同分享快乐时光。而社交媒体则为人们提供了展示自我的平台，可以通过分享照片、视频和文字与他人交流，增加社交互动的乐趣。

最后，群众文化中的网络游戏也是一种重要的娱乐方式。网络游戏不仅提供了虚拟世界中的冒险和挑战，还能够与其他玩家进行互动和竞技。人们可以在游戏中结识新朋友，共同探索游戏世界，享受游戏带来的刺激和乐趣。

5.传播和影响力

群众文化在传播和影响力方面具有重要作用。通过大众传媒、互联网和社交媒体等渠道，群众文化能够迅速传播到广大的受众群体中。

首先，大众传媒是群众文化传播的重要途径之一。电视、广播、报纸等传统媒体平台通过新闻报道、节目宣传等形式，将群众文化内容推送给大众。这些媒体具有广泛的覆盖面和较高的可信度，能够迅速引起公众的关注和讨论。

其次，互联网的发展使得群众文化的传播更加迅速和广泛。人们通过在线视频平台、音乐流媒体服务和数字阅读平台等，在任何时间和地点都能够享受到群众文化的内容。互联网还为用户提供了自由表达意见和观点的平台，人们可以通过博客、微博和论坛等社交媒体渠道与他人分享和讨论群众文化的内容。

最后，社交媒体的兴起也极大地促进了群众文化的传播和影响力。人们可以通过社交媒体平台分享自己喜欢的群众文化内容，与朋友和关注者进行互动和讨论。这种口碑传播可以迅速扩大群众文化的影响范围，并形成热门话题。

群众文化的传播和影响力还会对社会产生一定的影响。它能够塑造社会价值观、审美观念和生活方式。通过展现多元化的文化形象和故事情节，群众文化有助于促进文化交流和理解，打破传统观念的束缚。同时，群众文化也在一定程度上反映了社会的发展和变化，成为人们思考和讨论社会问题的重要素材。

三、群众文化的要素

1. 民间传统

民间传统是群众文化中的重要要素之一。它包括了普通人在日常生活中创造和传承的各种文化表达形式，如民间艺术、民间音乐、传统节庆等。

民间艺术是群众文化中的重要组成部分。它涵盖了各种手工艺品、绘画、雕塑等艺术形式，通常由普通人自发创作。这些作品往往具有浓厚的地方特色和民族风情，反映出人们对生活、自然和社会的理解和感受。民间艺术通过绘画、雕刻、编织等方式，传递着丰富的文化内涵和民间智慧。

民间音乐也是民间传统的重要组成部分。它包括了各种民歌、民谣、民间乐器演奏等形式。民间音乐通常以口头传统的方式流传，代代相传。它是人们表达情感、传递信息和记录历史的重要媒介。民间音乐通常与特定的地区、民族和社群有关联，通过歌曲和乐器的演奏，传递着人们的思想、价值观和生活方式。

传统节庆也是民间传统的重要表现形式。各种传统节日和庆典活动，如春节、清明节、中秋节等，都承载着丰富的民间习俗和文化传统。这些节庆活动通常包括音乐、舞蹈、戏剧、游戏等多种艺术形式，人们通过参与庆典活动来庆祝、纪念和祈福。

群众文化中的民间传统不仅仅是一种文化遗产，更是社会的连续性和文化的多样性的体现。它将世代相传的价值观念、故事和习俗传递给后代，使得社会保持着历史的延续和独特的文化特色。同时，民间传统也为普通人提供了自我表达和参与文化创造的机会，促进了社区凝聚力和个人身份认同的形成。

2. 反主流与次文化

反主流与次文化是群众文化中的重要要素之一。这些文化表达形式常常被视为对主流文化的挑战或反叛，代表了特定社群或群体的独立意识和身份认同。

摇滚音乐是一个具有鲜明反主流色彩的群众文化形式。起源于20世纪50年代的摇滚音乐以其激情四溢、自由奔放的特点，成为年轻人追求独立和自由的象征。摇滚音乐不仅在音乐风格上与传统观念截然不同，更反映了年轻人对社会现实和权威的批判。通过歌词、节奏和演出方式，摇滚音乐表达了对权威、体制和社会规范的怀疑和质疑，成为反主流的声音。

街头艺术也是一种典型的次文化形式。它是在城市街道和公共空间中进行的艺术表达，包括涂鸦、壁画、街头舞蹈等。街头艺术通常以非正式和非法的方式出现，突破了传统艺术的界限，成为一种独立、自由和非官方的文化表达形式。街头艺术作品常常具有社会批判、政治讽刺或身份认同的意味，代表了年青一代对权力结构和社会不公平的抗议和反抗。

这些反主流与次文化的要素在群众文化中扮演着重要的角色。它们通过对传统价值观和审美观念的挑战，提供了多元化的文化选择和身份认同的空间。这些文化表达形式不仅满足了特定群体的需求，还推动了社会变革和文化创新的进程。同时，它们也促使人们反思和重新评估主流文化的定义和界限。

3. 社会参与和互动

社会参与和互动是群众文化中的重要要素之一。群众文化鼓励人们积极参与各种文化活动，并提供了多样化的参与方式，如成为演出观众、游戏玩家、社交媒体用户等。

首先，群众文化通过演出和表演活动促进社会参与。观众可以成为舞台剧、音乐会、电影等演出的观众，共同分享艺术的魅力和情感的共鸣。观众的存在不仅给予了演员和艺术家反馈和支持，也让他们感受到观众的关注和欣赏，形成了一种艺术的互动和共同体验。

其次，群众文化还通过游戏和娱乐活动来促进社会参与。网络游戏、电子竞技、桌游等娱乐形式都提供了人们互动和竞技的机会。玩家可以在虚拟世界中与其他玩家进行交流、合作或竞争，建立起游戏社区和友谊关系。这种社会参与和互动不仅满足了娱乐需求，还增强了人际关系和团队合作的能力。

此外，社交媒体也成为群众文化中重要的社会参与平台。人们可以通过社交媒体分享自己的观点、经历和创造，与他人进行互动和交流。社交媒体的出现使得人们可以跨越时空和地域的限制，与更多的人建立联系，并共同参与各种话题和活动。

社会参与和互动在群众文化中起到了促进社会凝聚力和交流的作用。它不仅丰富了人们的生活，还促进了文化交流和理解。通过参与群众文化活动，人们可以建立新的社交网络，拓展自己的视野，增加社会互动的乐趣，同时也推动了文化创新和社会进步。

4. 创造性和个人表达

创造性和个人表达是群众文化中的重要要素之一。群众文化鼓励个人通过艺术、媒体等方式来表达自己的想法、情感和创造力，提供了展示个人独特观点和才华的平台。

首先，群众文化鼓励个人在各种艺术领域展现创造性。无论是音乐、绘画、舞蹈还是写作，个人创作者可以通过自己的作品来表达内心世界和思想情感。他们可以运用独特的艺术形式、技巧和风格，传递个人独特的视角和创新的思维。这种创造性的表达不仅满足了个人的艺术追求，也为群众文化注入了新鲜的活力和多样性。

其次，群众文化也通过媒体平台鼓励个人表达。社交媒体的兴起使得个人能够通过文字、图片、视频等方式来分享自己的观点、经历和创作。个人在社交媒体上发布的内容可以反映其个人兴趣、生活体验和价值观念，展示个人的独特性和创造力。这种个人表达不仅扩大了个人的影响力和社交圈子，也为群众文化提供了更多样化、个性化的内容。

群众文化中的创造性和个人表达有助于激发个人的想象力和创造力，并推动文化的创新和发展。它赋予个人权利和自由来表达自己的观点和情感，为他们提供了展示才华和独特性的机会。同时，个人的创造性和表达也丰富了群众文化的内涵，使其更加多元化、丰富和具有包容性。

5. 文化交流与全球化

文化交流与全球化是群众文化中的重要要素之一。群众文化在全球范围内产生和传播，促进了不同文化之间的交流、融合和共享。

首先，群众文化打破了地域限制，使得各种文化形式得以跨越国界传播。通过电影、音乐、游戏、社交媒体等媒介，群众文化能够快速传播到世界各地，让不同地域的人们都能够接触到各种文化内容。这种跨国传播为人们提供了多元化的文化选择，丰富了个人和社会的视野。

其次，文化交流和全球化推动了不同文化之间的相互影响和融合。随着群众文化的传播，各种文化元素和表达形式开始相互渗透和借鉴。例如，流行音乐中融合了不同地区的音乐元素，电影中出现了不同文化背景的角色和故事情节。这种文化融合不仅促进了文化创新，也加深了人们对其他文化的理解和尊重。

最后，文化交流与全球化也加强了文化产业的发展和国际交流。群众文化作为一种具有经济价值的产业，通过出口和引进，促进了各国文化产品的交流和贸易。同时，文化交流也为艺术家、演员、音乐家等创作者提供了更广阔的舞台和市场，增加了他们的国际影响力。

四、开展群众文化的意义

1. 文化传承和保护

（1）传承历史记忆

群众文化是普通人创造和传承的文化表达形式，其中包含着丰富的历史记忆和文化遗产。通过开展群众文化活动，可以将这些历史记忆传递给年青一代，并帮助他们了解和接受自己文化的根基。可以保持社会的连续性，让文化得到传承。

（2）保护民间传统和习俗

群众文化中蕴含着丰富的民间传统和习俗，它们代表着特定社群或群体的独立意识和身份认同。通过开展群众文化活动，能够保护和传承这些民间传统和习俗，防止它们在现代社会被遗忘或淡化。这样可以维护文化的多样性和丰富性。

（3）培养文化自信

通过参与群众文化活动，人们能够更深入地了解自己的文化，加深对历史和传统的认知。这有助于培养个人和社会的文化自信。文化自信是一种对自己文化价值的认同和自豪感，它能够增强社会凝聚力和国家认同感。

（4）促进文化多样性

群众文化的开展不仅传承了本土文化，也提供了机会来接触和了解其他地区、其他国家的文化。这种跨文化的交流促进了文化多样性的发展，让不同文化相互影响和融合，丰富了人们的文化体验。

2. 促进社会凝聚力和身份认同

（1）归属感和认同感

参与群众文化活动能够使人们感到归属感和认同感，建立起共同的情感纽带。通过共同参与文化表演、艺术展览、节庆活动等，人们能够感受到属于同一社群或群体的身份认同。这种身份认同有助于增强个人的自我价值感和归属感，提升社会凝聚力。

（2）交流和互动

群众文化的开展促进了不同群体之间的交流和互动。无论是在演出现场、艺术展览还是社交媒体上，人们可以分享自己对文化作品的理解和感受，与他人进行交流和互动。这种交流和互动有助于增进不同群体之间的理解、尊重和友好关系，缓解社会分裂和冲突。

（3）共同体验和共享

参与群众文化活动让人们共同体验和共享文化的乐趣。例如，观看电影、音乐会、戏剧演出等，人们可以共同感受到艺术的魅力和情感的共鸣。这种共同体验和共享促进了情感的交流和沟通，增强了社会凝聚力。

（4）群体认同和自豪感

群众文化为特定社群或群体提供了展示自我、表达独特身份的平台。例如，某个地区的传统节庆活动、民间艺术形式等都能够强化该地区居民对自己文化的认同和自豪感。这种群体认同和自豪感有助于增强社会凝聚力和身份认同。

（5）文化多样性的尊重和包容

群众文化的开展鼓励对不同文化的尊重和包容。通过接触和了解其他地区、其他国家的群众文化，人们能够拓宽视野、增长见识，培养对多样文化的包容和理解。这种跨文化交流和互动有助于打破偏见和误解，促进社会的和谐与凝聚。

3. 创造和创新

（1）激发个人创造力和表达能力

群众文化的开展鼓励个人发挥自己的想象力和创造力，通过参与文化创作、表演和媒体互动来表达自己的独特观点和才华。例如，在音乐领域，人们可以自己创作歌曲、演奏乐器，展示自己的音乐才华。在艺术领域，人们可以进行绘画、雕塑、摄影等创作，展示自己的艺术天赋。群众文化的开展为个人提供了发挥创造力和表达能力的平台。

（2）促进社会的文化创新

群众文化的开展不仅激发个人的创造力，也推动社会的文化创新。通过参与文化活动，人们都可以不断尝试新的艺术形式、技巧和风格，从而推动文化的创新和发展。群众文化的多样性和包容性使得各种文化元素得以交融和碰撞，产生新的艺术表达方式和文化产品。这种文化创新不仅丰富了人们的文化体验，也为文化产业带来了新的机遇和挑战。

（3）推动创意经济的繁荣

群众文化的开展为文化产业提供了发展机遇，推动了创意经济的繁荣。创意经济是指以创造性和知识为核心的产业，包括艺术、设计、媒体、娱乐等领域。通过群众文化的开展，人们可以参与到文化产业的各个环节中，从事创作、表演、策划、销售等工作。同时，群众文化活动也为文化产业提供了市场需求和消费潜力，促进了文化产品和服务的供应和需求匹配。这样能够推动创意经济的繁荣和社会经济的发展。

（4）培养创新思维和解决问题的能力

群众文化的开展培养了人们的创新思维和解决问题的能力。在群众文化活动中，人们常常需要面对各种挑战和困难，需要寻找创新的方法和思路来解决问题。这种锻炼有助于培养人们的创新意识、灵活性和适应力，提高解决问题的能力。这些能力不仅在文化领域有用，也对个人的职业发展和社会参与具有重要意义。

（5）促进文化交流和跨界合作

群众文化的开展促进了不同文化之间的交流和跨界合作。通过参与文化活动，人们可以接触和了解其他地区、其他国家的群众文化，拓宽视野、增长见识。这种跨文化的交流和合作激发了创造力的碰撞和融合，为文化创新和跨领域合作提供了机遇。例如，在艺术和科技的结合中产生了新颖的数字艺术形式，音乐和舞蹈的结合创造了全新的表演形式等。

4. 促进文化交流和多元发展

（1）拓宽视野和增长见识

通过参与群众文化活动，人们可以接触和了解其他地区、其他国家的群众文化，从而拓宽自己的视野和增长见识。通过观看其他地区或其他国家的电影、音乐会、艺术展览等，人们能够感受到不同文化的独特魅力和表达方式。这种跨文化的接触和了解有助于打破偏见和误解，促进文化的交流和互动。

（2）丰富文化体验和认知

群众文化的开展为人们提供了丰富多样的文化体验。通过参与各种群众文化活动，人们能够深入了解和体验不同文化的艺术形式、传统习俗和价值观念。这种丰富的文化体验有助于提高个人对文化多样性的认知和理解，增强对文化的包容性和尊重。

（3）促进文化对话和相互学习

群众文化的开展为不同文化之间的对话和相互学习提供了机会。通过参与文化活动，人们可以分享自己对文化作品的理解和感受，与他人进行交流和互动。这种文化对话有助于促进不同文化之间的相互学习和启发，推动文化的多元共生和融合。通过对其他文化的了解，人们能够认识到文化的相似性和差异性，加深对文化多样性的尊重和理解。

（4）跨文化交流和合作的契机

群众文化的开展为跨文化交流和合作提供了契机。通过参与国际艺术节、文化交流活动等，人们能够与来自不同地区和国家的文化从业者和爱好者进行交流和合作。这种跨文化交流和合作不仅促进了文化创新和发展，也为各个地区和国家带来了经济和社会效益。

（5）保护和传承文化多样性

群众文化的开展对于保护和传承文化多样性具有重要意义。通过开展群众文化活动，人们能够维护和传承本土的民间传统、习俗和价值观念，防止它们在现代社会被遗忘或淡化。同时，通过接触和了解其他地区、其他国家的群众文化，人们能够认识到文化多样性的重要性，并为其保护和传承做出贡献。

5.提升生活质量和精神满足感

群众文化的开展对于提升人们的生活质量和精神满足感起到了积极的作用。在现代社会，人们面临着各种各样的压力和挑战，而群众文化活动为人们提供了丰富多样的娱乐和文化消费选择，从而帮助他们减轻压力、增加快乐感。

首先，群众文化活动如电影、音乐和游戏等为人们提供了丰富的娱乐选择。通过观看电影，人们可以沉浸在不同的故事情节和角色之中，体验到不同的情感和体验。音乐也是一种重要的娱乐方式，无论是听音乐会还是在家里放松地听音乐，都可以让人们感受到音乐的美妙和魅力。此外，参与游戏也是一种广受欢迎的娱乐方式，不仅可以培养个人的反应能力和团队合作意识，还可以给人们带来乐趣和刺激。

其次，群众文化活动对于减轻生活压力起到了重要的作用。在日常生活中，人们经常面临各种工作和学习压力，而参与群众文化活动可以让他们暂时摆脱现实的困扰，放松心情。无论是在电影院观看一部喜剧片，还是在家里玩游戏，这些活动都能够帮助人们舒缓紧张的情绪，减轻生活压力。

最后，群众文化活动也为人们提供了精神满足。通过欣赏优秀的电影、音乐或参与有意义的游戏，人们可以感受到艺术的美妙和智慧。这种审美体验可以激发人们的思考和创造力，增加精神上的满足感。同时，群众文化活动也能够帮助人们拓宽视野，了解不同的文化和价值观，从而促进个人的成长和发展。

第二节　当代群众文化的特征和表现形式

一、当代群众文化的特征

1.多样性和个性化

当代群众文化具有多样性和个性化的特点，这是由科技发展和信息传播的进步所带来的。现如今，人们可以轻松获取各种类型的文化产品和内容，包括电影、音乐、游戏和文学作品等。与以往相比，选择变得更加丰富多样。

首先，科技的进步为人们提供了更广泛的获取途径。互联网和数字化媒体的发展使得人们可以通过在线平台来观看电影、听音乐、玩游戏或者阅读书籍。无论是通过流媒体服务、在线音乐平台还是电子书店，人们都可以方便地获得自己喜欢的文化产品。

其次，信息传播的快速和广泛也促进了文化产品的多样性。社交媒体、视频分享平台和在线论坛等工具使得人们可以分享自己的喜好和经验，并从中获取他人的推荐和建议。这种信息的共享和传播使得不同类型的文化产品得到更多人的关注和认可，从而推动了更多元化的创作和生产。

此外，人们对于个人兴趣和喜好的追求也推动了群众文化的个性化发展。在过去，文化产品的选择可能受限于地理位置、商业推广和市场需求等因素，而现在人们更加注重自己的兴趣和需求，希望能够获得符合自己口味的文化产品。这种个性化需求促使创作者和生产者创作出更多样化的作品，以满足不同人群的需求。

2. 数字化和网络化

首先，数字化使得文化产品更容易获取。通过互联网的普及和数字技术的发展，人们可以方便地在各种在线平台上观看电影、听音乐、阅读书籍等。无论是通过流媒体服务、在线音乐平台还是电子书店，只需一个设备和网络连接，人们就能够随时随地享受到自己喜欢的文化产品。这大大提高了获取文化内容的便利性，让人们不再受限于时间和空间的限制。

其次，网络化使得人们能够更广泛地分享和交流文化内容。社交媒体平台、视频分享网站和在线论坛等工具为人们提供了交流和互动的渠道。人们可以通过评论、点赞和分享来表达对于文化作品的喜好和意见。这种互动性和参与性使得群众文化不再是单向传播，而是形成了一个庞大的社区，在这里人们可以相互分享、讨论和交流彼此的兴趣和体验。

再次，数字化和网络化也促进了群众文化的创新和多样性。通过在线平台，任何人都有机会创作和发布自己的文化作品。无论是视频、音乐、游戏还是创意内容，个人和小团体都能够通过互联网将其分享给更广泛的受众。这种去中心化的传播方式不仅拓宽了文化的来源和渠道，也促进了更多元化的创作和表达形式。

最后，数字化和网络化也为群众文化的商业化提供了新的机会。通过电子商务平台,文化产品可以更便捷地销售和分发。艺人和创作者可以通过线上演唱会、虚拟展览和网上签售等活动与粉丝互动,并实现商业价值的最大化。同时,数据分析和个性化推荐技术也使得文化市场更加精准和个性化,满足人们不同的需求和兴趣。

3. 平民化和大众化

首先,平民化体现在群众文化门槛的降低。以往,参与一些文化活动可能需要一定的经济实力和社会地位,例如观看电影需要购买电影票,参加音乐会需要购买音乐会门票等。然而,随着科技的进步和市场的发展,人们可以通过各种渠道以相对低廉的成本获得文化产品。在线流媒体服务、免费的网络内容和数字化娱乐平台使得人们可以在家中或者手机上随时享受到电影、音乐、游戏等文化活动,无须额外的经济负担。

其次,大众化体现在文化产品更贴近普通人的生活和兴趣。当代群众文化不再局限于少数人的喜好和需求,而是更注重迎合大众的口味和兴趣。电影、音乐和游戏等文化产品的创作和推广更加关注大众的需求和接受度。例如,电影制片商会推出各种类型的电影,从喜剧到动作、从爱情到科幻,以满足不同人群的观影需求。音乐产业也积极发掘和培养各类音乐风格和艺术家,以迎合不同人群的音乐口味。这种大众化的文化产品更加贴近普通人的生活和兴趣,让更多人能够找到自己喜欢的内容。

最后,平民化和大众化还体现在文化活动的普及和可及性上。例如,电影院的数量和分布增加,使得更多人能够方便地观看最新的电影作品。音乐演唱会和文化节庆活动也在城市中举办,让人们能够近距离感受艺术和文化的魅力。此外,社交媒体和在线平台的兴起使得人们能够与其他人分享和讨论自己的文化体验,进一步推动了文化活动的大众化。

4. 融合性和跨界性

当代群众文化呈现出融合性和跨界性的特点,不同类型的文化元素在群众文化中相互交流和融合,形成了新的创意和风格,为人们提供了更多元的文化体验。

首先,融合性体现在不同艺术形式和媒介之间的交叉与碰撞。例如,在电影中融入音乐元素,通过电影原声配乐来增强情感表达和氛围营造。这种音乐与电影的结合可以提升观众的视听体验，使得电影更加生动且具有感染力。类似地，音乐录影带也常常融入剧情和故事情节，将音乐与影像完美结合，营造出独特的视听效果。此外，游戏化的文学作品、艺术展览中的互动体验等都是不同领域之间融合的例子，为人们带来了新鲜而有趣的文化体验。

其次，跨界性体现在不同领域和文化背景之间的交流与借鉴。当代群众文化不再局限于某一特定领域或地域，而是开放包容地吸纳来自不同文化背景和艺术领域的元素。例如，流行音乐中融入了民族音乐的元素，电影中融入了国际化的故事情节和演员阵容。这种跨界交流使得文化产品更具多样性和丰富性，也为人们提供了更广阔的文化体验。

最后，融合性和跨界性还体现在创意和艺术风格的创新上。当代群众文化鼓励创作者和艺术家进行创新实践，将不同元素和风格进行融合，创造出独特的文化作品。例如，在音乐中融合了传统与现代、东方与西方的元素，创造出全新的音乐风格。电影中也常常将不同类型的故事情节和视觉风格相结合，打破传统框架，呈现出新颖的电影语言和审美体验。这种创新的融合和跨界探索为人们带来了新奇和独特的文化体验。

5. 参与性和互动性

当代群众文化强调参与性和互动性，人们不再只是被动地接收文化产品，而是积极参与其中，通过评论、分享和创作来表达自己的观点和情感。这种参与性和互动性的发展主要得益于社交媒体和视频平台的兴起。

首先，社交媒体和视频平台为人们提供了与他人进行互动和交流的渠道。人们可以通过评论、点赞和分享来表达对文化作品的喜好和意见，同时也可以与其他人共享自己的文化体验。例如，在观看电影后，人们可以在社交媒体上讨论剧情、演员表现以及个人感受，与其他观众进行互动和交流。这种互动性使得文化经验变得更加丰富和有趣，人们可以从其他人的观点和解读中获得新的启发和理解。

其次，社交媒体和视频平台的兴起也促进了人们参与到文化创作和表达中。通过这些平台，任何人都有机会创作和发布自己的文化作品，无论是音乐、舞蹈、摄影还是写作等。人们可以通过上传视频、发表文章或者展示艺术作品来分享自己的创作成果，与其他人进行互动和交流。这种参与性使得文化创作不再局限于少数人的专属领域，而是变得更加平等和开放，为更多人提供了展示才华和表达情感的机会。

最后，社交媒体和视频平台也为人们提供了参与虚拟社交活动和在线社群的机会。例如，在游戏中的多人在线模式，人们可以与其他玩家一起合作或竞争，共同体验游戏的乐趣。同时，人们还可以通过在线论坛、社群群组等方式与志同道合的人分享兴趣和爱好，相互交流和互动。这种虚拟社交活动使得人们能够在网络空间中建立联系和友谊，共同参与到群众文化的创造和享受中。

二、当代群众文化的表现形式

（一）娱乐产业

1. 电影产业

电影作为当代群众文化的重要组成部分，不断推陈出新。各种类型的电影如剧情片、喜剧片、科幻片、动画片等满足了观众对不同题材和风格的需求。电影制作团队通过故事情节、视觉效果、演员表现等方面创造出引人入胜的作品，带给观众丰富的视听体验和情感共鸣。

2. 音乐产业

音乐是当代群众文化中不可或缺的一部分，通过歌曲、音乐会、音乐录影带等形式传递情感和思想。音乐行业涌现出众多优秀的歌手和乐团，他们以各种音乐风格和流派的作品与听众互动。音乐作品可以唤起人们的情感共鸣，成为他们生活中不可或缺的一部分。

3. 游戏产业

游戏产业在技术的进步和创新的推动下蓬勃发展。游戏不仅是娱乐形式，也是当代群众文化的重要组成部分。各类游戏如电子游戏、手机游戏、网页游戏等吸引了大量玩家的参与。游戏提供了互动性和社交性的体验，让人们能够在虚拟世界中探索、竞争、合作和创造，获得乐趣和满足。

4. 综艺节目

综艺节目是当代群众文化中受欢迎的娱乐形式之一。综艺节目通过各种形式如选秀、真人秀、综艺竞技等，提供了娱乐和观众互动的机会。这些节目以明星、选手和主持人为核心，通过才艺展示、互动环节和情感故事等方式吸引观众的关注和参与。

（二）社交媒体

在当代群众文化中，社交媒体成为重要的表现形式。随着互联网和数字技术的快速发展，社交媒体平台如微博、微信、Facebook、Instagram 等成为人们广泛使用的工具。社交媒体提供了一个广阔的社交和互动空间，让人们可以分享自己的生活、观点和体验，并与他人进行互动和交流。它不仅改变了人们之间的沟通方式，也对群众文化产生了深远的影响。

1. 广泛的社交网络

社交媒体平台构建了一个广泛的社交网络，使得人们能够与朋友、家人以及陌生人建立联系。通过关注和被关注，人们可以跟踪自己感兴趣的话题、人物和事件，获取实时的信息和新闻。这种连接和互动的方式拓宽了人们的社交圈子，使得社会关系更加多元化和全球化。

2. 文化内容的共享和传播

社交媒体平台提供了一个便捷的途径来共享和传播文化内容。人们可以通过上传图片、文字、音频和视频等形式，分享自己的创作、观点和体验。这种共享和传播的方式促进了文化内容的多样性和广泛性，使得不同类型的文化产品能够被更多人接触和欣赏。

3. 群众参与的增加

社交媒体平台为群众提供了更多参与和互动的机会。人们可以通过评论、点赞和分享等方式表达对文化内容的喜好和意见。同时，社交媒体上的话题讨论和互动也成为一种新形式的社交活动。这种群众参与的增加使得文化活动不再是单向传播，而是形成了一个开放的、多声音的社区。

4. 影响力的扩大和创作者的崛起

社交媒体为个人和小团体提供了展示自己才华的平台。通过社交媒体的传播和分享，有才华的个人和小团体能够迅速积累粉丝和影响力。这种影响力的扩大使得他们能够获得更多的机会和资源，发展自己的创作事业。同时，社交媒体也为创作者提供了更直接的反馈和互动机会，有助于提升创作的质量和创新。

5. 广告与商业推广

社交媒体平台也成为商业推广和广告的重要渠道。通过精准的定向广告和合作推广，企业可以将自己的品牌和产品直接传递给潜在消费者。这种个性化和定制化的广告形式使得广告更加贴近用户的兴趣和需求，提高了广告效果和商业价值。

（三）在线内容创作

在当代群众文化中，在线内容创作成为重要的表现形式之一。随着数字化时代的到来，个人和小团体有更多机会参与到文化创作中，并通过博客、视频分享平台、音乐平台等展示自己的才华和创意。这种在线内容创作形式推动了文化创意的多样性和创新，为人们提供了更广阔的表达和交流机会。

1. 博客和写作平台

博客和写作平台为个人提供了一个展示自己观点和体验的平台。人们可以通过写作分享自己的见解、经历和知识。博客作者可以撰写各类文章，如游记、评论、心情随笔等，展示自己独特的思考和观点。此外，也有专门的写作平台，鼓励人们创作小说、散文、诗歌等文学作品，拓宽了文学创作的渠道和范围。

2. 视频分享平台

视频分享平台如 YouTube、抖音等为人们提供了展示自己创意和才华的舞台。通过拍摄和编辑视频，人们可以传达自己的故事、技能、创意和观点。视频创作者可以通过剪辑、特效和配乐等方式，让自己的作品更具视觉冲击力和艺术性。这种形式的内容创作使得人们能够以视听的方式表达自己，吸引更多观众的关注和互动。

3. 音乐平台

音乐平台如 Spotify、Apple Music 等为音乐人提供了一个广阔的舞台。音乐人可以通过在线音乐平台发布自己的音乐作品，与听众进行互动。无论是独立音乐人还是乐团，都能够展示自己的才华和音乐风格。音乐平台也通过个性化推荐和排行榜等功能，让用户发现并欣赏到更多不同类型和风格的音乐作品。

4. 图片社交平台

图片社交平台如 Instagram、Pinterest 等成为人们分享图片和视觉创意的主要场所。人们可以通过拍摄和编辑图片，传达自己对于美感和生活的理解。这些平台也提供了一个展示时尚、艺术、旅行等方面的创意和灵感的平台，同时也促进了用户之间的互动和交流。

（四）跨界融合

当代群众文化呈现出跨界融合的特点，不同领域和艺术形式之间相互交织和借鉴。这种跨界融合推动了创作和表达的多样性，使得文化产品更加丰富和有趣。

1. 音乐与时尚的结合

音乐和时尚是两个紧密相关的领域，在当代群众文化中它们展现出明显的跨界融合。音乐艺人和时尚品牌之间的合作成为常态，音乐会上艺人的服装设计也受到关注。同时，音乐视频和演唱会舞台上的造型和服装设计也成为流行时尚的重要参考。这种音乐与时尚的结合不仅增添了视觉冲击力，还让观众对音乐和时尚的理解和欣赏产生了新的层次。

2. 艺术与科技的融合

艺术和科技的跨界融合在当代群众文化中得到了广泛的应用。艺术家们通过数字艺术、虚拟现实、增强现实等技术手段创造出全新的艺术作品和艺术体验。艺术展览中使用的科技设备和互动装置让观众能够与艺术作品进行互动和参与，拓宽了观众与艺术之间的交流和感知。这种跨界融合不仅使艺术创作更具前卫性和创新性，也为观众提供了更丰富、多样和互动的艺术体验。

3. 文学与影视的结合

文学和影视是两个不同领域但相互借鉴的艺术形式。当代群众文化中，文学作品经常被改编成电影或电视剧，而电影和电视剧也经常以原著小说为基础。这种跨界融合不仅在艺术表达上丰富了故事情节和人物塑造，也让观众通过不同媒介形式来感受和理解同一个故事。此外，游戏化的文学作品也逐渐兴起，通过将文学元素引入游戏中，打破了传统文学形式的局限，为读者提供了全新的阅读体验。

4. 跨界合作与创新

当代群众文化中的跨界融合也促进了不同领域间的合作与创新。例如，音乐人与电影制作人的合作、艺术家与科技公司的合作等，为创作和表达带来了新的思路和可能性。这种合作与创新促使不同领域的专业人士共同探索和尝试，创造出独特而丰富多样的文化产品。

（五）虚拟现实和增强现实

虚拟现实（VR）和增强现实（AR）技术的发展确实为当代群众文化带来了全新的体验和表现形式。这些技术通过创造虚拟世界或将数字内容与真实世界相结合，为人们提供了沉浸式和丰富的体验。

在虚拟现实领域，人们可以通过虚拟现实设备（如头戴式显示器）或手机应用程序进入一个完全虚拟的环境中。这种沉浸式的体验让人仿佛置身于另一个世界，可以参与其中并与虚拟环境进行互动。这为电影、游戏、艺术等领域带来了许多新的可能性。例如，在电影制作中，虚拟现实可以用来创建更加逼真的特效和场景，为观众带来更加震撼和身临其境的观影体验。在游戏领域，虚拟现实可以让玩家完全融入游戏世界，增强游戏的乐趣和互动性。

而增强现实技术则是将数字内容与真实世界相结合，将虚拟元素叠加到现实场景中。通过 AR 设备（如智能眼镜或手机应用程序），人们可以在现实世界中看到虚拟物体、信息和互动元素。这为教育、娱乐、购物等领域带来了更加丰富和互动的体验。例如，在教育领域，增强现实可以用于创造更生动和具体的学习环境，让学生通过与虚拟内容互动来提高学习效果。在购物领域，AR 技术可以让消费者在家中使用手机应用程序尝试虚拟试衣、家居摆放等功能，提供更加便捷和个性化的购物体验。

第三节　群众文化与传统文化的关系

一、传统文化的特点

（一）传统文化的定义和历史渊源

1. 传统文化的定义

传统文化是指一个民族或社会长期形成并代代相传的价值观念、行为规范、艺术表达、社会习俗等非物质文化遗产的总称。它是一个民族或社会在历史发展过程中形成的、代表其独特精神和文化特色的文化系统。传统文化通常以口头传承、仪式活动、艺术表演、文学作品、建筑风格等形式存在，并具有相对稳定性和持久性。传统文化不仅包括人们的思想观念、道德准则、信仰体系，还涵盖了社会生活方式、节庆习俗、民间艺术、民族音乐舞蹈等方面。传统文化在一个民族或社会的认同和凝聚力中起着重要的作用，并且对于维护社会稳定、推动文化创新与发展也具有重要意义。

2.传统文化的历史渊源

传统文化的历史渊源可以追溯到人类社会的起源，经过漫长的发展和演变，形成了各个民族、地区独特的传统文化。

人类文明的起源可追溯至约7000年前的新石器时代，当时人类开始从狩猎采集社会过渡到农耕社会。在这个时期，人们开始定居下来，形成了最早的村落和城市，并逐渐建立起自己的文化体系。

随着时间的推移，不同地域和民族的文化逐渐形成并相互影响。古代文明如埃及、美索不达米亚、希腊、罗马等都有着丰富的传统文化遗产。同时，在中国、印度、中东、非洲、美洲等地也出现了多种多样的传统文化。

在中国，传统文化有着悠久的历史，可以追溯到几千年前的古代王朝。中国传统文化的根基可以追溯到先秦时期，包括孔子提倡的儒家思想、道家思想、墨家思想等。随后，秦汉时期的儒学成为主流，并且对中国社会产生了深远影响。

古代中国的传统文化在宋、元、明、清等朝代得到进一步发展和演变。诗词、书法、绘画、音乐、舞蹈等艺术形式逐渐成熟，并形成了独特的审美观念和表达方式。此外，中国的传统节日、礼仪习俗、哲学思想等也是中国传统文化的重要组成部分。

同时，在印度，古代印度教和佛教的兴起对该地区的传统文化产生了深远影响。印度的宗教文化、梵文经典、舞蹈音乐、民间传说等都是印度传统文化的重要组成部分。

中东地区的传统文化有着丰富的历史和文化遗产。阿拉伯文化的兴起和伊斯兰教的传播使得阿拉伯语言、文学、建筑、音乐等成为该地区传统文化的核心。

非洲大陆拥有丰富多样的传统文化，每个民族都有自己独特的语言、宗教、舞蹈、音乐等文化表达形式。非洲的传统艺术和民间传说以及土著宗教都是非洲传统文化的重要组成部分。

美洲原住民的传统文化也具有重要意义，北美印第安人和南美原住民拥有自己的语言、神话传说、工艺品制作等丰富多样的文化表达方式。

（二）传统文化的承载和传承方式

1.承载传统文化的媒介

传统文化承载着丰富的历史和文化信息，其传播和保存离不开特定的媒介。以下是一些常见的承载传统文化的媒介。

（1）口头传承

口头传承是最原始、最基本的传统文化传承方式之一。通过口述、故事、歌谣、戏剧等形式，将文化知识、智慧和经验代代相传。口头传承能够真实地传递当地的习俗、民俗、传说等，保留了浓厚的地方特色。

（2）书籍与文献

书籍和文献是传统文化传承中重要的载体之一。通过文字记录、编纂成书或保存为古籍，可以长期保留和传播文化知识。例如，中国的"四书五经"、《史记》等经典著作，即为后世学习和研究的重要资料。

（3）艺术表演

舞蹈、音乐、戏曲等艺术表演形式也是传统文化的承载媒介。通过表演，传达文化内涵、价值观念和审美情趣。例如，中国的京剧、昆曲、民间舞蹈等，以其独特的艺术风格，成为中国传统文化的代表。

（4）物质文化遗产

物质文化遗产包括建筑、雕塑、绘画、陶瓷等具体的物质制品。这些物品承载着历史的痕迹和文化的符号，能够直观地展示传统文化的内容和风貌。例如，埃及的金字塔、中国的故宫、印度的泰姬陵等都是世界文化遗产，彰显了各自民族的传统文化。

2.传承传统文化的方式

为了保护和传承传统文化，需要采取有效的措施和方式。以下是一些常见的传承传统文化的方式。

（1）教育与培训

通过教育和培训，将传统文化纳入学校课程或社会教育体系中，年青一代能够了解、认同和传承传统文化。同时，可以设立专门的机构或组织，进行传统文化的研究和培训，培养专业人才。

（2）文化活动与节日

组织丰富多样的文化活动和节日，如庙会、传统音乐演出、民俗游行等，激发公众对传统文化的兴趣和参与度。这种方式能够增强传统文化的影响力和传播效果。

（3）数字化技术应用

利用数字化技术手段，将传统文化内容进行数字化保存和传播。例如，建立数字图书馆、在线博物馆，推出文化遗产的虚拟展览等。这种方式可以使传统文化跨越时空限制，被更多人接触和了解。

（4）社区和家庭传承

传统文化的传承不仅仅依赖于学校和机构，社区和家庭也起到了重要作用。通过开展传统技艺培训、举办庆祝活动等，加强社区居民对传统文化的认同和传承。同时，家庭中的长辈可以向后代传授家族的传统习俗和价值观。

（5）国际交流与合作

在全球化背景下，不同国家和地区之间的文化交流和合作是传承传统文化的重要方式。通过交流学习、合作研究等方式，借鉴其他文化的经验和做法，推动传统文化的发展和传承。

3. 传统文化的重要性

（1）个人层面

传统文化的价值观和信仰体系可以为个人提供精神寄托和指导，帮助个人树立正确的人生观、价值观和行为准则。它们可以培养个人的道德品质，增强个人的自我修养和责任感，提升个人的幸福感和满足感。

（2）社会层面

传统文化的价值观和信仰体系是社会稳定和谐的基石。它们可以促进社会成员之间的相互理解、尊重和合作，维护社会秩序和和谐。传统文化也是社会认同和凝聚力的重要来源，可以加强社会的凝聚力和向心力。

（3）文化层面

传统文化的价值观和信仰体系代表着一个民族或国家的独特文化特色和精神内核。保护和传承传统文化可以维护民族文化的多样性和独特性，促进文化交流和对话，推动文化的创新和发展。

（三）传统文化的价值观和信仰体系

1.传统文化的价值观

传统文化的价值观是人们对于道德、伦理和生活方式的认知和追求。它们是基于长期历史积淀和人们智慧的结晶，具有深厚的文化内涵和指导意义。以下是几个典型的传统文化价值观。

（1）和谐共生

和谐共生是中国传统文化的核心价值观之一。它强调人与自然、人与社会之间的和谐关系。传统文化认为人类应该尊重自然、保护环境，与自然界相互依存、相互促进，实现人与自然的和谐共生。

（2）忠诚孝顺

忠诚孝顺是中国传统文化中的重要价值观。它强调个人对家庭、社会和国家的忠诚，并尊重长辈，孝敬父母。传统文化认为孝顺是美德，是社会稳定和谐的基石。

（3）礼仪尊重

礼仪尊重是中国传统文化中的重要价值观之一。它强调人们在社会交往中应该遵循一定的礼仪规范，尊重他人的感受和权益。传统文化认为礼仪尊重是维护社会秩序和和谐的重要手段。

（4）勤劳节俭

勤劳节俭是中国传统文化中的重要价值观之一。它强调人们应该勤劳工作，节约资源，珍惜物质财富。传统文化认为勤劳节俭是个人品德的体现，也是国家繁荣发展的基础。

2.传统文化的信仰体系

传统文化的信仰体系是人们对于宇宙、生命和人生意义的思考和追求。它们是人们对超越自身的力量和存在的解释，具有深厚的宗教和哲学色彩。以下是几个典型的传统文化信仰体系。

（1）儒家思想

儒家思想是中国传统文化中最重要的信仰体系之一。它强调人与人之间的关系，提倡仁爱、忠诚和孝敬。儒家思想认为通过修身齐家治国平天下，可以达到社会和谐与进步。

（2）佛教

佛教是中国传统文化中的重要信仰体系之一。它强调个人的内心修行和追求解脱。佛教教导人们要超越欲望和痛苦，追求智慧和内心的平静。

（3）道教

道教是中国传统文化中的重要信仰体系之一。它强调人与自然的和谐相处，追求"道"的境界。道教教导人们要顺应自然，放下欲望，追求心灵的宁静和完整。

（4）中国民间信仰

除了儒家思想、佛教和道教，中国传统文化还包含丰富多样的民间信仰，如祖先崇拜、自然崇拜等。这些信仰体系反映了人们对于宗教、神灵和灵魂的思考和追求。

二、群众文化与传统文化的关系

（一）群众文化与传统文化的共同点

1. 历史积淀和文化传承

群众文化和传统文化都承载着一个国家或民族的历史积淀和文化传承。无论是群众文化还是传统文化，它们都源远流长，经历了数百甚至上千年的发展和演变。它们通过口口相传、世代相传的方式，将历史、文化和智慧传递给后代。这种历史积淀和文化传承的特点使得群众文化和传统文化都具有深厚的文化内涵和独特的文化特色。

2. 民众参与和集体认同

群众文化和传统文化都强调民众的参与和集体认同。群众文化强调大众的创造力和参与度，它是由广大民众自发创造并广泛传播的文化形式，代表着人民的智慧和创造力。而传统文化则是一个国家或民族长期形成和发展的文化体系，通过集体经验和认同，凝聚了整个社会的价值观和信仰体系。

群众文化和传统文化的民众参与和集体认同，不仅加强了社会的凝聚力和向心力，也促进了社会的和谐稳定。它们可以提供民众的认同感和归属感，增强社会成员之间的相互联系和合作意识。

3. 人文关怀和社会正义

群众文化和传统文化都关注人文关怀和社会正义。群众文化强调人民的利益和福祉，关注社会中弱势群体的权益和需求。它以普通人的视角出发，关注社会问题，传递人文关怀的信息。而传统文化强调道德伦理和行为规范，强调社会公平和正义，倡导人们以仁爱、公正和责任为基础进行社会交往和行为。

群众文化和传统文化的人文关怀和社会正义的特点，对于社会的公平和和谐发展具有重要意义。它们可以引导人们关注社会中的弱势群体，推动社会公平和正义的实现。

4. 文化创新和多样性

群众文化和传统文化都促进了文化的创新和多样性。群众文化是民众自主创造的文化形式，它反映了当代社会的变化和多样性。群众文化通过表演艺术、流行音乐、电影等方式，传达新的思想观念和文化价值。而传统文化则通过对历史文化的传承和创新，保留了民族文化的独特性和传统魅力。

群众文化和传统文化的文化创新和多样性为社会带来了新的思想观念和文化形态。它们丰富了社会的文化内涵，推动了文化的创新和发展。

5. 个人认同和文化自信

群众文化和传统文化都对个人的认同和文化自信起到了重要作用。群众文化通过大众参与和集体认同，为个人提供了归属感和身份认同。它使个人能够在文化中找到自己的位置，从而增强了个人的自信心和文化认同感。

传统文化则通过对历史文化的传承和发展，为个人提供了文化底蕴和精神支持。它使个人能够从传统文化中获取智慧和启示，树立正确的价值观和人生观。

群众文化和传统文化的个人认同和文化自信，对于个人的成长和发展具有重要意义。它们可以帮助个人树立积极的人生态度，增强个人的自我认同和自尊心。

（二）群众文化与传统文化的区别

1. 历史渊源

传统文化是一个民族或地区在长期演变中形成的具有独特特征和价值观念的文化体系。它承载着历史的积淀和人们对过去的认同感。传统文化反映了一个社会的根本信仰、道德准则和行为规范，代表了一种长久以来的精神追求和智慧结晶。而群众文化则更多地强调当代人民群众的生活方式、审美趣味和文化需求。它是由大众创造和参与的，更加贴近现实生活，代表了当前社会的流行和时尚。

2. 形式表达

传统文化通常以经典著作、传统戏曲、绘画雕塑等高雅艺术形式为主要表达方式。这些艺术形式注重内涵和精神追求，通过隐喻和象征等手法传递思想和情感。传统文化的表达形式往往需要专业知识和技能的支持，观众需要一定的学识和鉴赏力。而群众文化则更加注重娱乐性和大众化，它采用更通俗易懂的形式，如电影、音乐、电视节目、流行文化等。群众文化的表达方式更直接、轻松，更容易被广大群众接受和理解。

3. 传承方式

传统文化多通过家族、宗教机构、学府等传统渠道进行传承。它强调师徒传承和世代相传，需要专业的培训和长时间的学习。传统文化的传承通常采取保守的方式，注重守旧和传统的价值观念。而群众文化则更倾向于通过大众传媒、互联网等广泛传播手段进行传承。群众文化的传承方式更加灵活和开放，可以通过各种渠道获得信息和知识。群众文化的传承更注重个体的创造和参与，鼓励每个人发挥自己的才能和想象力。

4. 观众参与

传统文化通常是由少数专业人士或具有高度艺术修养的人参与创作和欣赏。观众在传统文化中多是被动接收者，需要具备一定的文化素养才能理解和欣赏。而群众文化更注重普及性和大众参与，强调观众的主体地位。在群众文化中，观众不仅是被动接收者，也可以成为创作者、参与者甚至影响者。群众文化鼓励大众发表自己的意见和观点，通过社交媒体、演出活动等方式与其他人分享自己的创作和想法。

（三）群众文化与传统文化相互影响

群众文化和传统文化是社会发展过程中两个重要的文化形态，它们之间存在着相互影响的关系。群众文化是指在广大人民群众中形成、流行并具有一定影响力的文化现象，如流行音乐、网络文化等。而传统文化是一个国家或地区长期形成、历经时间沉淀的文化体系，包括宗教、语言、服饰、风俗等。

1.传统文化对群众文化的影响

传统文化作为一种历史积淀，对群众文化的形成和发展起到了重要的推动作用。

首先，传统文化为群众文化提供了源头和素材。传统文化中的经典著作、民间故事、艺术表达等成为群众文化创作的灵感和参考，例如在电影、音乐、文学等领域中，许多作品都从传统文化中汲取元素，进行重新创作和演绎。

其次，传统文化弘扬了民族特色和文化认同，使得群众文化具备了独特的文化符号和风格。传统文化中的民俗、传统节日等成为群众文化表演和娱乐活动的重要内容，例如春节晚会、舞龙舞狮等民间传统表演成为大众喜闻乐见的文化娱乐。

最后，传统文化通过教育和传承，为群众文化提供了良好的文化土壤。传统文化是一种历史的延续和根基，通过教育和传承的方式，将传统文化的精髓和价值观念传递给后代，使得群众文化在创作和表达中能够保持对传统文化的尊重和传承。

2.群众文化对传统文化的影响

群众文化作为当下社会的主流文化形态，对传统文化产生了积极的影响和变革。

首先，群众文化推动了传统文化的活跃和创新。传统文化中的某些元素在群众文化中经过重新包装和创造性的呈现，焕发出新的活力和魅力。例如传统戏曲在音乐、剧本和舞台表演等方面得到创新，吸引了更多年轻人的关注和参与。

其次，群众文化通过大众传媒的影响力，扩大了传统文化的影响范围。传统文化中的一些经典作品通过电视、网络等媒体平台得以广泛传播，使得更多的人了解和接触到传统文化，从而增加了对传统文化的认同感和情感共鸣。

最后，群众文化在表达方式和内容上为传统文化带来了新的可能性。群众文化通常更贴近当代社会的生活方式和思维方式，因此能够将传统文化中的价值观念和道德准则与现代社会相结合，形成具有时代特色的新型传统文化。

3. 相互影响促进文化的发展

群众文化和传统文化之间的相互影响不仅仅是单向的，而且是相互促进和推动的关系，这种相互影响促进了文化的发展和繁荣。

首先，群众文化激发了传统文化的活力和创造力。群众文化中的新思潮和创意为传统文化注入了新的血液，使其得以与时俱进，焕发出新的生命力。

其次，传统文化为群众文化提供了历史积淀和文化根基。传统文化中的价值观念、道德准则等成为群众文化创作和表达的重要参考，使得群众文化能够立足于传统文化的基础上进行创新和发展。

最后，相互影响促进了文化的多样性和包容性。群众文化和传统文化之间的融合和交流使得文化具备了更加丰富多样的特点，不同文化之间的对话和碰撞也促进了文化的包容性和开放性。

三、群众文化与传统文化的互动

（一）群众文化对传统文化的接纳与创新

群众文化对传统文化的接纳与创新是指群众文化在吸收传统文化的同时，通过创造性的方式进行重新包装和呈现。

首先，群众文化接纳传统文化的元素，并赋予其新的内涵和形式。例如，流行音乐中常常融入传统乐器的演奏和民歌的旋律，使得传统音乐得以在群众文化中继续传承和发展。

其次，群众文化通过创新的手法改变了传统文化的表达方式和受众群体。例如，在舞台剧和戏曲演出中加入了流行音乐和舞蹈元素，使得传统文化更具时尚感和吸引力，吸引了更广泛的观众参与。

最后，群众文化将传统文化与当代社会问题相结合，使得传统文化的价值观念和道德准则能够更好地被当代人理解和接受。例如，电影作品中经常将传统故事情节与现代社会问题相融合，通过引发观众的思考和共鸣来传递传统文化的精神内涵。

（二）传统文化对群众文化的保护与引导

传统文化对群众文化的保护与引导是指传统文化通过教育和传承的方式，为群众文化提供了良好的文化土壤和价值引导。

首先，传统文化通过教育系统和文化机构的努力，加强对传统文化的保护和传承。例如，在学校中设置相关课程和活动，推动学生对传统文化的学习和了解，同时，文化机构也积极开展传统文化的研究和传播工作，使得传统文化能够更好地被群众接触和体验。

其次，传统文化通过各种形式的活动和节日，引导群众参与和体验传统文化的魅力。例如，举办传统音乐、舞蹈、戏曲等表演活动，让更多的人亲身感受到传统文化的魅力和价值。

最后，传统文化通过传承和创新的方式，引导群众文化在保持创造性的同时，尊重传统文化的精髓和价值观念。传统文化的核心价值观念，如家庭观念、孝道思想等，在群众文化中得以保留和传承，使得群众文化能够在创新中保持对传统文化的敬重和引导。

（三）双向互动对文化发展的意义

群众文化与传统文化之间的双向互动对文化发展具有重要的意义。

首先，双向互动促进了文化的多样性和包容性。群众文化与传统文化之间的融合和交流使得文化具备了更加丰富多样的特点，不同文化之间的对话和碰撞也促进了文化的包容性和开放性。

其次，双向互动推动了文化的创新和更新。群众文化通过对传统文化的接纳和创新，为传统文化注入了新的活力和创造力，使得传统文化得以与时俱进，焕发出新的生命力。

最后，双向互动丰富了人们的文化体验和情感共鸣。群众文化和传统文化之间的互动使得人们能够在享受当代文化的同时，感受到传统文化的深厚底蕴和情感共鸣，增强了人们对文化的认同感和归属感。

第二章 群众文化的教育意义

第一节 群众文化教育的理论基础和价值取向

一、群众文化教育的概述

（一）群众文化教育的定义

群众文化教育是指在广大人民群众中普及、推广和培养群众文化素养的教育活动。它以群众文化为基础，通过各种形式的教育手段和方法，促进个体的全面发展和社会进步。

群众文化教育注重覆盖范围广泛，包括各个社会阶层和年龄段的人群，追求平等和开放，强调每个人都有接受教育的权利和机会；强调实践与理论相结合，通过实际参与和体验来提升个体的文化素养和能力。

群众文化教育的实践包括普及教育、专业培训和创造性实践。普及教育是通过各种形式的宣传和普及活动，向广大群众传递文化知识和价值观念，提升他们的文化素养和认知水平。专业培训是指针对特定领域的人群进行系统的教育和培训，培养他们在相关领域的专业技能和创新能力。创造性实践是指鼓励个体通过自主创作和实践活动来发展自己的文化素养和创造力，例如参与文艺团体、文化创意产业等。

（二）群众文化教育的特点

1. 大众性

群众文化教育的对象是广大群众，不仅包括城市居民，还包括农村、边远地区等各个社会群体。它注重普及性和普遍性，使更多的人能够接受到文化教育的影响。正是因为群众文化教育的大众性，它能够将文化教育的机会和资源普及不同社会群体中。不论是城市居民还是农村、边远地区的人们，都可以通过参与各种形式的文化活动和教育项目来提高自己的文化素养。

群众文化教育注重普及性和普遍性，致力于让更多的人受益。在城市中，可以通过举办文艺演出、美术展览、读书俱乐部等活动，向广大市民传播文化知识，提升他们的审美品味和文化素养。而在农村和边远地区，可以组织农民文化节、村民读书班等活动，让农民和边远地区居民也能够接触到文化教育的机会。

群众文化教育的大众性使得文化教育不再局限于特定的社会阶层或地域范围，而是为广大群众所共享。这种普及性和普遍性的特点有助于打破教育资源的不平等现象，推动社会的全面进步和发展。

2. 参与性

群众文化教育的参与性是指鼓励群众积极参与各种文化活动，并成为文化教育的主体和推动者。它的目标是激发群众的创造力和主动性，使他们在参与中获得全面的发展和提升。以下是关于群众文化教育参与性的一些重要观点。

首先，群众文化教育注重群众的自主性。它不仅仅是通过向群众传授知识，而且是更加强调个体的主动学习和创造性实践。群众可以根据自己的兴趣和需求，选择适合自己的文化活动，并积极参与其中。这样的自主性使群众能够根据自身情况和特点进行个性化的学习和发展，从而更好地满足自己的需求。

其次，群众文化教育倡导互动和合作。它鼓励群众之间的交流、讨论和合作，以促进彼此之间的学习和共同进步。例如，在读书讨论会上，群众可以分享自己的理解和观点，与他人进行深入的交流和讨论。在手工制作活动中，群众可以相互帮助、分享经验，共同完成一个作品。通过这样的互动和合作，群众不仅能够获得他人的启发和帮助，还能够培养合作意识和团队精神。

再次，群众文化教育鼓励群众参与文化创造和表达。它提供了丰富多样的平台和机会，让群众展示自己的才华和创造力。例如，通过组织文艺演出、艺术展览和文化节等活动，群众可以展示自己的音乐、舞蹈、绘画等艺术作品，以及对社会问题的思考和表达。这样的参与和表达能够增强群众的自信心和自我认同，同时也丰富了整个社会的文化面貌。

最后，群众文化教育重视反馈和评价。它鼓励群众在参与文化活动后，进行自我反思和评价，并从中汲取经验和教训。通过反馈和评价，群众能够更好地认识自己的优势和不足，并进行改进和提升。同时，也可以为组织者提供有价值的意见和建议，促进文化教育活动的不断改进和创新。

3. 民主性

群众文化教育的民主性体现在多个方面，它倡导民主和平等的教育理念，尊重每个人的个性差异和选择权，注重群众的自主学习和自我发展，鼓励他们表达自己的观点和意见。以下是关于群众文化教育民主性的一些重要观点。

首先，群众文化教育尊重个性差异。它认识到每个人都有不同的兴趣、需求和能力，因此在提供文化教育服务时，注重个性化的需求和差异化的学习方式。例如，在艺术教育领域，群众文化教育鼓励个人根据自己的兴趣和特长选择适合自己的艺术形式，如音乐、舞蹈、绘画等。这样的个性化教育能够更好地满足每个人的需求，促进他们在自己感兴趣的领域中获得全面的发展。

其次，群众文化教育强调平等和公正。它认为每个人都应该享有平等的文化教育机会，无论社会地位、经济状况或其他背景因素。在组织文化教育活动时，应确保资源的公平分配，让每个人都能够平等地参与和受益。例如，在社区举办的读书活动中，应提供多样化的图书选择，满足不同人群的阅读需求。这种平等和公正的教育环境可以消除教育资源的不平等现象，促进社会的公平发展。

再次，群众文化教育注重群众的自主学习和自我发展。它认为教育不应该是单向的灌输，而是要激发群众的主动性和创造力。通过提供学习资源和机会，鼓励群众自主选择学习内容和方式，发挥他们的学习能力和潜力。例如，通过开设兴趣小组、工作坊等形式的学习活动，群众可以自主选择感兴趣的课程，并根据自己的时间和节奏进行学习。这种自主学习和自我发展的教育方式有助于培养群众的独立思考和问题解决的能力。

最后，群众文化教育鼓励群众表达自己的观点和意见。它认为每个人都有权利参与文化创作和社会讨论，并对自己感兴趣的话题发表意见。通过组织讨论会、辩论赛等活动，鼓励群众积极参与，分享自己的观点和思考。这种表达的自由和多样性能够促进不同声音的交流和碰撞，丰富了整个社会的文化氛围。

4. 实践性

群众文化教育的实践性体现在注重实际操作和实践经验的积累方面。它通过组织各种实践活动，群众可以亲身参与，从而锻炼其实践能力和解决问题的能力。以下是关于群众文化教育实践性的一些重要观点。

首先，群众文化教育强调学以致用。它认为知识只有在实践中才能得到巩固和应用，通过将理论知识与实际操作相结合，能够更好地促进学习效果。例如，在音乐教育中，群众不仅学习音乐理论，还可以通过参加乐团、合唱团等实践活动，将所学知识应用于音乐演奏和表演中。这样的实践性教育能够使群众更深入地理解和掌握知识，并培养他们的实践能力。

其次，群众文化教育通过组织实地考察和参观等活动，让群众亲身体验和感受文化的魅力。实地考察可以让群众了解不同地区的文化传统和特色，感受到文化的多样性和丰富性。例如，组织参观博物馆、艺术展览等活动，让群众近距离接触艺术品和历史文物，从而更好地理解和欣赏文化的内涵。这种实地考察和参观的实践活动能够拓宽群众的视野，增加他们对文化的认识和理解。

再次，群众文化教育注重社区服务和社会实践。通过组织社区志愿者活动、文化节庆等，让群众参与到社会服务中，为社区和社会做出贡献。例如，组织义工团队为老年人提供文化娱乐活动，组织清洁环境的行动等。这样的社区服务和社会实践能够锻炼群众的实际操作能力，培养他们的责任感和奉献精神，同时也促进了社区的凝聚力和和谐发展。

最后，群众文化教育注重实践经验的积累和分享。它鼓励群众在实践中不断总结经验，形成自己的实践方法和技巧，并与他人分享。通过组织经验交流会、座谈会等形式，群众可以互相学习和借鉴。这种实践经验的积累和分享能够促进群众之间的互动和合作，共同提高实践能力和解决问题的能力。

5. 基层性

群众文化教育的基层性体现在注重基层组织和社区的作用方面。它倡导以社区为单位，组织群众参与文化教育活动，使教育资源更加贴近群众，满足他们的文化需求。以下是关于群众文化教育基层性的一些重要观点。

首先，群众文化教育认识到基层组织和社区在文化教育中的重要性。社区作为群众生活和交流的基本单元，具有紧密的联系和共同的利益。通过发挥社区的组织能力和资源优势，可以更好地组织和开展文化教育活动。例如，在社区内设立图书馆、文化艺术中心等文化教育机构，提供丰富多样的文化服务和资源。同时，社区也可以通过组织读书俱乐部、文艺演出、手工制作等活动，激发群众的兴趣和参与度。

其次，群众文化教育强调将教育资源贴近群众。它鼓励在社区内建立文化教育设施和场所，使群众能够方便地接触和利用教育资源。这些设施可以包括图书馆、艺术展览馆、音乐厅、剧场等，为群众提供丰富的学习和欣赏场所。同时，群众文化教育还注重将文化教育活动带到社区中。社区可以组织街头艺术表演、文化节等活动，使群众能够在自己的居住地就近参与文化教育，减少时间和空间上的限制。

再次，群众文化教育倡导基层组织的参与和推动作用。它鼓励社区组织和居民自治组织积极参与文化教育活动的策划和组织工作，让群众成为文化教育的主体和推动者。例如，社区居委会可以组织居民参与文艺演出、读书俱乐部等活动，发挥社区居民的特长和才能，丰富社区文化生活。这种基层组织的参与能够更好地了解和满足群众的文化需求，推动文化教育活动的开展和发展。

最后，群众文化教育注重社区的特色和文化传统。它认识到不同社区具有独特的文化背景和特色，应根据不同社区的需求和特点开展相应的文化教育活动。通过挖掘和传承社区的文化遗产、传统艺术等，可以增强群众对自身文化的认同感和自豪感。同时，也能够促进不同社区之间的交流与合作，从而推动社区文化的多元发展。

（三）群众文化教育的内容

1. 文学艺术

群众文化教育注重培养群众对文学艺术的欣赏和创造能力。这一方面包括文学作品的阅读、分析和评论，另一方面涉及音乐、舞蹈、戏剧等艺术形式的欣赏和表演。通过组织文艺演出、艺术展览和比赛等活动，群众可以接触和了解不同类型的文学艺术作品，从而提升他们的审美水平和艺术修养。

在文学方面，群众文化教育鼓励群众广泛阅读各类文学作品，包括小说、诗歌、散文等。通过读书俱乐部、文学讲座和文学沙龙等形式，提供一个交流和分享的平台，群众能够深入理解文学作品的内涵和意义。同时，也鼓励群众进行文学作品的分析和评论，培养批判性思维和独立的审美观点。

在艺术方面，群众文化教育致力于推广音乐、舞蹈、戏剧等艺术形式的欣赏和表演。通过组织音乐会、舞蹈演出、戏剧演出等活动，群众可以近距离接触艺术作品，从而提升他们的审美能力和艺术欣赏水平。同时，也鼓励群众积极参与艺术表演，发掘和展示自己的才华和创造力。例如，组织合唱团、舞蹈队、话剧社等文艺团体，提供艺术表演的机会和平台，让群众能够在艺术创作中实现个人价值。

通过这些文学艺术教育活动，群众可以培养对文学艺术的欣赏能力和理解能力。他们可以通过阅读和欣赏文学作品，领略到文字的美妙和情感的表达；通过参与艺术表演，体验到舞蹈、音乐、戏剧等艺术形式带来的艺术享受和创造过程。这样的文学艺术教育不仅提升了群众的审美水平和文化素养，还促进了艺术的传承和创新，丰富了社会的文化面貌。

2. 历史与传统文化

群众文化教育注重历史意识和传统文化的传承。它通过学习历史知识，了解国家、社会和民族的发展过程，培养群众对历史的认知和理解。同时，也非常重视传统文化的传承和弘扬，如书法、绘画、传统音乐、民间工艺等。通过组织文化节庆、传统手工制作等活动，让群众了解和参与传统文化的实践，增强对文化传统的认同和自豪感。

在历史方面，群众文化教育鼓励群众学习历史知识，了解各个历史时期的重要事件、人物和文化成就。通过历史课程、讲座、展览等形式，向群众介绍历史背景和相关知识，帮助他们建立正确的历史观念和思维方式。这样的历史教育能够培养群众对国家、社会和民族的认同感，增强他们对历史的理解和尊重。

在传统文化方面，群众文化教育致力于传承和弘扬传统文化的精华。它注重传统文化的学习和实践，如书法、绘画、传统音乐、民间工艺等。通过组织相关的培训班、工作坊和展览等活动，群众可以了解传统文化的内涵和特点，并亲身体验传统文化的魅力。同时，也鼓励群众参与传统文化的创造和表达，如书法比赛、绘画展览、音乐演出等，促进传统文化的创新与发展。

通过历史与传统文化的教育，群众可以更好地认识和理解自己所处的时代和社会，从历史中汲取智慧和经验，弘扬民族的文化自信心。同时，传统文化的传承和弘扬能够增强群众对文化传统的认同感和自豪感，促进社会的文化多样性和共同进步。

群众文化教育在历史与传统文化方面的内容丰富多样，旨在培养群众对历史的认知和理解，以及对传统文化的传承和弘扬。这样的教育内容能够提升群众的文化素养和审美能力，丰富他们的文化体验，同时也促进社会的文化传承和发展。

3. 科学与技术

群众文化教育注重科学知识和技术能力的培养。通过开展科普讲座、科学实验、工艺制作等活动，群众可以了解科学原理和技术应用，从而提高他们的科学素养和创新能力。同时，也鼓励群众参与信息技术的学习和应用，以适应现代社会的科技发展。

在科学方面，群众文化教育致力于向群众传播科学知识，让他们了解科学原理和基本概念。通过组织科普讲座、科学实验等活动，向群众介绍科学领域的新发现和研究成果，帮助他们了解科学在日常生活中的应用和意义。这样的科学教育能够提高群众的科学素养，增强他们对科学的认识和理解。

在技术方面，群众文化教育注重培养群众的技术能力和创新精神。通过组织工艺制作、手工艺展示等活动，让群众亲自动手制作物品，锻炼他们的实践能力和创造力。同时，鼓励群众学习和应用信息技术，如电脑操作、互联网使用等，以适应现代社会的科技发展。这样的技术教育能够提高群众的实际操作能力和解决问题的能力，培养他们的创新精神和创造力。

通过科学与技术的教育，群众可以更好地了解和应用科学知识，掌握一定的技术能力，并培养创新思维和解决问题的能力。这样的教育内容不仅有助于群众在日常生活中更好地应对科技发展带来的变化，还能够推动科技进步和社会创新，促进社会的可持续发展。

因此，群众文化教育在科学与技术方面的内容丰富多样，旨在让群众了解科学原理和技术应用，提高他们的科学素养和创新能力。通过开展科普讲座、科学实验、工艺制作等活动，以及鼓励群众参与信息技术的学习和应用，群众能够增加对科学和技术的认知和理解，更好地适应现代社会的科技发展。

4. 社会公民素养

群众文化教育注重培养群众的社会责任感和公民意识。它鼓励群众学习法律知识、了解法律规定和社会秩序、培养守法意识和遵守法律的行为准则。同时，也注重道德品质和人际关系的培养，通过讲座、座谈会等形式，引导群众树立正确的价值观和道德观，培养良好的行为习惯和道德品质。

在环保意识方面，群众文化教育鼓励群众认识到环境保护的重要性，并参与到环境保护行动中。通过组织环保讲座、清洁活动等，向群众传递环保知识和技能，提高他们的环保意识和行动能力。这样的环保教育能够促使群众采取积极的环境保护行动，推动可持续发展和生态文明建设。

此外，群众文化教育还鼓励群众参与社会公益活动，以实际行动为社会做出贡献。通过组织志愿者服务、捐赠活动等，引导群众关注社会问题，参与到社区建设和公益事业中。这样的公民意识教育能够培养群众的社会责任感和参与意识，推动社会的和谐发展和社会公益事业的发展。

通过社会公民素养的教育，群众可以更好地认识和履行自己在社会中的责任和义务。他们可以了解法律和道德规范，遵守社会秩序，树立正确的价值观和行为准则。同时，也能够树立环保意识，参与环境保护行动，推动可持续发展。通过参与社会公益活动，群众能够体现社会责任感，为社会的和谐发展做出贡献。

因此，群众文化教育在社会公民素养方面的内容丰富多样，旨在培养群众的社会责任感和公民意识。通过学习法律知识、培养道德品质、提高环保意识和参与社会公益活动，群众能够更好地履行社会角色，从而推动社会的和谐发展。

5. 健康生活方式

群众文化教育注重培养群众的健康意识和生活方式。它通过组织体育运动、健身活动、营养健康讲座等，提倡科学的饮食习惯、健康的生活方式，促进群众身心健康的发展。

在健康意识方面，群众文化教育鼓励群众认识到健康对于个人和社会的重要性。通过组织健康讲座、健康知识普及等活动，向群众传递健康知识和信息，提高他们对健康问题的关注和认识。这样的健康教育能够帮助群众树立正确的健康观念，了解预防疾病和保持身体健康的方法。

在生活方式方面，群众文化教育提倡科学的饮食习惯和健康的生活方式。通过组织营养健康讲座、健康饮食指导等活动，向群众传授饮食平衡和营养搭配的知识，引导他们养成良好的饮食习惯。同时，也鼓励群众参与体育运动和健身活动，如瑜伽、太极拳、健身操等，促进身体锻炼和健康保健。

通过健康生活方式的教育，群众可以更好地认识到健康对于个人幸福和社会发展的重要性。他们可以了解健康知识和方法，树立正确的健康观念，改善生活习惯，提高身心健康水平。这样的健康教育能够预防疾病、增强免疫力，促进群众的全面健康发展。

因此，群众文化教育在健康生活方式方面的内容丰富多样，旨在培养群众的健康意识和生活方式。通过组织体育运动、健身活动、营养健康讲座等，促进群众科学的饮食习惯和健康的生活方式，提高群众的身心健康水平。这样的教育内容不仅有助于个人的健康和幸福，也为社会的健康发展做出了贡献。

6. 环境保护与可持续发展

群众文化教育注重培养群众的环境意识和可持续发展观念。它通过组织环保宣传活动、绿色出行倡导等，提高群众对环境问题的认知和关注，并鼓励他们积极参与环境保护行动，为实现可持续发展做出贡献。

在环境意识方面，群众文化教育致力于向群众传递环保知识和信息，提高他们对环境问题的认知和关注度。通过组织环保宣传活动、举办讲座和展览等，向群众介绍环境污染、资源浪费等问题的影响和解决方案。这样的环境教育能够唤起群众对环境的关注，引导他们采取积极的环境保护行动。

在可持续发展方面，群众文化教育强调可持续发展的重要性，鼓励群众树立可持续发展的观念。通过组织绿色出行倡导、低碳生活推广等活动，向群众传达可持续发展的理念和方法。这样的教育能够引导群众采取节约资源、保护环境的行动，推动社会经济的可持续发展。

通过环境保护与可持续发展的教育，群众可以更好地认识到环境问题对个人和社会的重要性。他们可以了解环境保护的知识和技能，改变不良的生活习惯，采取绿色环保的行为，为实现可持续发展做出贡献。这样的教育内容不仅有助于保护自然环境和生态系统的健康，也为子孙后代留下一个良好的生存环境。

因此，群众文化教育在环境保护与可持续发展方面的内容丰富多样，旨在提高群众对环境问题的认知和关注，并鼓励他们参与环境保护行动，为实现可持续发展做出贡献。通过组织环保宣传活动、绿色出行倡导等，群众能够了解环境保护的重要性，积极采取行动，推动环境的改善和社会的可持续发展。

（四）群众文化教育的目标

1. 提高文化素养

群众文化教育致力于提高群众的文化素养，让他们对文学、艺术、历史、科学等方面有更深入的理解和欣赏能力。为达到这一目标，群众文化教育开展了丰富多样的文化教育活动。

首先，通过组织文学活动，如读书俱乐部、文学讲座和阅读分享会，群众有机会接触各类文学作品，从而拓宽他们的阅读范围。同时，也鼓励群众参与文学创作，激发他们的文学创造力。

其次，群众文化教育重视艺术的传播和欣赏。组织音乐会、舞蹈演出、戏剧表演等艺术活动，让群众近距离感受艺术的美妙与情感的传递。此外，也鼓励群众参与艺术表演，发掘和展示自己的才华和创造力。

再次，群众文化教育注重历史和科学知识的普及。通过举办历史讲座、科普展览和实践活动，让群众了解国家、社会和民族的发展历程，以及科学知识的应用和意义。这样的教育活动有助于提高群众对历史和科学的认知水平。

最后，群众文化教育还关注传统文化的传承。通过组织书法、绘画、传统音乐等传统文化艺术的培训和展示活动，群众可以了解传统文化的魅力和价值，并鼓励他们参与传统文化的传承和发展。

2. 培养创造力和创新精神

群众文化教育注重培养群众的创造力和创新精神。通过鼓励群众参与艺术表演、手工制作、科学实验等活动，激发他们的创造潜能和创新思维，培养群众的实践能力和解决问题的能力。

在艺术方面，群众文化教育鼓励群众参与艺术表演，如音乐、舞蹈、戏剧等。

通过组织合唱团、舞蹈队、话剧社等文艺团体，提供艺术表演的机会和平台，让群众能够在艺术创作中实现个人价值。这样的艺术活动可以激发群众的创造力和表达欲望，培养他们的艺术才华和创新能力。

在手工制作方面，群众文化教育鼓励群众参与手工艺制作，如绘画、陶艺、编织等。通过组织工艺制作班、手工艺展示等活动，向群众传授相关的技巧和知识，激发他们的创造力和动手能力。这样的手工制作活动可以培养群众的实践能力和创新思维，让他们通过手工艺制作展示个人风采和独特才华。

在科学实验方面，群众文化教育鼓励群众参与科学实验和探究活动。通过组织科普讲座、科学实验室开放日等，群众可以了解科学知识和方法，并亲自参与实验和探索过程。这样的科学实验活动可以培养群众的观察力、实验设计能力和问题解决能力，激发他们对科学的兴趣和探索精神。

通过这些创造力和创新精神的培养活动，群众可以发挥个人的想象力和创造力，培养解决问题的能力和创新思维。这不仅有助于个人的全面发展和成长，也为社会的进步和创新提供了源源不断的动力。因此，群众文化教育注重培养群众的创造力和创新精神，通过艺术表演、手工制作、科学实验等活动，激发群众的创造潜能和解决问题的能力。

3. 培养社会责任感和公民意识

群众文化教育注重培养群众的社会责任感和公民意识。通过教育群众法律知识、道德品质和环保意识，引导他们正确对待社会问题，树立正确的价值观和行为准则，积极参与社会公益活动，推动社会的和谐发展。

在法律知识方面，群众文化教育向群众传授基本的法律知识，让他们了解法律的作用和规范。通过组织法律讲座、法治教育等活动，提高群众对法律的认知和理解，帮助他们明确自己的权利和义务，遵守法律法规。

在道德品质方面，群众文化教育注重培养群众的道德修养和行为规范。通过组织道德讲座、道德模范宣传等活动，向群众传递正能量和良好的行为示范，引导他们树立正确的道德观和行为准则。这样的道德教育有助于培养群众的社会责任感和公民意识，促使他们在社会生活中遵守道德规范，关心他人和社会的发展。

在环保意识方面，群众文化教育鼓励群众认识环境保护的重要性，并参与到环境保护行动中。通过组织环保讲座、绿色生活宣传等活动，向群众传递环保知识和技能，提高他们的环保意识和行动能力。这样的环保教育能够激发群众对环境问题的关注，引导他们采取积极的环境保护行动，为实现可持续发展做出贡献。

通过培养社会责任感和公民意识，群众能够更加关注和理解社会问题，树立正确的价值观和行为准则。他们会积极参与社会公益活动，如志愿者服务、捐赠活动等，为社会的和谐发展做出贡献。群众文化教育致力于引导群众正确对待社会问题，培养他们的社会责任感和公民意识，推动社会的和谐发展和社会公益事业的发展。

4. 促进健康生活方式

群众文化教育注重促进群众的健康意识和健康生活方式。它通过组织体育运动、健身活动、营养健康讲座等，提倡科学的饮食习惯和健康的生活方式，促进群众身心健康的发展。

在体育运动方面，群众文化教育鼓励群众参与各类体育运动，如跑步、游泳、球类运动等。通过组织体育比赛、运动会等活动，激发群众对体育锻炼的兴趣和热情。这样的体育运动可以增强群众的体质和身体素质，提高他们的抵抗力和免疫力，促进身心健康的发展。

在健身活动方面，群众文化教育注重提供多样化的健身活动选择，如瑜伽、太极拳、健身操等。通过组织健身班、健身培训等活动，向群众传授健身知识和技能，指导他们正确的健身方法和姿势。这样的健身活动可以增强群众的身体灵活性和协调性，改善身体机能，提高生活质量。

在营养健康方面，群众文化教育鼓励群众养成科学的饮食习惯。通过组织营养健康讲座、健康饮食指导等活动，向群众传授膳食搭配和营养平衡的知识，引导他们选择健康的食材和食物。这样的营养教育有助于培养群众良好的饮食习惯，预防疾病，保持健康。

通过促进健康生活方式的教育，群众可以更好地认识到健康对个人幸福和社会发展的重要性。他们可以了解健康知识和方法，树立正确的健康观念，改善生活习惯，提高身心健康水平。这样的教育内容不仅有助于个人的健康和幸福，也为社会的健康发展做出了贡献。

5. 推动环境保护和可持续发展

群众文化教育关注环境保护和可持续发展的问题。通过组织环保宣传活动、绿色出行倡导等，提高群众对环境问题的认知和关注，并鼓励他们积极参与环境保护行动，为实现可持续发展做出贡献。

在环境认知方面，群众文化教育致力于向群众传递环保知识和信息，让他们了解环境污染、资源浪费等问题的影响和解决方案。通过组织环保宣传活动、举办讲座和展览等，向群众介绍环境保护的重要性和方法。这样的环境教育能够唤起群众对环境问题的关注，引导他们采取积极的环境保护行动。

在绿色出行方面，群众文化教育鼓励群众选择环保的交通方式，如步行、骑行、公共交通等。通过组织绿色出行倡导活动、推广共享交通工具等，提高群众对低碳出行的认知和意识。这样的倡导活动可以减少交通排放，降低环境污染，并促进可持续交通的发展。

通过推动环境保护和可持续发展的教育，群众可以更好地认识到环境问题对个人和社会的重要性。他们可以了解环境保护的知识和技能，改变不良的生活习惯，采取绿色环保的行为，为实现可持续发展做出贡献。这样的教育内容不仅有助于保护自然环境和生态系统的健康，也为子孙后代留下一个良好的生存环境。

因此，群众文化教育注重推动环境保护和可持续发展，通过组织环保宣传活动、绿色出行倡导等，提高群众对环境问题的认知和关注，并鼓励他们积极参与环境保护行动。这样的教育内容有助于引导群众采取环保行动，促进可持续发展，为构建美丽的生态环境和可持续的社会发展做出积极贡献。

二、群众文化教育的理论基础

（一）社会建构主义

在群众文化教育中，社会建构主义的理论基础对于培养群众的文化素养和创造力起到了重要的指导作用。社会建构主义认为，个体的知识、观念和行为是通过社会互动和文化环境来共同塑造和形成的。

1. 社会互动

社会建构主义强调人们与他人的交往和互动对于个体知识和行为的形成具有重要影响。在群众文化教育中，组织各类社交活动、合作项目和团队合作，能够促进群众之间的互动和交流，从而共同构建和分享知识和经验。

2. 文化环境

社会建构主义认为，文化环境对于个体的认知和行为起到了至关重要的作用。在群众文化教育中，提供丰富多样的文化环境和资源，如艺术作品、历史遗迹、文化传统等，能够激发群众的兴趣和好奇心，培养他们的文化素养和创造力。

3. 文化活动

社会建构主义认为，通过参与文化活动，个体能够与他人共同构建知识和经验，发展自身的认知和能力。在群众文化教育中，组织各类文化活动，如艺术表演、手工制作、科学实验等，能够激发群众的创造潜能和创新思维，培养他们的实践能力和解决问题的能力。

（二）人本主义教育理论

在群众文化教育中，人本主义教育理论的应用对于关注群众的需求和个体的全面发展起到了重要的指导作用。人本主义教育理论强调尊重个体的自主性、价值实现和个性差异。

1. 关注个体需求

人本主义教育理论强调关注个体的需求和利益。在群众文化教育中，要根据群众的兴趣和需求，提供多样化的文化活动和资源，满足他们不同层次的需求，鼓励他们积极参与并从中获得满足感和成就感。

2. 尊重个体自主性

人本主义教育理论倡导尊重个体的自主性和自由选择。在群众文化教育中，要给予群众更多的自主权，让他们能够自主选择想要参与的文化活动、表达自我和发展个人潜能，促进他们的主动学习和自我实现。

3. 强调个性差异

人本主义教育理论认为每个人都是独特的，有自己的个性和潜能。在群众文化教育中，要尊重群众的个性差异，鼓励他们发现和发展自己的特长和才能，提供多样化的学习和创作机会，让每个人都能够实现自身的价值。

（三）学习社区理论

在群众文化教育中，学习社区理论的应用对于促进群众的学习和发展起到了重要的指导作用。学习社区理论认为，学习是社交过程，而社区是学习的场所。

1. 社交学习

学习社区理论强调学习是一种社交过程，通过与他人的互动和交流来促进知识和经验的共享和构建。在群众文化教育中，组织各类文化活动和项目，为群众提供社交学习的机会，让他们能够在共同的学习环境中相互激励、相互学习，共同进步。

2. 社区参与

学习社区理论认为，社区是学习的场所，通过参与社区活动和交流，个体能够获得更丰富的学习资源和支持。在群众文化教育中，鼓励群众积极参与各种文化社群和团队，与其他成员分享经验、合作创作，从中获取学习和成长的机会。

3. 共同构建知识

学习社区理论强调通过共同的努力和合作来构建知识和经验。在群众文化教育中，组织各类文化项目和合作活动，鼓励群众通过互动、讨论和反思，共同构建和分享知识，促进个体的学习和发展。

（四）自我决定理论

在群众文化教育中，自我决定理论的应用对于激发群众的积极性和培养内在的文化意识和价值观起到了重要的指导作用。自我决定理论强调个体对自己行为的主动选择和内在动机的驱动。

1. 自主性

自我决定理论认为个体具有自主性，能够自主选择参与文化活动，并从中获得满足感和成就感。在群众文化教育中，鼓励群众根据自己的兴趣和需求选择参与的文化活动，提供多样化的学习机会，让他们能够以自主、自愿的方式参与，增加他们的参与度和投入感。

2. 内在动机

自我决定理论强调内在动机对于个体行为的推动作用。在群众文化教育中，通过激发群众的内在动机，如个人兴趣、创造力和成长需求等，可以增加他们对文化活动的投入和积极性。这可以通过提供有挑战性和发展性的文化任务、给予肯定和反馈等方式来实现。

3. 文化意识和价值观

自我决定理论认为个体内在动机的驱动是基于其内部的价值观和意义。在群众文化教育中，培养群众的文化意识和价值观对于激发他们的参与和投入至关重要。通过传授文化知识、强调文化的重要性和意义，帮助群众树立正确的文化价值观，增加他们对文化活动的内在动机。

通过自我决定理论的指导，群众文化教育注重鼓励群众参与文化活动的自愿性和积极性，以及培养他们内在的文化意识和价值观。通过提供多样化的学习机会和激发内在动机，能够增加群众对文化活动的投入和满意度，促进他们的全面发展和个人成长。同时，也能够培养群众对文化的理解和欣赏，树立正确的文化价值观，推动社会的文化繁荣和进步。

（五）文化认同理论

在群众文化教育中，文化认同理论的应用对于促进群众建立积极的文化认同和增强对自己文化传统的认同感和自豪感起到了重要的指导作用。文化认同理论关注个体对自身文化身份的认同感和归属感。

1. 文化传承

文化认同理论强调通过传播和传承文化知识、艺术表达等方式，帮助群众了解和认同自己所属的文化传统。在群众文化教育中，组织各类文化活动和传统节日庆祝等，可以帮助群众深入了解自己的文化背景和历史，传承和弘扬文化传统。

2. 文化认同感

文化认同理论强调个体对自身文化身份的认同感。在群众文化教育中，通过传授文化知识、展示文化成就和鼓励艺术表达等方式，可以帮助群众建立积极的文化认同感，增强对自己文化传统的认同感和自豪感。

3. 多元文化

文化认同理论也关注多元文化的存在和交流。在群众文化教育中，鼓励群众了解和尊重不同文化背景的个体和群体，促进文化之间的交流与融合，培养开放包容的文化认同。

通过文化认同理论的指导，群众文化教育注重通过传播和传承文化知识、艺术表达等方式，帮助群众建立积极的文化认同感，增强对自己文化传统的认同感和自豪感。同时，也鼓励群众尊重多元文化，促进文化的交流与融合。这样的教育内容有助于培养群众对自身文化身份的认同感和自豪感，促进文化的传承和发展，推动社会的多元和谐发展。

三、群众文化教育的价值取向

群众文化教育的价值取向不仅包括个体发展、社会参与、文化传承、跨文化交流和美的体验，还涵盖了社会主义核心价值观的培养、国民素质的提升以及社会和谐的构建。

第一，群众文化教育致力于培养人们的社会主义核心价值观。社会主义核心价值观是中国特色社会主义的重要基石，通过群众文化教育可以普及和弘扬这些价值观，如爱国主义、集体主义、社会公德、科学精神等。群众文化教育提供了一个平台，让人们通过文化活动和艺术表达来深入理解和内化这些价值观，加强对社会道德规范和法律法规的认同，增强社会责任感和公民意识。

首先，群众文化教育通过丰富多样的文化活动，能够让人们深入了解和体验社会主义核心价值观的内涵与实践。例如，在各类文化节庆活动中，通过组织展览、演出、比赛等，向群众传递社会主义核心价值观所蕴含的爱国、集体、公德等理念，激发人们对社会主义价值追求的热情。

其次，群众文化教育通过艺术表达和文化创作，能够让人们从感性层面理解和内化社会主义核心价值观。艺术作品以其鲜明的个性和深入人心的表达方式，能够引发人们的情感共鸣和思考。通过鼓励群众参与艺术创作和欣赏，群众文化教育能够培养人们对社会主义核心价值观的审美意识和情感认同。

最后，群众文化教育通过文化传承，能够让人们接触和了解历史上具有社会主义核心价值观的文化传统。例如，通过组织传统文化节日庆祝活动，群众能够亲身体验到中国传统文化中蕴含的集体主义、社会公德等价值观念，加深对社会主义核心价值观的认同和理解。

通过群众文化教育的实施，人们能够更好地理解、接受和内化社会主义核心价值观，进而增强对社会道德规范和法律法规的认同。这不仅有助于提升个体的社会责任感和公民意识，也为构建社会主义和谐社会奠定了坚实的基础。群众文化教育的重要性在于通过文化的力量，人们可以深入理解和践行社会主义核心价值观，推动社会向着更加公正、和谐和进步的方向发展。

第二，群众文化教育有助于提升国民素质。国民素质是指一个国家或社会中个体所具备的综合素质和能力水平。通过组织各类文化活动、艺术表演、文化讲座等，群众文化教育能够提高人们的知识水平、审美能力、创新创业能力等。同时，也促进了个体的全面发展和个性的充分展现。这种综合素质的提升为国家和社会的进步提供了有力支持，培养了具备创新能力和适应能力的公民，为社会的可持续发展做出贡献。

首先，群众文化教育通过传授文化知识，提升人们的知识水平。通过文化活动和文化课程，人们可以学习到丰富多样的文化知识，包括历史、艺术、文学、哲学等领域的知识。这些知识的获取不仅扩展了人们的视野，也为个体的全面发展提供了基础。

其次，群众文化教育通过培养审美能力，提升人们对艺术的欣赏水平。艺术是人类文化的重要组成部分，通过参与艺术表演、观赏艺术作品等方式，人们能够培养自己的审美能力，提高对音乐、舞蹈、绘画等艺术形式的欣赏和理解水平。

最后，群众文化教育鼓励创新创业，培养人们的创造力和适应能力。通过组织文化创作、艺术展览、设计竞赛等活动，人们得以发挥自己的创造潜能，锻炼解决问题的能力和创新思维。这不仅有助于个体的职业发展，也为社会的进步和创新提供了源源不断的动力。

第三，群众文化教育有助于构建社会和谐。社会和谐是指社会各成员之间的关系和谐稳定，相互协调和共同进步。通过促进不同群体之间的交流、理解和融合，群众文化教育可以增强社会凝聚力和文化认同感，降低社会冲突和分裂的风险，构建一个团结、和谐、稳定的社会环境。在这样的社会环境中，个体能够更好地发挥自己的才能和潜力，实现个体价值与社会价值的良性互动。

首先，群众文化教育通过文化交流和跨文化交流，促进不同群体之间的交流与融合。通过组织文化节庆活动、艺术展览、文化交流项目等，人们能够了解和尊重不同文化背景的个体和群体，加深彼此之间的理解和认同。这种跨文化交流有助于消除偏见和误解，促进社会各界之间的和谐与合作。

其次，群众文化教育鼓励人们保持开放的心态和包容的态度。通过传授文化知识、宣传文化多样性的重要性，群众文化教育培养了人们对不同文化的包容性和尊重，使社会更加包容和谐。这种包容的态度有助于减少社会冲突和分裂，增进不同群体之间的互信与合作。

最后，群众文化教育通过培养人们的公民意识和社会责任感，推动社会的和谐发展。通过组织社会公益活动、志愿者服务等，人们能够积极参与社会事务，关心他人的需求和福祉。这种社会参与和关怀有助于构建一个相互支持和关爱的社会环境，促进社会的和谐与共同进步。

第二节　群众文化教育的实践模式和方法

一、群众文化教育的实践模式

（一）社区文化教育

1.组织文化活动

社区可以组织各种文化活动，如文艺演出、书画展览、传统节庆等，以满足居民的文化需求和娱乐需求。这些活动可以在社区公共场所举办，如社区广场、文化中心等，为居民提供一个共享文化体验的平台。

2.开展培训课程

社区可以开设各类文化培训课程，如音乐、舞蹈、绘画、手工艺等，为居民提供学习和提升自身技能的机会。培训课程可以根据居民的兴趣爱好和需求进行选择，帮助他们发展潜力和充实生活。

3.促进社区交流与互动

社区文化教育可以通过组织各种交流活动，如文化讲座、读书分享会、文化沙龙等，为居民提供一个相互交流和学习的平台。这些活动有利于增进居民之间的相互了解和友谊，促进社区的凝聚力和和谐发展。

4.鼓励居民参与文化创作

社区可以鼓励居民参与文化创作，如组织文学写作、摄影比赛、舞蹈团体等。这样的活动可以激发居民的创造力和艺术才能，丰富社区的文化氛围，同时也为居民提供展示自我和交流的机会。

5.建设文化设施和资源

社区可以积极建设和优化文化设施，如图书馆、文化中心、艺术展览馆等，提供丰富的文化资源和服务。这些设施可以成为居民学习、娱乐和交流的场所，提高居民对文化教育的便利性和参与度。

（二）学校文化教育

1.开设文化课程

学校可以设置专门的文化课程，如音乐、美术、舞蹈、戏剧、书法等，让学生系统学习相关的文化知识和技能。这些课程可以提供理论学习和实践操作的机会，培养学生的审美能力和艺术表达能力。

2.举办文化艺术活动

学校可以定期或不定期地举办各种文化艺术活动，如音乐会、舞蹈演出、戏剧表演、艺术展览等。这些活动既是学生展示才华和成果的平台，也是提供给学生观摩、欣赏和参与的机会，可以拓宽他们的艺术视野和文化体验。

3.组织文化创作和比赛

学校可以鼓励学生参与文化创作，如写作、绘画、摄影、音乐创作等。同时，可以组织相关的比赛活动，激发学生的创造力和竞争意识，提升他们在文化创作方面的能力和水平。

4.成立文化艺术社团

学校可以成立各类文化艺术社团，如合唱团、舞蹈队、美术社等，为学生提供更多的文化交流和艺术表达的机会。通过参与社团活动，学生能够培养团队合作精神、锻炼自我表达能力，并丰富自己的艺术修养。

5.利用多媒体技术和网络平台

学校可以利用多媒体技术和网络平台，提供在线学习资源和文化内容，让学生可以随时随地获取文化知识和艺术欣赏的机会。这样的方式可以拓宽学生的学习渠道，增加对多元文化的了解和认知。

（三）文化机构和艺术团体的开展

文化机构和艺术团体的开展对于推动群众文化教育具有重要意义。它们通过组织各种文化活动，如展览、音乐会、戏剧演出、舞蹈表演等，为群众提供了丰富多样的文化体验和艺术欣赏的机会。

这些文化活动不仅能够满足人们的审美需求，也可以激发和培养人们的创造力和艺术鉴赏能力。例如，通过观赏一场优秀的舞蹈表演，人们可以领略到舞蹈艺术的魅力，并在观看的过程中感受到舞者们的奋斗和付出。这种艺术的感染力和启发力，可以激发人们对艺术的热爱，进而促使他们主动参与到艺术创作和表演中。

此外，文化机构和艺术团体还可以开设相关的培训班、工作坊等，为群众提供专业的文化教育服务。通过这些培训班和工作坊，人们可以学习和掌握各种艺术技巧和表达方式，提升自己的文化素养和艺术修养。这种专业的培训和指导能够帮助人们更好地理解和欣赏艺术作品，也有助于他们在自己的创作中发挥更大的想象力和创造力。

（四）在线文化教育

在线文化教育是随着互联网的普及而兴起的一种重要实践模式。通过在线平台提供丰富的文化资源和学习内容，包括在线课程、文化展览、音乐演出等，人们可以随时随地获取文化知识和艺术享受，从而拓宽视野，提升个人素养。

首先，在线文化教育为广大群众提供了便捷的学习途径。无论是学生、职场人士还是家庭主妇，都可以通过在线平台选择适合自己的文化课程进行学习。这些在线课程往往由专业的讲师或学者授课，涵盖了各个领域的文化知识，如历史、文学、艺术等。学员可以根据自己的兴趣和需求进行选择，灵活安排学习时间，并在学习过程中与其他学员进行交流和分享。

其次，在线文化教育打破了地域限制，让人们能够接触到全球范围内的文化资源。通过在线平台，人们可以参观国内外的文化展览，欣赏来自不同国家和地区的音乐演出，了解各种艺术形式的发展和变化。这种跨越时空和地域的文化交流不仅能够开阔人们的视野，还可以增强人们对多元文化的理解和尊重。

最后，在线文化教育还提供了互动和参与的机会。通过在线平台，人们可以参加各种文化活动，如线上讲座、研讨会、艺术家直播等。在这些活动中，学员可以与专家、学者或艺术家进行实时互动，提问问题、交流意见，并且有机会参与到一些艺术创作或表演的过程中。这种互动和参与的体验使得学习更加生动和有趣，也促进了个人的成长和发展。

（五）社会活动和公益项目

社会活动和公益项目对于促进群众文化教育具有重要的意义。它们通过组织各种文化节庆、志愿者服务、文化传承项目等，引导群众参与到社会事务中，提升他们的社会责任感和公民意识，培养他们对文化传统的认同和保护意识。

首先，社会活动和公益项目可以丰富人们的文化体验和参与度。通过组织各种文化节庆活动，如春节庆祝、文化艺术展览、传统节日庆典等，人们可以亲身参与其中，感受到文化活动的热闹气氛和浓厚历史传统的魅力。这种亲身参与不仅能够增强人们对文化的理解和认同，还能够激发他们对文化传统的保护和传承的意识。

其次，社会活动和公益项目可以培养人们的社会责任感和公民意识。通过参与志愿者服务活动，人们可以关注社会问题，主动参与到改善社会环境和帮助他人的行动中。在这个过程中，人们会更加关注社会的发展和进步，体验到奉献他人、回馈社会的乐趣，并逐渐培养起社会责任感和公民意识。

最后，社会活动和公益项目还可以促进文化传统的认同和保护。通过组织文化传承项目，如非物质文化遗产的保护与传承、传统技艺的培训等，人们可以学习和传承具有代表性的文化技艺和传统知识。这种传承工作不仅有助于保护文化遗产，也能够激发人们对自己文化传统的认同和自豪感。

二、群众文化教育的方法与手段

（一）文化活动和展览

文化活动和展览是推动群众文化教育的重要方式之一。通过组织各类文化活动和展览，如艺术展览、音乐会、戏剧演出、舞蹈表演等，让群众亲身参与其中，提供优质的文化体验和艺术欣赏的机会。

首先，这些文化活动和展览可以满足人们对美的追求和审美的需求。艺术展览可以呈现不同艺术形式的作品，如绘画、雕塑、摄影等，让观众感受到艺术家的创造力和艺术表达。音乐会和舞蹈表演则能够带给观众美妙的音乐和舞蹈艺术的享受。戏剧演出则通过剧情和表演艺术，向观众展示生动的故事和情感，引发共鸣和思考。这些活动不仅能够满足人们的审美需求，还能够激发他们对艺术的热爱和探索欲望。

其次，文化活动和展览可以丰富人们的文化知识和视野。通过参观艺术展览和观看文化活动，人们可以了解不同的艺术流派和风格，学习到历史、地域和文化背景等相关知识。这种丰富的文化知识可以拓宽人们的视野，增强他们对多元文化的理解和尊重。

最后，文化活动和展览还能够激发人们的创造力和想象力。通过观赏优秀的艺术作品和演出，人们可以感受到艺术家的创造力和独特的表达方式。这种艺术的启发力和影响力可以激发人们的创造力和想象力，促使他们在自己的生活和工作中发挥更大的创意和创新。

（二）培训和工作坊

培训和工作坊是促进群众文化教育的重要途径之一。通过开设相关的培训课程、工作坊等，可以提供专业的文化教育服务，有针对性地培养特定领域的技能和知识，如音乐、舞蹈、书法、绘画等。

首先，这些培训课程和工作坊可以提供系统的学习和指导。通过专业的培训课程，人们可以系统地学习和掌握特定领域的技巧和知识。例如，在音乐培训课程中，学员可以学习音乐理论、乐器演奏技巧等；在舞蹈培训课程中，学员可以学习舞蹈基本功、编舞技巧等。这种系统的学习和指导能够帮助人们建立扎实的基础，提高自己在特定领域的表现水平。

其次，培训课程和工作坊还可以提供互动和交流的机会。在培训过程中，学员不仅可以接受老师的指导，还可以与其他学员进行交流和分享。这种互动和交流的机会能够激发学员的创造力和想象力，促进彼此之间的学习和成长。

最后，培训课程和工作坊还可以培养人们的自信心和表达能力。通过学习和实践，人们可以逐渐克服困难，提高自己在特定领域的表现能力。例如，在音乐演奏培训中，学员可以通过舞台演出来展示自己的技巧和才华；在绘画工作坊中，学员可以通过作品展示自己的艺术表达能力。这种自我展示和表达的经历可以增强人们的自信心，并鼓励他们在文化艺术领域中发挥更大的潜力。

（三）文化讲座和研讨会

文化讲座和研讨会是一种有效的方式，通过邀请专家学者、艺术家等在特定领域进行演讲和讨论，传授相关的文化知识和理论，深入解读和探讨文化现象和艺术作品。

这种形式的活动可以为参与者提供一个互动和学习的平台，帮助他们更好地理解和欣赏文化。通过专家学者的分享，参与者可以了解到不同文化的背景、历史、价值观和传统。艺术家的参与则可以带来对艺术作品的深入解析和创作灵感。

文化讲座和研讨会通常会涉及多个方面，包括但不限于文学、音乐、绘画、电影、戏剧、舞蹈等。参与者可以通过听取专家学者的讲解和分析，了解作品的内涵、艺术手法以及作者的意图。同时，参与者还可以借此机会与专家学者、艺术家进行互动交流，提出问题、分享观点和经验，加深对文化的理解和认识。

这种形式的活动有助于激发人们的文化兴趣和热情，促进文化交流与传承。它们不仅能够为参与者提供学习和启发的机会，还可以推动文化艺术领域的创新和发展。通过文化讲座和研讨会，人们可以在一个开放、包容和互动的环境中，共同探索和体验多元的文化世界。

（四）在线教育平台

在线教育平台是一种便捷的方式，通过互联网技术建立起来，为人们提供丰富的文化资源和学习内容。这些平台包括在线课程、文化展览、音乐演出等形式，使人们能够随时随地获取文化知识和艺术欣赏的机会。

在线课程是其中一个重要的组成部分。通过在线教育平台，人们可以选择自己感兴趣的文化课程，比如文学、历史、艺术等，进行系统学习。这些课程通常由专业的教师或领域专家授课，以视频、音频、文档等形式呈现，并结合互动式学习工具，使学习过程更加生动和有趣。

此外，文化展览和艺术演出也可以通过在线教育平台进行呈现。通过高清图像、虚拟现实技术等手段，人们在家中就能够参观各种文化展览，欣赏优秀的艺术作品，感受不同文化的魅力。音乐演出方面，平台可以提供录播或直播形式的音乐会、舞台剧等，让人们在家中也能享受高质量的音乐和表演艺术。

在线教育平台的优势在于其灵活性和便捷性。人们可以根据自己的时间和兴趣选择学习内容，不再受限于地点和时间。无论是在公交车上、家中或是外出旅行，在线教育平台都可以为人们提供随时随地的学习和欣赏文化的机会。

（五）社区参与和社会活动

社区参与和社会活动是一种重要的方式，鼓励群众积极参与社区文化建设和公益活动，以增强社区的凝聚力和归属感。这些活动可以包括社区文化节庆、志愿者服务、文化传承项目等。

社区文化节庆是一种常见的活动形式，旨在丰富社区居民的文化生活。通过组织各种庆典、展览、表演等活动，人们可以共同庆祝和体验不同的文化传统和风俗习惯。这些活动不仅能够增加居民之间的交流和互动，还有助于传承和弘扬当地的文化遗产。

志愿者服务是另一个重要的社会活动形式。通过参与志愿者活动，人们可以为社区提供各种帮助和支持，如环境保护、社区清洁、教育支持等。这种活动不仅能够改善社区环境和生活质量，还可以培养居民的社会责任感和团队合作精神。

文化传承项目是一种有意义的社会活动形式，旨在传承和保护当地的传统文化。通过组织各种传统技艺、手工艺品制作等项目，人们可以学习和传承传统的文化技能和知识。这种活动有助于保护和弘扬当地的独特文化，同时也为居民提供了一个学习和参与的平台。

这些社区参与和社会活动的重要性在于它们可以促进社区的凝聚力和归属感。通过参与这些活动，人们可以建立起更加紧密的社区关系，增进相互之间的了解和认同。这种积极的社区参与还可以促进社区的发展和改善，使社区成为一个更加温暖、和谐和有活力的地方。

（六）文化传统的传承

文化传统的传承是非常重要的，它有助于保护和弘扬本土文化，让群众了解和认同自己所属的文化背景，并增强自己对文化传统的认同感和自豪感。为此，可以通过组织传统节日庆祝、民俗活动等方式来实现。

传统节日庆祝是一种重要的形式，它们代表着某个地区或民族独特的文化特征。通过组织庆祝活动，人们可以亲身参与并体验传统节日的习俗、风味和仪式。这些庆祝活动可以包括传统舞蹈、音乐表演、游戏竞技、手工艺制作等。这不仅能够让人们感受到传统文化的魅力，还有助于传承和弘扬本土的文化传统。

民俗活动也是文化传统传承的重要方式之一。通过组织各种传统的民俗活动，如民间歌舞、民间剧场、传统手工艺展示等，人们可以了解和学习传统的生活方式、习俗和价值观念。这种活动不仅有助于保护和传承民间文化，还可以增进人们对本土文化的认同感和自豪感。

在传承文化传统的过程中，还可以注重知识的传授。通过开设文化课程、举办讲座和研讨会等形式，人们可以学习和了解本土文化的历史、特点和内涵。同时，也可以鼓励长辈将传统技艺和知识传授给年青一代，保证传统文化的延续。

（七）艺术创作和表演

鼓励群众进行艺术创作和表演是非常重要的，它可以提供平台和机会展示个人才华，并通过参与艺术活动培养创造力、表达能力和团队合作精神。

艺术创作是一种自我表达和创新的过程。通过鼓励群众进行艺术创作，可以激发他们的创造力和想象力，培养艺术才能。无论是绘画、音乐、舞蹈、戏剧还是写作等领域，人们可以通过自己的创作表达内心的情感、思想和观点。这种创作过程不仅能够满足个人的艺术追求，还有助于丰富社会的文化生活。

艺术表演是将创作作品呈现给观众的过程。通过鼓励群众参与艺术表演，可以提供一个展示个人才华的舞台，让人们有机会展示自己的表演技巧和艺术魅力。这种表演经验不仅能够提升个人的自信心和表达能力，还可以培养团队合作精神。在艺术表演中，人们需要与其他艺术家和团队成员合作，共同创造出精彩的演出。

通过参与艺术创作和表演，人们可以发展多种能力和素养。首先，创作过程培养了个人的创造力、想象力和审美意识，使其能够以独特的方式表达自己的观点和情感。其次，表演过程提高了个人的表达能力、舞台表现力和自信心，让他们能够更好地与观众进行沟通和交流。最后，艺术创作和表演还促进了团队合作和协作精神，使个人能够在集体中发挥自己的才能并取得更大的成就。

三、群众文化教育的评价体系

（一）知识水平评价

知识水平评价是群众文化教育评价体系中的重要一环。通过考试来评估学习者对相关知识的掌握程度，能够客观地反映他们在知识方面的学习成果。

在音乐教育中，可以采取多种形式的考试来评估学习者的音乐理论知识和演奏技巧。例如，组织音乐理论考试，测试学习者对于音乐基础知识、乐谱阅读等方面的掌握情况。通过此类考试，可以了解学习者对音乐理论的理解和应用能力。

此外，还可以组织演奏比赛来评估学习者的演奏技巧和表达能力。通过演奏比赛，学习者可以展示自己在演奏技巧、音乐表达等方面的水平。评委会根据学习者的演奏技巧、音准、节奏感、音乐表达等方面进行评分，从而评估学习者的演奏水平和艺术修养。

这些考试形式能够帮助评估者了解学习者在音乐知识和技能方面的掌握情况。评估结果可以以分数形式呈现，从而对学习者的知识水平进行量化评价。此外，还可以通过设置不同的考试难度和题型，以及加入创新性的要素，来鼓励学习者在音乐领域进行深入的思考和探索。

然而，仅仅依靠考试成绩来评价学习者的知识水平也存在一定的局限性。因此，在评价群众文化教育的知识水平时，还需要结合其他评价指标和方式，例如观察学习者的实际应用能力、参与项目的表现等，以获得更全面、准确的评估结果。

总之，通过考试的形式评价学习者的知识水平是群众文化教育评价体系中的重要环节。在音乐教育中，可以通过音乐理论考试和演奏比赛等方式来评估学习者对音乐理论知识和演奏技巧的掌握情况。然而，为了更全面地评估学习者的知识水平，还需结合其他评价指标和方式进行综合评估。

（二）审美能力评价

审美能力评价是群众文化教育评价体系中的重要组成部分。通过观察学习者对艺术作品的欣赏和评价，可以评估他们在审美能力方面的培养程度。

在绘画教育中，可以组织展览或评比活动，通过观察学习者对绘画作品的理解和评价能力来评估其审美能力的培养情况。学习者可以参观展览，欣赏各种类型的绘画作品，并发表自己的观点和感受。评估者可以观察学习者对于作品的理解程度、表达能力以及对于绘画技巧、色彩运用等方面的评价。此外，也可以邀请专业人士担任评委，根据学习者的观点和评价进行综合评分。

除了组织展览和评比活动，还可以通过其他形式的观察和讨论来评估学习者的审美能力。例如，在音乐教育中，可以组织听音乐会并引导学习者对音乐作品进行欣赏和评价。在舞蹈教育中，可以观察学习者对舞蹈表演的欣赏和评价能力。在戏剧教育中，可以观察学习者对戏剧作品的理解和评价。

通过这些观察和讨论的方式，可以了解学习者对艺术作品的理解深度、对于艺术元素和技巧的感知程度以及对于情感表达和意义传递的理解能力。评估者可以根据学习者的观点、表达方式和创新性来评估其审美能力的培养情况。

然而，审美能力是一个相对主观的评价指标，不同人对于艺术作品的欣赏和评价可能存在差异。因此，在评估学习者的审美能力时，需要尊重他们的个人观点和审美取向，并鼓励他们形成独立、批判性的思考能力。

（三）创新能力评价

创新能力评价是群众文化教育评价体系中的关键指标之一。通过评估学习者的创作作品，可以评估其在创新能力方面的培养程度。

在舞蹈教育中，可以组织创作比赛或演出来评估学习者在舞蹈创作过程中的创新能力。学习者可以根据给定的主题或自选的主题进行舞蹈创作，并呈现自己独特的表达方式。评估者可以观察学习者在创作过程中展示的创新思维、艺术构思和表达能力。评分标准可以包括创意性、舞蹈技巧运用、表达力以及对主题的诠释等方面。

此外，在其他艺术领域也可以采取类似的评价方式。例如，在音乐教育中，可以组织创作比赛或演奏会来评估学习者的创新能力。学习者可以创作原创曲目、重新演绎经典作品或进行即兴演奏等，展示自己的创造力和个人风格。评估者可以评估学习者在音乐构思、技巧运用、表达和演绎等方面的创新程度。

在戏剧教育中，可以组织创作比赛或剧目表演来评估学习者的创新能力。学习者可以创作剧本、扮演角色或进行舞台布置等，展示自己的创造力和表演技巧。评估者可以观察学习者在创作和表演过程中的创新思维、表达力以及对戏剧艺术的理解和应用能力。

创新能力评价不仅关注学习者的个人创作，还可以通过团队合作项目来评估学习者的协作和创新能力。例如，在舞蹈教育中，可以组织学习者参与群舞创作或编排，评估他们在协作、创意发挥和舞蹈表演方面的能力。

在创新能力评价中，除了观察学习者的创作作品，还可以结合其他评价方式和指标。例如，可以通过学习者的创作笔记、创意草图等文档来了解其创作过程和思考路径。此外，也可以邀请专业人士担任评委，根据学习者的创新程度、表达能力和艺术价值进行评分。

（四）道德素养评价

道德素养评价是群众文化教育评价体系中的重要组成部分。通过观察学习者的言行举止以及参与社会公益活动等方面，可以评估他们的道德素养培养情况。

在戏剧教育中，可以组织演出活动来评估学习者在角色扮演中对道德问题的理解和表达能力。通过剧本中的情节和角色设置，学习者有机会扮演不同的角色，并通过角色的言行来表达其对于道德问题的看法和态度。评估者可以观察学习者在演出中是否能够准确理解和表达角色的道德观念，是否能够用表演形式传递正面的价值观和行为准则。

此外，还可以观察学习者在日常生活中的言行举止，以及参与社会公益活动等方面来评估其道德素养的培养情况。例如，在音乐教育中，可以观察学习者在合唱团或乐队的集体活动中是否展现出团队合作、互助友爱的品质。在绘画教育中，可以观察学习者对于他人作品的评价和对待他人意见的态度。通过这些观察，可以了解学习者在日常生活中是否具备良好的道德行为和价值观。

除了观察学习者的言行举止，还可以通过参与社会公益活动来评估其道德素养的培养情况。社会公益活动能够让学习者接触到真实的社会问题，培养他们关心他人、乐于助人的精神。例如，组织学生参加社区志愿服务活动、慈善募捐活动等，评估学习者的参与程度、付出的努力以及对社会问题的认知和反思。

道德素养评价需要综合考虑学习者的言行表现、参与社会公益活动的情况以及对道德问题的理解和表达能力。评估者可以结合观察记录、学生自我评价、教师评语等多种方式进行评估。同时，也应该注意不同文化背景下的道德差异，尊重学习者的个人信仰和价值观，并鼓励他们形成积极向上的道德行为和品质。

第三节 群众文化教育对个体全面发展的促进作用

一、群众文化教育与身心健康的关系

群众文化教育与身心健康之间存在着密切的关系。群众文化教育不仅能够丰富人们的精神世界，提供艺术享受，还可以对个体的身心健康产生积极的影响。

（一）群众文化教育对于身心健康的影响

1.情感调节和压力释放

群众文化教育为人们提供了一种情感宣泄和压力释放的途径。例如，在音乐欣赏、绘画创作、舞蹈表演等活动中，人们可以通过艺术的形式表达自己的情感，舒缓压力，减轻焦虑和紧张情绪，从而改善心理状态，促进身心健康。

2.心理成长和自我实现

群众文化教育通过培养个体的审美能力、创造力和批判性思维，有助于促进个体的心理成长和自我实现。例如，在戏剧表演、文学阅读、电影欣赏等过程中，人们可以体验到不同角色的情感、思想和生活体验，加深对人性的理解和反思，从而培养出更丰富的内在世界，提高自我认知和情绪管理能力。

3.社交互动和人际关系

群众文化教育提供了一个社交互动和人际交往的平台，有助于改善个体的人际关系。例如，在参与合唱团、舞蹈团队、戏剧演出等集体艺术活动中，人们可以与他人合作，共同创造美好的艺术作品，增强团队协作能力，培养友谊和互信，促进社会融入感和身心健康的提升。

4.知识普及和健康教育

群众文化教育不仅可以提供艺术欣赏和创作的机会，还为人们提供了获取历史、文化、科学等方面知识的途径。这些知识的积累和学习有助于提高个体的文化素养和科学认知，增强健康生活方式的意识，促进身心健康的维护。

（二）身心健康对群众文化教育的影响

1.学习兴趣和参与度

身心健康的个体更容易产生学习兴趣和参与群众文化教育的积极性。身心健康的状态能够提高个体的专注力和注意力，使其更加愿意投入艺术欣赏、创作和表演等活动中，从而更好地享受到文化教育带来的益处。

2.创造力和表达能力

身心健康的个体更容易展现出创造力和表达能力。身心健康的状态能够促进大脑的灵活思维和创新能力的发挥，使个体在艺术创作和表演过程中能够更好地展现自己的独特想法和情感表达，进一步增强个体的艺术修养和创造力。

3.情感共鸣和审美体验

身心健康的个体更容易与艺术作品产生情感共鸣和深入的审美体验。身心健康的状态能够提升个体的情绪调节能力和感知敏感度，使其更容易与艺术作品产生情感共鸣，获得更深入、丰富的审美体验。

因此，群众文化教育和身心健康之间是相互促进的关系。群众文化教育可以通过提供艺术享受、情感调节、自我实现等方式，对个体的身心健康产生积极的影响。同时，身心健康的状态也有助于个体更好地参与群众文化教育活动，展示创造力和表达能力，享受到更丰富的艺术体验。

二、群众文化教育与审美能力的培养

（一）艺术创作

群众文化教育可以鼓励个体进行艺术创作，例如绘画、音乐创作、舞蹈编排等。通过创作过程，个体可以深入理解艺术的元素和技巧，并运用这些知识和技能来表达自己的想法和情感。艺术创作可以培养个体的审美意识、观察力、表达能力和创造力，进一步提升他们的审美能力。

（二）艺术表演

参与艺术表演活动也是培养个体审美能力的重要途径。例如，戏剧演出、舞蹈表演、合唱团等集体艺术活动，可以让个体亲身参与到艺术创作和表演中。通过与他人的合作和角色扮演，个体可以体验到不同角色的情感和思想，锻炼观察力、表演技巧和艺术表达能力，进一步培养审美能力和艺术修养。

（三）文化参观和学习

群众文化教育还可以通过组织文化参观和学习活动来培养个体的审美能力。例如，参观博物馆、艺术展览、历史遗址等，了解不同文化背景下的艺术品和文化遗产。个体可以通过学习和欣赏这些艺术作品，提升对于美的感知和理解能力，丰富自己的审美视野。

群众文化教育在培养个体的审美能力时，应注重以下几点。

1. 多样性和包容性

群众文化教育应提供多样化的艺术作品和文化产品，包括不同风格、流派和文化背景的作品。这样可以让个体接触到更广泛的艺术形式，培养开放的审美眼界和包容的态度。

2. 激发兴趣和热情

群众文化教育应激发个体对艺术的兴趣和热情，通过培养艺术爱好和参与艺术创作、表演的机会，进一步激发他们对于艺术的热爱和投入。

3. 鼓励独立思考和创新表达

群众文化教育应鼓励个体进行独立思考和创新表达，培养他们对艺术作品的独特理解和个人风格。个体应被鼓励在艺术创作和表演中展现自己的想法和情感，培养独立思考、创造性思维和批判性思维的能力。

三、群众文化教育与社会责任感的塑造

群众文化教育与社会责任感的塑造密切相关。群众文化教育通过传递社会主义核心价值观和培养道德意识，促进个体形成积极的社会责任感和公民意识。

首先，群众文化教育可以通过各种艺术形式和文化活动，传递社会主义核心价值观。例如，在音乐、戏剧、电影等艺术作品中，可以体现社会公正、平等、友爱、诚信等价值观念。这些作品不仅可以激发个体对美的追求，还可以引导个体关注社会问题和人类命运，从而培养个体的社会责任感和对社会的担当。

其次，群众文化教育通过丰富多样的文化活动，提供了参与社会实践和公益

事业的机会。个体可以通过参与志愿者活动、社区服务、环保行动等方式，为社会做出贡献。这些活动有助于个体深入了解社会问题、增强社会责任感，培养个体的公民意识和社会参与能力。

最后，群众文化教育还可以通过教育活动和文化课程，培养个体的道德意识和社会伦理观念。例如，在学校教育中，可以开设道德与法制课程，引导学生了解道德规范、法律法规，并通过案例分析和讨论，培养他们的道德判断能力和决策能力。这样可以使个体更加关注社会公共利益，树立正确的价值观念，形成积极的社会责任感。

群众文化教育与社会责任感的塑造还需要注意以下几点。

1. 多元性和包容性

群众文化教育应鼓励多种不同文化背景的艺术形式和文化活动，以及提倡尊重多样性和包容性的价值观。这样可以让个体接触到不同文化、不同群体的艺术作品和文化产品，增强他们对多元社会的认知和理解，促进社会责任感的发展。

2. 教育方式的多样性

群众文化教育应采用多种教育方式和方法，灵活运用各种资源，以满足不同个体的需求和兴趣。例如，可以组织实地参观、讲座、座谈会等形式的活动，让个体通过互动交流和实际体验，更好地理解社会问题和发展需求。

3. 个体参与的自愿性

群众文化教育应鼓励个体主动参与社会实践和公益事业，但参与应基于自愿原则。个体应有自主选择的权利，可以根据自身兴趣和能力，选择适合自己的社会参与方式和项目。这样可以增强个体的主体意识和积极性，提高社会责任感的真实性和持久性。

四、群众文化教育与创新创业能力的提升

群众文化教育在提升创新创业能力方面发挥着重要的作用。通过鼓励个体参与创造性实践和培养创新能力，群众文化教育可以促进个体的创新思维和创业意识的发展。

（一）参与群众文化创作、艺术表演等活动可以激发个体的创造力和想象力

1. 自由表达

这些活动为个体提供了一个自由表达观点、想法和创意的平台。在这样的环境中，个体可以毫无拘束地展现自己的才华和创造力，不受传统观念的限制，从而激发出更多的创新思维。

2. 多元艺术形式的融合

参与舞蹈、音乐、戏剧等艺术表演可以让个体接触不同的艺术形式，培养他们对于多样性的理解和欣赏能力。通过尝试不同的艺术形式，个体可以跳出常规思维模式，开拓想象力的边界，并将不同的艺术元素融合到自己的创作中。

3. 合作与互动

在群众文化创作、艺术表演中，个体往往需要与其他人合作完成一项作品或演出。这种合作与互动的过程可以促进个体之间的交流与合作能力，并激发彼此的创造力。通过与他人的合作，个体可以从不同的角度看待问题，获得新的灵感和创意。

4. 批判思维的培养

参与这些活动还可以培养个体的批判思维能力。在文化创作、艺术表演过程中，个体需要审视自己的作品或表演，反思其中的优点和不足，并做出相应的改进。这种批判性的思考训练了个体的分析能力和判断力，使其更加敏锐地察觉问题并寻找解决方案。

（二）群众文化教育可以提供相关的创业培训和支持，帮助个体实现创业梦想

1. 知识传授

群众文化教育可以通过举办创业讲座、培训课程等形式，传授创业知识和技能。这些教育活动可以帮助个体了解创业过程中的重要概念、原则和方法，并提供实际案例分析，帮助个体建立正确的创业观念和思维方式。

2. 技能培养

创业需要一定的技能，如市场分析、商业模式设计、团队管理等。群众文化

教育可以通过培训课程和工作坊等形式，提供相关的技能培养，使个体能够具备创业所需的核心能力和实践经验。

3. 风险与机遇认知

创业过程中存在着各种风险和机遇，个体需要了解并应对这些挑战。群众文化教育可以通过案例分享、经验交流等方式，帮助个体认识到创业过程中可能遇到的风险，并学习如何抓住机遇，从而增加创业成功的概率。

4. 创业资源支持

群众文化教育机构通常会提供创业资源和指导，例如创业基金、孵化器等。这些资源可以为个体的创业之路提供资金支持、办公场所、导师指导等方面的支持，有助于他们更好地启动和发展自己的创业项目。

在群众文化教育中，个体可以接触到各种不同领域的文化形式和思维方式，从而拓宽了他们的视野和思维边界。这种多元化的文化教育有助于培养个体的创新思维，使其能够跳出传统框架，寻找新的解决问题的方法和途径。同时，群众文化教育还可以培养个体的合作精神和团队意识，在集体创作和表演中锻炼个体与他人合作的能力，这对于日后的创新创业也具有积极的影响。

第三章　群众文化与新媒体

第一节　新媒体时代的到来及其对群众文化的影响

一、新媒体的概述

（一）新媒体的定义

新媒体是指以数字化和网络化技术为基础，通过互联网、移动通信网络等传播手段进行信息传递和内容创作的媒介形式。与传统媒体相比，新媒体具有更广泛的传播渠道和更高效的传播速度。新媒体不仅是信息的传递工具，还是个体之间交流互动的平台，促进了用户参与和内容共享。

（二）新媒体的特点

1.数字化特点

数字化是新媒体的一个重要特点，它基于数字技术对各种媒体内容进行表示和处理，实现了多种媒体形式的融合与传播。以下是数字化特点对新媒体的影响。

首先，数字化使得不同媒体形式的内容可以以统一的数字格式进行存储和传输。文字、图像、音频和视频等媒体形式可以通过二进制编码进行统一表示，从而实现了各种媒体之间的无缝融合与传播。例如，在新媒体平台上，我们可以同时阅读文章、观看图片和播放视频，这种多媒体的体验丰富了信息传递的方式和效果。

其次，数字化提供了更广泛的传播渠道和更高效的传播方式。通过互联网和移动通信网络，数字化媒体可以迅速传播到全球范围内的用户。无论是新闻报道、音乐作品还是电影剧集，都可以通过在线平台进行传播，让更多的用户随时随地获取和分享。

再次，数字化特点也促进了用户参与和创造的能力。个体可以利用数字化工具和软件进行内容的编辑、修改和创作。通过简单的操作，用户可以轻松地制作照片、视频和音频等媒体作品，并将其分享给其他人。数字化的工具和平台提供了更多的自主性和创造性，使个体能够更好地表达自己的观点和创意。

最后，数字化特点也带来了信息存储和检索的便利性。数字化媒体可以被存储在电脑硬盘或云端服务器中，用户可以随时访问和检索所需的信息。与传统媒体相比，数字化媒体的存储容量更大，检索速度更快，用户可以通过关键词搜索获取感兴趣的内容。

2. 网络化特点

网络化是新媒体的另一个重要特点，它依托互联网和移动通信网络，突破了传统媒体的地域限制，实现了全球范围内的信息传递和交流。以下是网络化特点对新媒体的影响。

首先，网络化打破了传统媒体的地域限制，使得信息传递和交流不再受到时间和空间的限制。通过互联网和移动通信网络，个体可以随时随地访问和分享各种媒体内容，与他人进行即时的沟通和互动。无论身处何地，只要有网络连接，就可以参与到全球范围内的信息传递中。

其次，网络化提供了更广泛的传播渠道和更多元的传播方式。新媒体平台如社交媒体、视频分享网站等，为个体提供了发布和传播自己创作的内容的机会。个体可以通过文字、图像、音频、视频等形式，以及博客、微博、直播等方式进行信息传递和交流。网络化的特点使得个体能够选择更加个性化和多样化的传播方式，满足不同用户的需求。

再次，网络化特点也推动了群众文化的发展和参与度的提升。个体可以通过社交媒体平台与他人分享自己的创意、经验和观点，形成互动和共享的文化环境。无论是在线讨论、评论回复还是转发分享，个体都能够积极参与到信息传递和群众文化的建设中。

最后，网络化特点也带来了信息获取和消费的便利性。个体可以通过互联网搜索引擎、新闻应用等渠道获取感兴趣的信息，不再受限于传统媒体的编辑和选择。网络化使得信息的获取更加灵活和个性化，用户可以根据自己的兴趣和需求进行选择和定制。

3. 实时性特点

实时性是新媒体的重要特点之一，它指的是新媒体的传播速度非常快，信息几乎可以实时发布和获取。这种特点使得用户能够及时了解最新的消息和动态。以下是实时性特点对新媒体的影响。

首先，实时性特点使得新媒体成为获取最新信息的主要渠道之一。通过社交媒体、新闻应用、即时通信工具等，个体可以随时随地获取到实时更新的消息。无论是政治事件、社会热点还是娱乐八卦，只要有人发布相关信息，就能够迅速传播并被广大用户关注。

其次，实时性特点促进了信息的即时传递和互动。个体可以通过社交媒体平台发表自己的观点和评论，与他人进行实时的交流和互动。这种互动性质使得信息传播更加灵活和多样化，个体可以及时反馈和分享自己的意见，形成更加活跃的信息环境。

再次，实时性特点也推动了新闻报道的变革和发展。传统媒体需要经过采编、编辑和排版等环节才能将新闻发布出来，而新媒体可以实时发布新闻，快速反映事件的发展。通过社交媒体和新闻应用，个体可以获取到即时更新的新闻内容，并参与到新闻报道中，提供现场图文、视频等素材。

最后，实时性特点对个体的参与度和信息消费习惯产生了影响。由于新媒体能够即时发布最新的消息和动态，用户也越来越习惯即时获取信息。他们更倾向于使用社交媒体平台、订阅新闻推送等方式，保持与世界的连接，并随时掌握最新的资讯。

4. 互动性特点

互动性是新媒体的重要特点之一。在传统媒体时代，信息流向是单向的，媒体通过广播、电视、报纸等渠道将信息传递给受众，而受众只能被动地接收这些信息。而新媒体则打破了这种传统模式，注重用户的参与和互动。

首先，新媒体赋予了用户主动获取信息的能力。通过互联网和移动设备，用户可以随时随地获取各种信息，不再受时间和空间的限制。无论是浏览新闻网站、观看视频、听音乐还是阅读博客，用户都可以根据自己的需求和兴趣主动选择获取的内容。

其次，新媒体提供了发表观点和表达意见的平台。社交媒体、博客、论坛等新媒体工具让用户可以轻松地发布自己的观点和想法。用户可以在社交媒体上分享生活点滴，写博客记录心得体会，参与在线论坛讨论话题等。这种互动性使得用户可以更好地参与到信息的创造和传播过程中。

最后，新媒体也促进了多向的沟通与交流。通过新媒体工具，用户可以与其他用户进行实时的交流和互动。社交媒体平台上的评论功能让用户可以对他人的内容发表观点和评论，形成多样化的意见和观点交流。同时，新媒体也为用户提供了更多参与活动和社群的机会，比如在线游戏、虚拟社区等，使得用户可以在虚拟世界中与其他人共同参与各种活动。

5. 个性化特点

个性化是新媒体的重要特点之一。传统媒体时代，信息的传递是广泛覆盖、面向大众的，无法满足每个人的个性化需求。而新媒体通过技术和算法的支持，能够根据用户的需求和兴趣提供个性化的内容推荐和定制服务，使用户能够获得更加符合自己喜好和需求的信息。

首先，新媒体可以根据用户的行为和偏好进行数据分析，从而为用户提供个性化的内容推荐。通过用户的点击、浏览、搜索等行为，新媒体可以收集到大量的用户数据，并利用算法对这些数据进行分析和处理。通过分析用户的兴趣、偏好和行为模式，新媒体可以将相关的内容推送给用户，使用户能够更容易地找到感兴趣的内容。

其次，新媒体还可以提供个性化的定制服务。用户可以根据自己的需求和喜好，定制自己的信息获取方式。比如，用户可以选择订阅特定的新闻类别、关注感兴趣的博主、设置个性化的音乐播放列表等。这样，用户在使用新媒体时可以更加方便地获取到自己感兴趣的内容，而不必花费大量时间和精力去搜索和筛选信息。

最后，新媒体还可以根据用户的地理位置和个人信息提供定制化的服务。通过获取用户的地理位置信息，新媒体可以向用户提供当地的天气、交通状况等相关信息。同时，用户也可以根据自己的兴趣和需求，设置个人资料，从而让新媒体更好地了解用户的背景和喜好，为用户提供更加贴合个人需求的服务。

6. 多元化特点

新媒体平台的多元化特点使其能够提供丰富多样的内容和服务，满足用户在不同方面的需求。下面将从新闻资讯、社交网络、音乐视频、游戏娱乐等领域分别探讨新媒体平台的多元化特点。

首先，新媒体平台在新闻资讯领域具有多元化的特点。传统媒体在新闻报道中存在时间限制和空间限制，而新媒体平台则可以通过文字、图片、视频等多种形式来呈现新闻信息，使得用户可以更加全面地了解事件的发展过程和背景知识。此外，新媒体平台还可以根据用户的兴趣和偏好为其推荐个性化的新闻内容，提供多样化的观点和视角，增加了用户获取信息的选择性和自由度。

其次，新媒体平台在社交网络领域也表现出多元化特点。传统的社交媒体平台主要以文字和图片的形式进行交流，而新媒体平台则进一步丰富了社交互动的方式，如语音聊天、视频通话等，使得用户可以更加直观地与他人进行沟通和交流。此外，新媒体平台还提供了各种社交功能，如发布动态、评论点赞等，使得用户可以更加方便地表达自己的观点和情感，与他人分享生活中的点滴。

再次，在音乐视频领域，新媒体平台也具备多元化特点。传统的音乐视频渠道主要是通过电视、广播等媒介来传播，而新媒体平台则通过在线音乐和视频服务，使得用户可以根据自己的喜好随时随地收听音乐和观看视频。新媒体平台还提供了个性化推荐和歌单定制等功能，帮助用户发现和欣赏更多不同类型的音乐和视频作品。

最后，在游戏娱乐领域，新媒体平台也呈现出多元化特点。传统的游戏娱乐方式主要是通过游戏机或电脑来进行游戏，而新媒体平台则通过手机应用和在线游戏平台，为用户提供了更加便捷和多样化的游戏体验。新媒体平台还引入了社交互动和竞技对战等功能，使得用户可以与其他玩家进行交流和竞争，增加了游戏的趣味性和挑战性。

7. 共享性特点

共享性是新媒体的一个重要特点，它鼓励用户之间的内容共享和创作。在社交媒体等平台上，用户可以轻松地分享自己的创意、经验和观点，形成一个开放和包容的文化环境。

通过共享内容，用户可以互相启发和借鉴，从而推动创新和进步。例如，一个用户可以分享自己的艺术作品或设计理念，其他用户可以对其进行评论和建议，进一步改进和完善。这种创意的共享和交流有助于激发更多的创造力和想象力。

此外，共享性也促进了知识和信息的传播。用户可以分享自己的学习经验、专业知识或研究成果，使得这些知识可以迅速传播并受益更多的人群。这种广泛的知识共享有助于提高整个社会的智力水平和创新能力。

在共享性的文化环境下，每个人都可以参与和贡献自己的一份力量。无论是大众用户还是专业领域的专家，都可以通过分享和创作来表达自己的观点和价值。这种多样性和包容性的文化环境有助于促进社会的多元发展和进步。

二、新媒体对传统媒体的冲击

新媒体的兴起给传统媒体带来了巨大的冲击。在过去，传统媒体如电视、广播和报纸等是人们获取信息和娱乐的主要渠道，但随着新媒体技术的迅猛发展，人们的媒体使用行为发生了巨大变化。

（一）新媒体改变了信息获取的方式

在过去，人们获取信息主要依赖传统媒体，如购买报纸、杂志，收听广播或观看电视。这些传统媒体提供了有限的信息来源，而且受到时间和空间的限制。然而，随着新媒体技术的迅猛发展，人们现在可以通过互联网上的各种新媒体平台自由地获取各种类型的信息，这彻底改变了信息获取的方式。

首先，互联网上的新闻网站成为人们获取新闻资讯的主要渠道。不论是国际新闻、政治时事还是娱乐八卦，人们只需要打开电脑或手机，登录新闻网站即可获取最新的新闻报道。新闻网站通常会提供多种类别的新闻，人们可以根据自己的兴趣选择阅读内容。与传统媒体相比，新闻网站的信息更新速度更快，而且可以随时随地访问，使得人们能够及时了解最新的动态。

其次，社交媒体成为人们获取信息和分享观点的重要平台。通过社交媒体，人们可以关注各种感兴趣的话题、关注名人或专家，获取他们的动态和观点。此外，社交媒体还提供了用户之间交流和互动的机会，人们可以在评论区讨论话题、分享自己的观点和经验。社交媒体的强大影响力使得许多新闻事件通过社交媒体迅速传播，引发广泛的关注和讨论。

另外，视频分享网站成为人们获取娱乐和教育内容的主要渠道。人们可以在视频分享网站上观看各种类型的视频，如电影、电视剧、纪录片、短片等。与传统的电视节目相比，视频分享网站提供了更加丰富多样的内容选择，并且可以按需观看，不再受到时间表和频道限制。此外，一些教育机构和个人也利用视频分享网站分享知识和教学资源，人们可以通过在线视频学习各种技能和知识。

新媒体的兴起使得信息的获取更加方便快捷，不再受时间和空间的限制。人们可以根据自己的需要和兴趣，在任何时间、任何地点获取所需的信息。这对于日常生活、学习和工作都带来了很大的便利。同时，新媒体也为信息的传播提供了更多的渠道和方式，使得各种声音和观点都有机会被听到。这促进了信息的多样性和民主化，人们可以更全面地了解世界各地的动态和不同立场的观点。

然而，新媒体也带来了一些挑战和问题。由于信息的泛滥和传播速度的加快，人们需要具备辨别信息真伪的能力，避免受到虚假信息的误导。此外，对个人隐私和信息安全的保护也成为一个重要的问题，人们需要注意个人信息的保护和合理使用。

（二）新媒体改变了信息传播的速度

新媒体的兴起彻底改变了信息传播的速度。相比传统媒体需要经过编辑、印刷、分发等环节才能将新闻报道传递给受众，新媒体可以实时更新和发布信息，使得新闻报道以更快的速度传播出去。

首先，新媒体的即时性使得人们可以随时随地获取最新的消息。通过社交媒体平台，人们可以关注新闻机构、记者或其他媒体账号，及时获得最新的新闻报道和事件动态。当重大事件发生时，人们可以通过社交媒体迅速了解到最新的消息，而不再需要等待传统媒体的报道。这种实时的信息传播极大地增强了人们对新闻的时效性和实时性的需求。

其次，新媒体的互动性促进了信息的快速传播。在传统媒体中，信息传播是单向的，读者无法直接参与和影响。而在新媒体平台上，人们可以通过点赞、评论、转发等方式与信息内容进行互动和分享。当一个消息被广泛转发和讨论时，它很快就能够在网络上迅速传播开来。这种互动性和分享性使得信息的传播速度更快，能够在短时间内覆盖更广泛的受众群体。

此外，新媒体的实时更新也对传统媒体产生了竞争压力。由于新媒体平台可以随时更新和发布信息，人们不再需要等待报纸的第二天或电视新闻的固定时间段才能获取最新的消息。这使得传统媒体在信息传播上面临着竞争劣势，因为它们无法像新媒体那样实时提供最新的资讯。为了适应这种变化，许多传统媒体机构开始加强自己的在线版面，提供即时的新闻报道和实时更新，以保持与新媒体的竞争力。

然而，新媒体的信息传播速度也带来了一些问题和挑战。由于信息的实时性和快速传播，虚假信息、谣言和不准确的消息也更容易被传播和误导大众。因此，人们需要具备辨别真假信息的能力，以避免受到虚假信息的影响。同时，新媒体的快速传播也给传统媒体带来了压力，要求他们提高信息传播的速度和准确性，以保持自身在竞争中的地位。

（三）新媒体对传统媒体的冲击还表现在读者、观众和广告主的流失

1. 便利性

新媒体平台的出现使获取信息变得更加便捷和实时。人们可以随时随地通过手机或电脑上的社交媒体应用浏览新闻和娱乐内容，不再需要等待特定时间收看电视节目或购买报纸。这种便利性吸引了大量用户转向新媒体。

2. 个性化推荐

新媒体平台通过算法分析用户的兴趣和行为，能够提供个性化的推荐内容。相比之下，传统媒体的报道内容相对固定，无法满足用户多样化的需求。个性化推荐使得用户更容易找到感兴趣的内容，增加了他们使用新媒体平台的动力。

3. 互动性和参与感

新媒体平台提供了丰富的互动功能，如评论、点赞、分享等，使用户能够更直接地参与讨论和交流。相比之下，传统媒体的受众只能被动地接收信息，缺乏互动性和参与感。这种互动性吸引了更多用户留在新媒体平台上。

4. 广告模式转变

随着用户流量向新媒体平台转移，广告主也纷纷将广告投放重点从传统媒体

转移到了新媒体。新媒体平台提供了更精准的广告定位和更高的转化率，吸引了广告主的青睐。传统媒体面临着广告主的流失，直接影响了它们的广告收入。

（四）新媒体对传统媒体广告模式和商业模式的冲击

1. 广告模式

传统媒体依赖广告作为主要收入来源，但随着人们转向新媒体平台，广告主也倾向于将广告预算投入互联网广告和社交媒体广告中。这导致传统媒体面临广告主流失的问题，广告收入出现下降。新媒体提供了更多广告展示和定位的机会，吸引了广告主的注意力。

新媒体还提供了个性化广告的能力，通过用户数据分析和精准定位，广告商可以更有效地将广告投放给目标受众，提高广告效果。这使得广告主更倾向于选择在新媒体平台进行广告投放，进一步削弱了传统媒体在广告市场上的竞争力。

2. 商业模式

传统媒体通常通过销售报纸、杂志、电视节目等方式来营利，而新媒体则主要依靠在线广告、付费订阅和电子商务等方式获取收入。新媒体的商业模式更加灵活和多样化，可以根据用户需求和市场变化进行调整和优化。

新媒体的出现为企业提供了更多直接与消费者进行沟通和推广的机会。通过社交媒体平台、自媒体账号等形式，企业可以与消费者建立更紧密的联系，进行品牌宣传、产品推广等活动，降低了传统媒体在这方面的重要性。

然而，尽管新媒体对传统媒体带来了巨大的冲击，但传统媒体并没有被完全取代或淘汰。它们仍然在一定程度上保持着自己的观众群体和市场份额。同时，许多传统媒体机构也积极转型适应新媒体时代，通过整合线上线下资源、提供多样化内容以及与读者互动等方式来保持竞争力。例如，许多报纸已经建立了自己的网站和移动应用程序，将新闻报道和其他内容在线上发布，并与读者进行互动和评论。此外，一些传统媒体还通过与新媒体平台的合作，扩大自己的传播范围，增加影响力。

三、新媒体对群众文化的影响

（一）多元性和个性化发展

新媒体的兴起给群众文化带来了深远的影响。传统媒体往往受空间和时间的限制，而新媒体则打破了这些限制，提供了更多元的信息来源和传播平台。通过互联网、社交媒体和移动应用等渠道，人们可以接触到来自不同地区、不同文化背景和不同兴趣领域的内容，促进了群众文化的多样性和个性化发展。

传统媒体主要由少数机构或个人控制，而新媒体的兴起使更多的个体有机会参与到创作和表达中。任何人只要拥有互联网接入设备和一定的技术能力，就可以成为信息的发布者和传播者。自媒体平台、博客、视频分享网站等方式使个体能够表达自己的观点、经验和创作，推动了群众文化的多样化和繁荣。

新媒体的互动性质也为群众文化带来了新的可能性。社交媒体平台提供了一个广泛的交流和互动的空间，人们可以通过点赞、评论、转发等方式表达自己的观点和情感。这种互动性促进了群众文化的活跃度和多样性。个体可以与他人进行交流互动，参与讨论和分享意见。新媒体的开放性质使得群众文化更加包容，不同的声音和观点都有机会被听到和传播，推动了思想和文化的碰撞与交流。

此外，新媒体还为群众文化的传播提供了更广阔的平台。通过互联网和社交媒体，群众文化可以超越地域和国界的限制，被更多人接触和关注。这为传统民间艺术、民俗文化等传统形式的传承和发展提供了新的机遇。同时，新媒体也为群众文化的创作者提供了更多的曝光机会和商业化途径，使其能够获得更广泛的认可和回报。

然而，新媒体对群众文化也带来了一些挑战。信息过载是其中之一，由于信息的爆炸式增长，人们面临着从海量信息中筛选和辨别真假的困扰。虚假信息的传播也是一个重要问题，有些不负责任的个体可能故意发布虚假信息，导致误导和混淆。此外，新媒体的快速传播特性也使得群众文化更容易受到舆论和趋势的影响，可能导致一些盲从和浮躁的现象。

（二）民主化和平等化

在传统媒体时代，少数机构或个人对于信息的掌控权往往非常巨大。他们能够决定什么样的消息被发布、什么样的观点被宣传以及如何塑造公众舆论。这种垄断导致了信息不对称和社会不平等的问题。

然而，随着新媒体的兴起，民主化和平等化的趋势开始显现。新媒体包括互联网、社交媒体、博客和视频分享平台等，为更多的个体提供了参与信息创作和表达的机会。只要拥有互联网接入设备和一定的技术能力，任何人都可以成为信息的发布者和传播者。这种民主化的特点打破了传统媒体的垄断，使得群众文化更加平等化。

第一，新媒体的普及使得信息的传播更加平等。传统媒体通常需要经过编辑和筛选，才能够被发布出来。而在新媒体时代，任何人都可以通过自己的博客、社交媒体账号或视频分享平台直接发布信息。这意味着每个人都有机会将自己的观点和声音传播出去，不再受到传统媒体的限制和过滤。这种平等化的机会使得更多的声音被听到，减少了信息的垄断和不对称。

第二，新媒体为个体提供了表达自己观点的平台。在传统媒体时代，很多人的声音被忽视或者被压制，因为他们无法进入传统媒体的内部圈子。而现在，通过互联网和社交媒体，每个人都有机会表达自己的意见和观点，参与到公共话题的讨论中。这种平等化的机会使得更多的人能够发表自己的看法，推动社会的进步和变革。

第三，新媒体的民主化特点也促进了群众文化的平等化。在传统媒体时代，只有少数精英或权威机构的意见才能够被广泛传播和接受。而在新媒体时代，每个人都可以成为意见领袖和思想引导者。无论是普通市民、学者还是专业从业者，只要他们的观点能够获得关注和认可，就有可能影响大众的思考和行为。这种平等化的机会减少了知识和文化的垄断，促进了群众文化的多样性和繁荣。

第四，新媒体的民主化和平等化也存在一些挑战和问题。首先，信息的泛滥和碎片化使得公众难以获取准确和可靠的信息。由于任何人都可以发布信息，其中不乏虚假、误导性和低质量的内容。公众需要具备辨别信息真伪的能力，并且依赖权威机构和专业媒体的核实报道。其次，新媒体的平台算法和个人化推荐容易形成信息的"过滤气泡"，让用户只接触到自己已经认同或者感兴趣的观点，缺乏多元思考和辩论的机会。因此，平等化的背后仍需要加强信息素养和媒体批判能力的培养。

（三）互动性和开放性

互动性和开放性是新媒体的重要特征之一，它们对于促进群众文化的开放和包容起到了积极的作用。

首先，新媒体的互动性使得个体能够与他人进行实时的交流和互动。相比传统媒体，个体在新媒体平台上可以随时发表自己的观点和意见，并且能够迅速获得他人的回应和反馈。这种即时的互动使得个体参与讨论和分享意见变得更加容易和便捷。无论是在社交媒体上发布一条状态、发表评论，还是在在线论坛上参与讨论，个体都有机会表达自己的声音，与他人进行互动交流。

其次，社交媒体平台提供了一个广泛的交流和互动的空间。不同于传统媒体的单向传播模式，社交媒体鼓励用户之间的互动和分享。通过点赞、评论、转发等方式，个体可以表达对他人观点和内容的认同或者不同。这种互动性促进了多样的观点和意见的存在，扩大了群众文化的范围和深度。个体通过互动可以获得不同的观点和信息，丰富自己的知识和视野，同时也能够更好地理解他人的想法和感受。

第二节　社交媒体与群众文化的互动关系

一、社交媒体的概述

（一）社交媒体的定义

社交媒体是指通过互联网和移动设备等数字平台，使个人、组织和企业能够创造、共享和交流信息的一种媒体形式。它以用户生成内容（User-generated Content）为基础，通过各种在线社区和平台，实现人与人之间的互动和信息传播。

社交媒体的出现改变了传统媒体的单向传播模式，将每个用户都变成了潜在的内容创作者和信息传播者。用户可以通过社交媒体平台发布文字、图片、视频等多媒体内容，表达自己的观点、分享生活经历或者传播感兴趣的信息。同时，其他用户可以对这些内容进行评论、点赞、转发等操作，与发布者进行互动交流，形成一个庞大的社交网络。

社交媒体的核心特点是用户生成内容。与传统媒体由专业编辑和制作团队负责创作和发布不同，社交媒体鼓励普通用户参与到内容创作中来。这种模式的好处是大大拓宽了信息来源和内容的多样性，使得社交媒体上的内容更加真实、生动、有趣。同时，用户生成内容也促进了用户之间的互动和交流，形成了一个开放的社交环境。

社交媒体的平台形式多种多样，包括 Facebook、Twitter、Instagram、微博等。每个平台都有自己独特的特点和用户群体，用户可以根据自己的兴趣和需求选择合适的平台进行使用。社交媒体不仅改变了人们的社交方式和信息获取渠道，也对商业、政治、文化等各个领域产生了深远的影响。

（二）社交媒体的历史背景

社交媒体的历史背景可以追溯到互联网的早期阶段。20 世纪 90 年代，随着万维网的普及和互联网技术的不断进步，人们开始逐渐意识到网络的社交潜力。当时的在线聊天室和论坛为人们提供了一种实时交流和讨论的方式，但由于技术和用户体验的限制，社交媒体的发展仍然受到一定的局限。

在那个时期，人们主要通过电子邮件、即时通信工具（如 ICQ、MSN Messenger）以及个人网页等方式进行社交和信息分享。虽然这些工具在当时已经很先进，但用户之间的互动和内容传播相对有限，社交媒体的概念还没有完全形成。

随着 21 世纪的到来，互联网技术得到了进一步的发展和普及，移动设备的快速普及也为社交媒体的兴起提供了有力支持。2004 年，随着 Facebook 的诞生，社交媒体迎来了一个全新的时代。Facebook 通过建立个人用户主页、添加好友和发布动态等功能，实现了人与人之间的在线社交和信息分享，成为社交媒体的领军企业。

随后，其他社交媒体平台如 Twitter、LinkedIn、Instagram 等相继出现，并逐渐在全球范围内流行起来。这些平台通过不同的功能和特点吸引了不同类型的用户，丰富了社交媒体的形态和内容。同时，移动互联网的普及使得人们可以随时随地使用社交媒体，加速了社交媒体的发展和普及。

社交媒体的兴起对社会产生了广泛的影响。它改变了人们之间的交流方式，打破了地域和时间的限制，让人们能够轻松地与朋友、家人和陌生人进行在线交流。社交媒体也成为信息传播的重要渠道，帮助人们获取新闻、分享观点和表达意见。此外，社交媒体还催生了一些新兴行业，如网络红人、社交媒体营销等，给经济和就业市场带来了新的机遇和挑战。

然而，社交媒体的发展也面临着一些问题和挑战。信息泄露、个人隐私保护、虚假信息传播等问题频频出现，引发了对社交媒体的监管和管理的讨论。此外，社交媒体还可能加剧信息过载、社交焦虑等问题，需要人们保持理性和适度使用。

（三）社交媒体的特点

1. 用户生成内容（User-generated Content）

用户生成内容（User-generated Content，UGC）是指由普通用户自主创造、共享和传播的各种多媒体内容，包括文字、图片、视频、音频等形式。在社交媒体中，用户可以通过各种工具和平台，如博客、微博、社交网络等，将自己的观点、经验、技能和创意表达出来，并与其他用户进行交流和分享。

相比传统媒体的专业编辑和制作，用户生成内容具有以下几个显著特点。

（1）自由创造

在社交媒体中，用户可以随时随地地发布自己的内容，无须经过复杂的审核和审查程序。这使得用户可以自由表达自己的想法和观点，为社交媒体注入了更多的个性化和多样性。

（2）共享和传播

用户生成内容可以很容易地被其他用户发现、分享和传播。通过社交媒体平台上的点赞、评论、转发等功能，用户可以迅速扩大自己的影响力，将自己的内容传播给更多的人群。

（3）互动和参与

社交媒体提供了丰富的互动和参与机会，让用户之间可以进行实时的交流和反馈。用户可以通过评论、私信、直播等方式与其他用户进行互动，形成一个真正意义上的社交网络。

（4）创新和多样性

用户生成内容的开放性和自由度，为创新和多样性提供了更大的空间。用户可以根据自己的兴趣和需求，创造出独特的内容形式和风格，满足不同用户的需求和喜好。

用户生成内容在社交媒体中扮演着重要的角色。它不仅丰富了社交媒体的内容库，也促进了用户之间的连接和互动。同时，用户生成内容也给企业和品牌带来了新的营销机会。通过与用户生成内容的合作和互动，企业可以更好地了解用户需求，提供个性化的产品和服务，增强用户黏性和忠诚度。

然而，用户生成内容也存在一些挑战和问题。首先，用户生成内容的质量参差不齐，可能存在虚假信息、低俗内容等问题，需要平台和用户共同努力来加以监管和管理。其次，用户生成内容的版权和知识产权问题也需要得到妥善处理，保护用户的创作权益。最后，用户生成内容过度依赖社交媒体平台也存在一定的风险，用户应保持理性和审慎，避免过度暴露个人隐私和信息泄漏。

2. 互动和分享

（1）评论和反馈

社交媒体允许用户对其他用户的内容进行评论和反馈。这种实时的互动机制使得用户可以表达自己的观点、提出问题或者给予赞赏。通过评论，用户之间可以进行深入的讨论和交流，增进彼此的理解和认识。

（2）点赞和分享

社交媒体平台通常提供点赞和分享功能，让用户可以快速表达对某一内容的喜欢和支持，并将其传播给更多的人群。点赞和分享的数量和频率也成为衡量内容受欢迎程度的指标之一，对于内容创作者和品牌来说，这是一种重要的认可和推广方式。

（3）转发和扩散

社交媒体的分享机制使得用户可以将感兴趣的内容转发给自己的粉丝或朋友圈，从而扩大信息的传播范围。通过转发，用户可以把优质的内容分享给更多的人，形成一个信息扩散的网络，进一步增加内容的曝光度和影响力。

（4）社交活动和社群建立

通过社交媒体，用户可以参与各种线上社交活动和社群。例如，在社交网络上可以创建、加入不同的兴趣小组或者社区，与志同道合的人分享相同的兴趣、经验和观点。这种互动和分享的方式促进了用户之间的连接和交流，形成了一个庞大的虚拟社交网络。

（5）个性化和定制化

社交媒体的互动和分享机制也为用户提供了个性化和定制化的体验。用户可以根据自己的兴趣和喜好选择关注的内容和人物，定制自己的信息流。同时，用户也可以通过互动和分享来表达自己的个性和特点，塑造自己在社交媒体中的形象和品牌。

3. 实时性和即时性

（1）即时发布

社交媒体允许用户随时随地发布自己的信息、观点、图片、视频等内容。相比传统媒体需要经过编辑和制作的时间延迟，社交媒体的即时发布功能使得用户可以立即将自己的想法和感受分享给其他人。

（2）实时交流

社交媒体提供了实时的互动和交流机制，用户可以通过评论、私信、直播等方式与其他用户进行实时的交流。这种实时交流的特点使得用户能够迅速获取反馈和回应，促进了用户之间的互动和沟通。

（3）新闻速递

社交媒体成为人们获取新闻和时事信息的重要渠道。通过关注新闻媒体、专家、名人等账号，用户可以第一时间了解到最新的新闻事件和热门话题，并通过评论和分享与其他用户进行讨论和交流。

（4）热点话题

社交媒体的实时性使得用户能够快速掌握和参与热点话题的讨论。当某个事件或话题引发广泛讨论时，社交媒体上的用户可以通过转发、评论等方式快速传播信息和表达自己的观点，形成一个即时反应和互动的社交氛围。

（5）实时更新

社交媒体平台通常会根据用户的兴趣和行为推送个性化的内容。这使得用户能够实时获取与自己相关和感兴趣的信息，保持对最新动态的了解。

社交媒体的实时性和即时性改变了人们获取信息、交流和参与的方式。它极大地缩短了信息传播的时间，让用户能够更加迅速地了解和参与到各种话题和事件中去。同时，实时性和即时性也带来了一些挑战，如信息真实性的考量、信息过载的问题等。因此，用户在使用社交媒体时需要保持理性和审慎，对信息进行甄别和筛选。

随着技术的不断进步，社交媒体的实时性和即时性将继续提升，为用户提供更加及时和个性化的社交体验。同时，社交媒体平台也需要在保证实时性的基础上，加强对信息质量和用户体验的管理和监控，以确保用户能够在一个安全和健康的社交环境中参与互动。

4. 个性化和定制化

（1）兴趣选择

社交媒体平台通常提供了关注、订阅或兴趣群组等功能，使用户可以根据自己的兴趣和喜好选择关注的人、组织或话题。通过设置兴趣标签或关键词，用户可以接收到与自己相关和感兴趣的内容，从而满足个人信息需求。

（2）定制化内容流

社交媒体平台通常基于用户的行为和偏好，为用户提供个性化的内容流。通过算法和推荐系统，社交媒体平台能够分析用户的浏览历史、点赞和评论记录等数据，将最相关和有吸引力的内容呈现给用户。这种定制化的内容流使用户能够更加高效地获取自己感兴趣的信息。

（3）个人资料和形象建设

社交媒体允许用户创建个人资料和展示自己的形象。用户可以上传个人照片、填写个人信息、描述个人兴趣和经历等，以展示自己的个性和特点。通过个人资料的建设，用户可以更好地与他人互动和连接，并塑造自己在社交媒体中的形象和品牌。

（4）社交圈子和社群建立

社交媒体为用户提供了创建和加入各种社交圈子和社群的机会。用户可以根据自己的兴趣、职业、爱好等选择参与不同的社交圈子，并与志同道合的人进行交流和互动。这种社交圈子和社群的建立使得用户能够更深入地参与和分享特定领域的内容和话题。

（5）广告和推广定向

社交媒体平台通常基于用户的兴趣和行为数据，为广告主提供定向投放的机会。通过精准的定向广告，广告主可以将相关的产品和服务推送给真正感兴趣的目标用户，提高广告的效果和转化率。

个性化和定制化使得社交媒体能够更好地满足用户的个性化需求，并提供更加个性化的社交体验。同时，个性化和定制化也为企业和品牌带来了更好的营销机会，能够更精准地定位目标用户，并提供个性化的产品和服务。

然而，个性化和定制化也带来了一些问题和挑战。个人信息的隐私保护、信息过滤的偏见、"信息茧房"效应等都需要社交媒体平台和用户共同关注和解决。用户在享受个性化和定制化服务的同时，也应保持理性和审慎，避免信息封闭和信息泡沫的影响。

二、社交媒体对群众文化的推动作用

社交媒体在促进群众文化的发展中扮演着重要的角色。首先，社交媒体提供了广泛的传播渠道，使得个体的创作能够被更多人看到和传播。随着社交媒体平台的普及和用户数量的不断增加，人们可以通过各种方式将自己的创作内容上传至社交媒体平台，包括文字、图片、音频、视频等形式。这样一来，无论是艺术作品、摄影作品、音乐作品还是短视频等，都有机会被更广泛地传播出去。

其次，社交媒体的互动性质使得个体可以与他人进行实时的交流和反馈，增强了群众文化的参与度和活跃度。在传统媒体时代，信息流向是单向的，而在社交媒体时代，人们可以通过评论、点赞、分享等方式与其他用户进行互动。这种互动性质不仅使得群众文化具有了更强的参与性，也为个体提供了更多的创作灵感和反馈机会。通过社交媒体上的互动，个体可以获得他人的意见和建议，从而改进自己的创作，并与其他创作者进行交流合作。

此外，社交媒体还推动了用户生成内容的兴起，使个体成为群众文化的创作者和传播者。传统上，媒体的内容主要由专业的编辑团队制作和发布。而在社交媒体时代，任何人都可以成为内容的创作者和传播者。社交媒体平台提供了简单易用的工具和功能，使得个体能够轻松地创建和分享自己的内容。这种变革使得群众文化更加多样化和丰富，各种个人创作、独立音乐、短视频等作品涌现出来，为群众提供了更多元化的文化选择。

社交媒体还通过提供个性化的推荐算法，将更多符合用户兴趣和偏好的内容呈现给用户，进一步推动了群众文化的发展。社交媒体平台通过分析用户的行为数据和兴趣标签，可以精准地向用户推荐他们可能感兴趣的内容。这种个性化推荐不仅提升了用户体验，也促使用户接触到更多新的创作和文化形式。用户在社交媒体平台上的互动和参与也为推荐算法提供了反馈，进一步优化了推荐系统，实现了个体和群体之间的良性互动。

然而，社交媒体对群众文化的推动作用也面临一些挑战和问题。首先，社交媒体上的信息泛滥和虚假信息的存在使得真实的群众文化内容难以被发现和传播。由于社交媒体的开放性和广泛性，大量低质量、不实的内容也涌入其中，给用户带来了困扰和困惑。其次，社交媒体平台的商业化导致了内容的商业化和同质化趋势，一些热门内容往往更容易受到推荐和宣传，而一些非主流的创作则可能被边缘化。

三、群众文化对社交媒体的影响

群众文化对社交媒体同样产生着积极的影响。个体通过社交媒体平台可以分享自己的创作和观点，吸引更多人的关注和参与。群众文化的内容和创意也为社交媒体提供了源源不断的素材和话题，丰富了社交媒体的内容和互动性。

第一，群众文化的创作活动为社交媒体提供了丰富多样的内容。在社交媒体上，个体可以通过文字、图片、音频、视频等多种形式展示自己的创作成果。无论是艺术作品、摄影作品、音乐作品还是手工制品等，都可以在社交媒体上进行展示和分享。这些个体创作的内容丰富了社交媒体的内容库，使得社交媒体成为一个庞大的群众文化创作展示平台。

第二，群众文化的观点和讨论为社交媒体带来了热门话题和互动。社交媒体上的用户可以通过评论、转发、点赞等方式表达自己对群众文化作品的观点和评价。这种互动不仅促进了个体与个体之间的交流，也推动了社交媒体平台上关于群众文化的讨论和话题的形成。人们可以在社交媒体上分享自己对群众文化作品的感受和看法，与其他用户进行互动和辩论，从而扩大了群众文化的影响力和传播范围。

第三，群众文化的创新和独立性也为社交媒体带来了新鲜感和吸引力。社交媒体用户对于独立音乐、小众艺术和非主流文化等内容表现出浓厚的兴趣。这些内容常常具有独特的风格和独立的创意，能够吸引更多用户的关注和参与。社交媒体平台为群众文化提供了一个展示和推广的舞台，使得这些独立、创新的群众文化作品得以被更多人发现和欣赏。

第四，群众文化也通过社交媒体对传统文化进行传承和推广。社交媒体平台上的用户可以分享自己对传统文化的理解和演绎，例如民间艺术、传统乐器演奏等。这些内容的分享和传播使得传统文化更加年轻化和现代化，吸引了更多年青一代的关注和参与。社交媒体平台提供了一个跨时空的交流平台，让不同地域、不同文化背景的人们可以互相了解和交流，推动了传统文化的传承和发展。

第五，群众文化对社交媒体也带来了一些挑战。首先，社交媒体上的信息过载和碎片化使得真正优质的群众文化作品难以脱颖而出。由于社交媒体的开放性和广泛性，大量低质量的内容淹没了真实、有价值的群众文化作品，导致用户在海量信息中难以找到优质的创作。其次，社交媒体的商业化倾向可能使得群众文化受到商业利益的驱使，陷入同质化和营销化的困境，影响了群众文化的原创性和独立性。

第三节　网络文化的兴起与发展对群众文化的塑造作用

一、网络文化的概念和特点

（一）网络文化的定义

网络文化是指在互联网环境下形成和发展起来的一种特定文化形态。它是随着互联网技术的快速发展而出现的一种新兴文化，涉及人们在网络空间中的各种行为、观念、价值取向以及文化产品和创意表达等方面。

网络文化的定义可以从以下几个方面进行阐述。

首先，网络文化以虚拟空间为基础，通过互联网技术实现信息的传递和交流。人们可以在网络上自由地发布、分享和获取各种内容，包括文字、图片、音频、视频等形式的作品。互联网的开放性和广泛性使得网络文化成为一个多声音、多元化的文化环境。

其次，网络文化具有开放性和共享性的特点。任何人都可以参与其中，不受时间、地域和身份的限制。通过社交媒体、论坛、博客等平台，人们可以自由地表达自己的思想、观点和感受，并与其他人进行互动和交流。这种开放性和共享性促进了文化的多样性和碎片化，每个个体都可以找到符合自己兴趣和需求的文化内容。

再次，网络文化强调个体的参与和互动。人们可以通过评论、点赞、分享等方式表达自己的意见和态度，与其他用户进行交流和讨论。这种互动性使得网络文化具有更高的参与度和活跃度，促进了信息的传播和影响力的扩大。

最后，网络文化是一个充满创新和变革的领域。随着互联网技术的不断发展和更新，网络文化也在不断演进。新的创作形式、表达方式和传播方式层出不穷，个体可以通过网络平台实现自己的创意和想法。网络文化的创新性和快速变革使得人们能够以更加灵活和多样的方式参与文化生活。

（二）网络文化的特点

1. 开放性和共享性

网络文化作为一个开放的平台，具有极高的共享性。在互联网的世界中，任何人都可以自由地参与其中，发表自己的观点、分享创作和经验。这种开放性使得网络文化成为一个多声音、多元化的文化环境。

首先，互联网提供了一个公共的空间，让个体可以自由地表达自己的想法和观点。无论是通过博客、社交媒体还是论坛，每个人都可以借助互联网的力量，将自己的声音传播出去。这种开放性使得网络文化不再受限于传统媒体的编辑和审查，每个人都有机会被听到和看到。

其次，网络文化的共享性也非常突出。互联网的技术特性使得信息的传播变得极其便捷和快速。个体可以轻松地分享自己的创作、观点和经验，无论是文字、图片还是视频等形式。这种共享性促进了知识的传播和交流，使得人们能够从更广泛的资源中获取信息，并且与他人进行互动和讨论。

最后，互联网的开放性和共享性也为创新提供了广阔的空间。在网络文化中，每个人都有机会展示自己的才华和创造力。无论是独立音乐人、自媒体人还是游戏开发者，他们都可以通过互联网将自己的作品推广出去，获得更多的关注和认可。这种开放性和共享性为创新带来了更大的舞台，激发了更多人的创造力和潜能。

然而，开放性和共享性也带来了一些挑战和问题。首先，信息的过度共享可能导致信息的泛滥和质量的下降。在网络文化中，每个人都可以发布内容，但并不代表所有的内容都是真实可信的。虚假信息和谣言的传播成为一个严重的问题，给人们带来了困惑和误导。其次，开放性和共享性也给个人隐私带来了风险。在互联网上，个人的隐私很容易被泄露和滥用，这对个人的权益构成了威胁。

2. 多样性和碎片化

网络文化的多样性和碎片化是互联网时代的一种特征。在传统媒体时代，信息流通受限于传统媒体的选择和控制，人们接触到的内容相对单一和有限。然而，在互联网的世界中，每个人都可以根据自己的兴趣和需求选择参与的内容，形成了众多的小众文化和兴趣圈子。

首先，网络文化的多样性体现在主题和话题上。在互联网上，人们可以找到各种各样的主题和话题，无论是艺术、科技、娱乐还是时尚等，都有专门的网站、社交媒体账号或者论坛来涵盖和讨论相关内容。这种多样性使得每个人都能够找到自己感兴趣的内容，并与同好者进行交流和互动。

其次，网络文化的碎片化体现在信息的获取和传播上。在互联网上，信息以碎片化的形式存在，人们通过快速浏览、搜索和分享等方式获取信息。这种碎片化的特点使得人们对信息的处理更为迅速和高效，但也带来了一定的挑战，如信息过载和真实性的考验。同时，碎片化的信息也促使人们对知识的深度探索和综合思考。

最后，网络文化的多样性和碎片化还催生了各种小众文化和兴趣圈子。在互联网上，人们可以根据自己的兴趣爱好组建社群，与志同道合的人进行交流和分享。无论是追星、二次元文化、户外运动还是手工艺等，都有相应的社群和平台供人们参与。这种多样性和碎片化让每个人都能够找到属于自己的小圈子，获得归属感和共鸣。

然而，多样性和碎片化也带来了一些问题和挑战。首先，由于信息过于分散和碎片化，人们容易陷入"信息茧房"，只获取和接触到自己已知的内容，缺乏对其他领域的了解和认知。其次，由于互联网上存在大量的虚假信息和谣言，人们需要具备辨别真伪的能力，以保证获取到的信息的准确性和可靠性。

3. 参与性和互动性

网络文化的参与性和互动性是其重要特点之一。在互联网时代，人们不再是被动地接收信息，而是可以积极地参与其中，表达自己的意见和态度。

首先，网络文化强调个体的参与。在社交媒体平台上，每个人都可以创建自己的账号，并发布自己的内容。这种参与性使得每个人都有机会成为内容创作者，表达自己的观点和创作。通过发布文字、图片、视频等形式的内容，个体可以在网络文化中留下自己的痕迹，与其他人进行交流和互动。

其次，网络文化注重互动性。在各类网络平台上，人们可以进行评论、点赞、分享等操作，与其他人进行实时的互动。这种互动性使得网络文化具有更高的参与度和活跃度。通过评论和回复，人们可以就特定话题展开讨论和交流，形成一个庞大的虚拟社群。同时，点赞和分享的行为也促进了信息的传播和影响力的扩大。

网络文化的参与性和互动性带来了一系列的影响。首先，它加强了个体的参与感和归属感。在网络文化中，每个人都有机会被听到和看到，可以表达自己的观点和想法。这种参与感让人们感到被重视和认可，增强了个体的自我价值感和满足感。

最后，参与性和互动性也促进了信息的传播和影响力的扩大。通过社交媒体的分享和转发，一条内容可以在短时间内迅速传播，并影响更多的人。这种传播效应使得网络文化具有更广泛的影响力，塑造了一些网络红人和意见领袖。

然而，参与性和互动性也带来了一些问题和挑战。虽然每个人都可以参与网络文化，但并不代表所有的声音都能够被平等对待和听到。存在一定程度上的信息过滤和算法推荐，可能导致某些观点和声音被边缘化或忽略。其次，互动性也容易引发网络暴力和仇恨言论等不良行为，需要加强管理和监管。

4. 创新性和快速变革

网络文化作为一个充满创新和快速变革的领域，不断涌现出新的创作形式、表达方式和传播方式。这得益于互联网技术的不断发展和更新，以及个体在网络平台上实现自己创意和想法的机会。

首先，网络文化的创新性体现在创作形式上。互联网的出现为创作者提供了更多的可能性和工具。音乐、影视、绘画、写作等艺术形式可以通过数字化和网络化的方式呈现，同时也催生了一些全新的创作形式，如网络小说、短视频、游戏等。这种创新性使得人们能够以更加灵活和多样的方式进行创作，并且更容易获得观众和用户的反馈和认可。

其次，网络文化的创新性体现在表达方式上。在传统媒体时代，人们的表达方式受限于纸张、电视和广播等媒介的特点。然而，在互联网的世界中，个体可以通过文字、图片、音频、视频等多种媒介来表达自己的想法和情感。这种多媒体的表达方式使得信息更加生动、直观，并且更容易引起观众的共鸣和关注。

最后，网络文化的创新性还体现在传播方式上。互联网技术的进步使得信息的传播变得更加迅速和广泛。社交媒体、视频平台、直播平台等成为信息传播的重要渠道。人们可以通过分享、转发、推荐等方式将自己的内容传播出去，并且能够迅速获得反馈和影响力。这种快速的传播方式使得网络文化具有更大的影响力和扩散能力。

然而，创新性和快速变革也带来了一些挑战和问题。首先，由于网络文化的创新和变革速度很快，存在着信息过载和碎片化的问题。人们需要具备筛选和辨别信息的能力，以获取真正有价值的内容。其次，网络文化的创新性也带来了版权和知识产权的问题，如盗版、侵权等，需要加强相关法律和管理的保护。

5.虚拟性和数字化

（1）虚拟空间

网络文化以虚拟空间作为主要的交流平台，例如社交媒体、在线论坛和虚拟现实等。这些平台打破了时空限制，使得人们可以随时随地进行交流和互动。人们可以通过虚拟身份在网络中展现自己的思想、情感和观点，与他人进行沟通和交流。

（2）数字技术

网络文化依赖于数字技术来传递和处理信息。数字技术的发展使得信息的传递更加快捷和方便，人们可以通过文字、图片、音频和视频等多种形式表达自己的观点和情感。数字技术还为网络文化提供了丰富的创作工具，使得人们可以创造出独特的艺术形态和娱乐内容。

（3）跨界合作和文化融合

虚拟性和数字化的特点使得网络文化具有超越时空和地域限制的能力。人们可以跨越国界和文化背景，进行跨界合作和交流。这促进了不同文化之间的相互理解和融合，为创新和文化多样性提供了机会。

二、网络文化对群众文化的改变

（一）信息获取的便捷性

网络文化的出现极大地改变了信息获取的方式。传统的群众文化在信息获取方面受到传播媒介的限制，人们需要购买报纸、杂志、书籍或收听广播、看电视等方式来获取信息。这种方式可能存在地域限制、时间限制和经济限制。

然而，随着互联网的普及和数字技术的发展，网络文化使得信息获取变得非常便捷。通过互联网，人们可以轻松地访问全球各地的新闻、知识、文化和娱乐内容。无论是阅读新闻网站、观看视频平台、听音乐流媒体服务还是阅读电子书，只需几个简单的点击就能实现。

互联网为人们提供了广泛的信息资源，从国内外的新闻事件到学术研究成果，从历史文化知识到时尚娱乐资讯，几乎涵盖了各个领域的信息。人们可以自由选择感兴趣的主题和内容，并以个人化的方式进行筛选和定制。此外，网络上还有大量的开放式课程、在线教育资源和学术论坛，为人们提供了学习和进修的机会。

互联网还打破了地域和时间的限制。无论身处何地，只要有网络连接，人们就能够获取到同样的信息。同时，互联网上的信息是实时更新的，人们可以随时获取最新的消息和内容。这种便捷性和即时性使得人们能够更加及时地了解世界、扩展知识和参与社会讨论。

然而，虽然网络文化带来了信息获取的便利，但也需要警惕信息真实性和可靠性的问题。在互联网上存在大量的虚假信息、误导性内容和不负责任的言论。因此，人们在获取信息时需要保持辨别力和批判思维，积极寻找可信的来源和权威的信息渠道。

（二）创作与表达的自由度

网络文化的出现极大地提升了创作与表达的自由度，相比传统群众文化，网络文化为个人和群体提供了更广阔的舞台来表达观点、情感和创作。

在传统群众文化中，创作和表达往往需要经过筛选和审查的过程。媒体和出版机构对于内容的选择和编辑起着重要的决定作用，而个人的声音和创作则很难被广泛传播。这种限制可能是由政治、商业或道德等因素所导致。

在网络文化中,人们可以通过社交媒体、博客、视频平台等渠道自由地表达自己的观点、情感和创作。无论是文字、图片、音频还是视频,人们都可以轻松地发布和分享自己的作品。这种自由度使得更多的声音得到了传播,促进了文化的多样性和创新。

网络文化的自由度也使得创作者能够更加大胆地探索和实践新的艺术形式和风格。通过网络,人们可以展示各种独立电影、音乐、摄影、绘画等作品,打破了传统艺术门槛,使更多的创作得以展示和被发现。这种自由度为艺术家提供了更多的创作空间和机会,推动了艺术的多样性和前卫性。

此外,网络文化也为非主流群体提供了表达和传播的平台。在传统群众文化中,某些特定群体的声音往往被边缘化或忽视。然而,通过网络,这些群体可以组建社群、论坛和博客,分享彼此的经验、观点和创作。网络文化打破了传统媒体的壁垒,让更多的群体能够被听到和关注。

但是,网络文化的自由度也带来了一些挑战和问题。因为信息的自由度和匿名性,网络上存在着虚假信息、仇恨言论、盗版和侵权等问题。此外,个人的创作也可能受到网络暴力、负面评论和网络监控的困扰。因此,需要建立相应的法律法规和道德规范,以保护个人创作的权益和网络环境的健康发展。

(三)文化参与的互动性增强

网络文化的出现极大地增强了文化参与的互动性。相比传统群众文化,网络文化注重用户的参与和互动,人们可以通过各种社交媒体平台与他人分享、评论和讨论感兴趣的内容,从而打破了传统文化的被动接受状态。

首先,社交媒体平台成为人们互动和参与文化的重要场所。人们可以在社交媒体上关注自己感兴趣的内容创作者、艺术家或公众人物,与其进行实时的互动和交流。通过点赞、评论、转发等方式,人们可以表达对作品的喜爱或观点的支持,并与其他用户展开讨论和互动。这种互动性不仅拉近了创作者与受众之间的距离,也促进了不同用户之间的交流和连接。

其次,网络文化提供了丰富的线上活动和虚拟社群,进一步增强了文化参与的互动性。人们可以参加线上音乐会、演讲活动、艺术展览等,无须身处现场即可享受到文化盛宴。同时，虚拟社群如游戏社区、粉丝群体等也为人们提供了参与和互动的机会。通过共同的兴趣爱好或文化追求，人们可以结识志同道合的朋友，共同探讨、创作和分享文化内容。

最后，网络文化还促进了用户生成内容（UGC）的发展，进一步增强了文化参与的互动性。通过博客、视频平台等，个人可以自由地分享自己的创作和观点，与其他用户进行交流和互动。UGC不仅丰富了文化内容，还为个人提供了展示才华和获得认可的机会。同时，UGC也为传统媒体和文化机构提供了新的合作和互动模式，推动了文化产业的创新与发展。

但是，网络文化的互动性也带来了一些问题，如网络暴力、恶意评论、信息泄露等。因此，维护良好的网络环境和文化互动需要建立相应的法律法规和行业自律机制，保护个人隐私和尊重他人权益。

（四）群体组织与文化团体的形成

网络文化的兴起和发展确实促进了群体组织和文化团体的形成。通过互联网和社交媒体等平台，人们可以方便地与其他人相互连接和交流，从而形成共同追求特定兴趣、价值观或文化目标的群体组织。

首先，网络文化为粉丝群体的形成提供了便利。无论是电影、音乐、动漫还是其他领域，粉丝们可以通过在线论坛、社交媒体页面等渠道聚集在一起，分享自己对某个明星、作品或主题的喜爱和热情。这种群体组织不仅促进了粉丝之间的交流和互动，也为他们提供了一个支持和理解的社群，增强了他们的归属感和认同感。

其次，网络文化也推动了游戏社区的形成。网络游戏已经成为一种重要的娱乐方式，玩家们可以通过游戏平台相互联系，并在游戏中共同参与冒险、竞技或合作。这些游戏社区不仅提供了一个共同的兴趣点，还鼓励玩家之间的合作与竞争，增强了他们的社交和团队合作能力。

最后，网络文化也为艺术家团队的形成提供了机会。艺术家们可以通过在线平台展示自己的作品，并与其他艺术家或创意人才合作，共同创作和推广作品。这种协作和合作的方式使得艺术家们能够相互借鉴和启发，加强彼此的创造力，并扩大影响力。

（五）传统文化的保护和传承

1. 广泛传播

互联网的普及为传统文化的广泛传播提供了前所未有的机会。通过互联网，人们可以使用各种平台和工具来展示和分享传统文化的独特之处，从而吸引更多人的关注和学习。

首先，博客是一个非常受欢迎的传播传统文化的平台。人们可以创建自己的博客，并在上面发布关于传统文化的文章、图片、视频等内容。这些内容可以吸引感兴趣的读者，并通过社交媒体等渠道传播，进一步扩大影响力。此外，博客还可以成为传统文化爱好者之间交流和分享经验的场所，促进传统文化的传承与发展。

其次，社交媒体也是传播传统文化的重要平台。人们可以在社交媒体上创建专页或账号，分享有关传统文化的内容。通过发布图片、视频、故事等形式的内容，可以吸引更多的关注和分享，从而让更多人了解和学习传统文化。此外，社交媒体还可以通过群组、论坛等功能，将传统文化爱好者聚集在一起，形成一个庞大的社区，促进传统文化的传承和交流。

最后，互联网还提供了在线教育的机会，使得传统文化的学习更加便捷和全面。人们可以通过网络课程、视频教程等方式，随时随地学习传统文化知识。这种灵活的学习方式，使得更多人能够参与其中，无论是对传统文化感兴趣的年轻人，还是想要进一步深入了解的专业学者。

2. 知识传承

互联网的普及为传统文化的知识传承提供了便捷和广泛的途径。在互联网上，人们可以通过搜索引擎、在线课程等方式，轻松获取传统文化的相关信息，促进传统文化的传承和学习。

首先，搜索引擎是人们获取传统文化知识的主要工具之一。无论是想要了解某个特定传统文化的历史背景、艺术形式，还是寻找特定传统文化的相关资料和研究成果，人们只需在搜索引擎中输入相关关键词，便能得到大量的信息和资源。这使得传统文化的知识不再局限于书籍和专业研究，而是可以被更多人方便地获取和传播。

其次，互联网上的在线课程为传统文化的学习和传承提供了重要平台。许多教育机构和专业人士开设了在线课程，涵盖了各种传统文化领域，如音乐、舞蹈、绘画、戏曲等。通过在线课程，人们可以随时随地参与传统文化的学习，学习相关技能和知识。这不仅方便了传统文化爱好者，也为传统文化的传承培养了更多的学习者和专业人士。

最后，互联网上的社交媒体平台也为传统文化的知识传承提供了渠道。人们可以在社交媒体上创建专页、账号，分享有关传统文化的知识和资料。通过发布文章、图片、视频等形式的内容，人们可以向广大用户传播传统文化的精髓和独特之处，引发讨论和学习的热潮。同时，社交媒体还可以成为传统文化爱好者之间交流和分享经验的场所，促进传统文化的传承与发展。

3. 技艺传承

互联网的普及为传统文化技艺的传承提供了便利和广泛的机会。通过在线教学平台、视频分享等方式，传统文化的技艺可以被更多人学习和传承，克服了地域限制和时间限制。

首先，在线教学平台为传统文化技艺的学习和传承提供了方便和灵活的途径。许多专业的传统文化艺术家或教育机构在互联网上开设了在线课程，涵盖了各种传统文化技艺，如书法、绘画、剪纸、舞蹈等。学习者可以根据自己的兴趣和时间安排，在线参与课程，通过教师的指导和演示，系统学习和练习传统文化技艺。这种灵活的学习方式，不受地域限制，使得更多人能够接触和学习传统文化技艺。

其次，互联网上的视频分享平台也为传统文化技艺的传承发挥了重要作用。许多传统文化艺术家、爱好者通过视频分享自己的表演、教学过程，向广大用户展示传统文化技艺的精髓和独特之处。这些视频可以在全球范围内随时观看，使得传统文化技艺的学习和传承不再受到地域和时间的限制。同时，通过评论和互动，人们还可以与视频作者进行交流和学习，促进传统文化技艺的交流和发展。

最后，社交媒体平台也为传统文化技艺的传承提供了渠道。人们可以在社交媒体上分享自己学习和练习传统文化技艺的经验和成果。通过发布图片、视频等形式的内容，人们可以向广大用户展示自己的技艺，并吸引更多人的关注和学习。

社交媒体的互动功能还可以让传统文化技艺爱好者之间相互交流和分享，推动传统文化技艺的传承和发展。

4. 交流互动

互联网的普及为传统文化的交流和互动提供了丰富多样的平台。通过线上社群、讨论论坛等平台，人们可以与其他对传统文化感兴趣的人进行交流和互动，促进传统文化的交流和传承。

首先，线上社群是传统文化交流和互动的重要场所之一。人们可以在社交媒体上创建或加入专门关于传统文化的社群，与志同道合的人分享自己的见解、经验和学习成果。这种线上社群不受地域限制，可以吸引来自全球各地的传统文化爱好者，为大家提供一个交流和互动的平台。在社群中，人们可以相互学习、交流，共同探讨传统文化的内涵和特点，推动传统文化的交流和传承。

其次，讨论论坛也是传统文化交流和互动的重要形式之一。许多传统文化相关的论坛和在线社区为人们提供了一个广泛的讨论平台。在这些平台上，人们可以发表自己的观点和见解，与其他人交流和互动。这种开放的讨论环境促进了不同观点的碰撞和交流，为传统文化的发展提供了更多的思考和启示。

最后，互联网上的直播平台也为传统文化交流和互动提供了新的途径。许多传统文化艺术家、教育机构利用直播技术，在线展示和演示传统文化的表演和技艺。观众可以通过弹幕、评论等方式与主播进行互动，提问问题、分享感受，增强参与感和学习效果。这种实时的互动形式，使得传统文化的交流更加生动活泼，促进了传统文化的传承和发展。

5. 创新发展

网络文化的兴起为传统文化的保护和传承带来了创新机遇。通过数字技术、虚拟现实等手段，人们可以将传统文化与现代科技相结合，创造出更具吸引力和互动性的方式来传播和展示传统文化。

首先，数字技术为传统文化的保护和传承提供了丰富的可能性。通过数字化的手段，人们可以将传统文化的艺术品、文物等珍贵资源进行数字化保存，以防止其受到自然或人为因素的破坏。数字化还使得这些文化遗产能够被广泛展示和分享，让更多人有机会欣赏和学习传统文化。此外，数字技术还可以用于创作和呈现传统文化相关的音乐、舞蹈、戏剧等艺术形式，为传统文化注入现代元素，提升观众的体验感和参与度。

其次，虚拟现实技术为传统文化的展示和传承带来了革命性的变化。通过虚拟现实技术，人们可以身临其境地体验传统文化的场景和活动，例如参观古老的建筑、参与传统仪式等。这种沉浸式的体验使得传统文化更加生动和真实，激发了人们对传统文化的兴趣和热情。虚拟现实技术还可以创造出交互性强的虚拟学习环境，让学习者能够亲自参与和实践传统文化技艺，提高学习效果和记忆深度。

最后，社交媒体和在线平台也为传统文化的创新发展提供了机遇。通过社交媒体，人们可以创作和分享关于传统文化的内容，吸引更多的关注和参与。在线平台则为传统文化爱好者提供了交流和合作的平台，促进了传统文化的传承和发展。此外，一些创新的线上活动和比赛也鼓励人们积极参与传统文化的创作和表演，激发创新意识和创造力。

三、网络文化对个体创造力的促进

（一）提供创意和灵感来源

1. 社交媒体

社交媒体平台如 Instagram、Pinterest 和微博等是分享创意和灵感的热门场所。用户可以浏览他人发布的图片、视频和文字内容，从中获取新颖的创意和灵感。

2. 博客

博客是个人或团队展示自己观点和创意的平台。通过关注有创意的博客，个体可以获得各种领域的灵感，例如设计、旅行、摄影、美食等。

3. 视频分享平台

像 YouTube、抖音和 B 站等视频分享平台上，有许多有趣、创意和富有启发性的视频内容。观看这些视频可以激发个体的创造力和想象力。

4. 在线论坛和社区

加入在线论坛和社区可以与其他具有相似兴趣和创意的人进行交流和分享。这些平台提供了一个讨论和互动的空间，可以从其他成员那里获得创意和灵感。

5.数字艺术平台

数字艺术平台如 Behance 和 Dribbble 等汇集了全球设计师和艺术家的作品。浏览这些平台可以看到各种精美的设计作品，从中获取创意和灵感。

（二）扩大知识储备

1.搜索引擎

搜索引擎如谷歌、百度等成为人们获取知识的重要工具。通过关键词搜索，个体可以找到与自己感兴趣或需要的主题相关的信息。搜索引擎不仅能帮助个体解决问题，还能开拓视野，发现新的知识领域。

2.在线学习平台

互联网上存在众多优质的在线学习平台，如 Coursera、edX、网易云课堂等。这些平台提供了各种专业课程、教育资源和学习工具，个体可以通过在线学习获取系统性的知识，提升自身的专业素养和创造力。

3.专业论坛和社区

许多领域的专业论坛和社区会集了行业内的专家和爱好者，他们在这些平台上分享自己的经验和知识。通过参与讨论和交流，个体可以从其他人的经验中学习，并获取更深入的专业知识。

4.开放式课程

一些大学和研究机构提供了免费的开放式课程，如麻省理工学院的 MIT 开放课程、哈佛大学的 HarvardX 等。通过参与这些开放式课程，个体可以接触到高质量的教育资源，学习到前沿的知识和思想。

5.数字图书馆和文献数据库

许多国家和机构建立了数字图书馆和文献数据库，提供了大量的学术著作、研究报告和期刊文章。通过这些资源，个体可以深入了解特定领域的知识，拓宽自己的学术视野。

（三）方便交流与合作

1.社交媒体平台

社交媒体如微信、Facebook、Twitter 等成为个体与他人进行即时交流的重要工具。个体可以通过发布内容、评论、转发等方式与其他用户互动，分享自己的创意和观点，并接收到来自他人的反馈和建议。

2. 在线协作工具

云存储和在线协作工具如 Google Drive、Microsoft Teams、Trello 等使得多人之间的合作变得更加方便。个体可以与他人共享文档、图片、视频等创作素材，并实时进行编辑和讨论，达到更好的合作效果。

3. 艺术家社区和创作者网络

存在许多专门为艺术家和创作者建立的社区和网络平台，如 DeviantArt、Behance 等。这些平台会集了全球的创作者，个体可以在这里展示自己的作品、参与讨论和寻找合作伙伴，借助这些平台的力量共同创作和发展。

4. 行业论坛和研讨会

各个行业都有相应的在线论坛和定期举办的研讨会。通过参与这些论坛和研讨会，个体可以与同行专业人士进行深入的交流和合作，分享经验、观点和创意，并从中获得启发和反馈。

5. 协作创作平台

一些专门为团队协作创作而设计的在线平台如 GitHub、GitLab 等，提供了代码托管和版本控制等功能。个体可以与他人共同开发项目、编写代码、设计产品等，在协作过程中互相学习和借鉴，共同实现创意的落地。

（四）创作和展示平台

1. 博客和个人网站

个体可以创建自己的博客或个人网站，用于展示自己的创作作品、分享经验和思考。通过博客，个体可以深入地介绍自己的创作过程、灵感来源以及背后的故事，与读者进行互动和交流。

2. 社交媒体平台

社交媒体成为个体展示作品的重要渠道。例如 Instagram、微博、Pinterest 等，个体可以发布图片、视频、文字等内容，吸引更多的关注和互动。社交媒体平台提供了广阔的受众群体，使个体的作品能够被更多人看到和分享。

3. 视频分享平台

像 YouTube、抖音和 B 站等视频分享平台，个体可以上传自己的创作视频，展示自己的技能和才华。视频形式更加直观生动，能够更好地传达创作者的创意和想法，吸引更多观众的关注和评论。

4. 在线艺术展览和展示平台

许多在线平台如 Behance、Dribbble 等专注于艺术和设计作品的展示。个体可以在这些平台上创建自己的账号，并上传自己的作品，与其他创作者进行交流和分享。这样的平台提供了一个专业化和高度可视化的展示环境，有助于个体获得更广泛的曝光和机会。

5. 数字出版平台

电子书籍和数字出版平台如 Kindle Direct Publishing、微信读书等，为个体提供了自主出版的机会。个体可以将自己的作品发布为电子书或数字内容，在全球范围内进行销售和推广，扩大影响力和读者群体。

（五）提供多样化的创作形式

网络文化的多样化创作形式为个体提供了丰富的创作空间和方式。个体可以根据自己的兴趣和特长选择适合自己的创作方式，包括文字、图片、音频、视频等多种媒体形式。

首先，文字是网络创作中常见的一种形式。通过文字表达思想、情感和观点，个体可以在博客、论坛、微博等平台上进行文学创作、新闻报道、评论等。文字创作不仅可以帮助个体整理思路、表达观点，还能够吸引读者的注意力，传递信息。

其次，图片也是网络创作中常见的一种形式。个体可以通过拍摄照片、绘制插画、设计海报等方式，用图像来传达自己的观点、情感和创意。图片具有直观、生动的特点，能够快速吸引人们的注意力，让信息更易于传播和理解。

再次，音频是网络创作中的另一种重要形式。个体可以通过录制音频剧、播客、音乐等方式，用声音来传递故事、知识和情感。音频创作具有听觉的特点，能够给人带来沉浸式的体验，让信息更加生动有趣。

最后，视频是网络创作中最具影响力的一种形式。个体可以通过拍摄、剪辑视频来传达自己的观点、故事和创意。视频创作结合了文字、图片和音频等多种元素，能够以更直观、立体的方式呈现内容，吸引更多的关注和共鸣。

（六）鼓励创新思维

网络文化的兴起为个体提供了一个开放和多元化的平台，鼓励创新思维的发展。在网络上，个体可以以各种独特的方式表达自己的想法和观点，不受传统观念的束缚。这种环境下，个体更容易敢于尝试新颖的创意和思维方式。

首先，网络文化强调个性化，鼓励个体展示自己的独特之处。在传统社会中，人们可能受到社会期望和规范的限制，不敢表达自己真实的想法和观点。而在网络上，个体可以匿名或使用虚拟身份，获得更大的自由度来表达自己的独特想法。这种自由的环境激发了个体探索新颖创意和思维方式的勇气，促进了他们创造力的发展。

其次，网络文化强调开放和多元。互联网连接了全球各地的个体，他们来自不同的文化、背景和经验。这种多元性促进了不同思维方式的碰撞和交流，激发了新的创新思维。通过与他人分享和讨论，个体可以获得更广泛的观点和见解，从而拓宽自己的思维边界。这种开放和多元的环境为个体提供了更多创新的机会和灵感。

（七）实时反馈与改善

实时反馈与改善在网络文化中扮演着至关重要的角色。对于个体来说，能够实时获取观众的反馈和评论是一种珍贵的机会，因为这有助于他们及时发现问题和不足之处，并进行改进和调整。从专业角度来看，实时反馈与改善对于个体的创造力和表达能力的提高具有重要意义。

首先，实时反馈可以帮助个体快速了解观众的反应和期望。在过去，艺术家或创作者可能需要等待许久才能听到观众对他们作品的评价。然而，随着互联网的普及和社交媒体的兴起，个体现在可以通过即时评论、点赞和分享等方式迅速获得观众的反馈。这样的实时性使得个体能够更加敏锐地捕捉到观众的需求和偏好，进而及时调整自己的创作方向和内容，以满足观众的期待。

其次，实时反馈有助于个体发现自身存在的问题和不足之处。通过观众的评论和反馈，个体可以更客观地评估自己的作品，并发现其中的不足和改进的空间。观众的意见和建议可以为个体提供新的视角和思路，帮助他们发现自己可能忽视或未意识到的问题。这种即时的反馈可以避免个体陷入自我感觉良好的陷阱，促使他们保持谦虚和学习的态度，进一步提升自己的创造力和表达能力。

再次，实时反馈也为个体提供了改进和优化作品的机会。通过分析观众的反馈和评论，个体可以识别出作品中存在的弱点和不足，并有针对性地进行改善。他们可以根据观众的需求和期望，调整作品的结构、内容或风格，以增强其吸引力和感染力。这种不断改进和优化的过程不仅能够提高个体的作品质量，也能够加深他们对创作领域的理解和掌握，从而提升自己的创造力和表达能力。

最后，在利用实时反馈与改善的过程中，个体也需要保持一定的专业素养和判断力。观众的反馈是多样的，其中既有中肯的建议和意见，也可能存在一些主观偏见或无根据的批评。个体需要具备辨别和筛选的能力，将有价值的反馈与无意义的评论区分开来，并进行适度的回应和调整。同时，个体也需要保持自己独特的创作风格和声音，不被观众的期待和要求束缚，以保持自己的独立性和创造力。

（八）共享资源和开放创作

共享资源和开放创作的网络文化倡导了信息的自由流动和知识的广泛传播。在这种环境下，个体可以通过浏览、学习和参考其他人的作品来获取灵感和启示。

首先，共享资源和开放创作为个体提供了更多的素材和参考。互联网上存在着大量的公共资源和开放的创作作品，包括文字、图片、音频、视频等形式。个体可以从这些资源中寻找所需的素材，以此作为创作的基础和灵感的来源。同时，个体也可以参考其他人的作品，了解不同的创作风格、技巧和思维方式，从中汲取营养并丰富自己的创作。

其次，共享和开放的环境激发了个体的创造力。当个体接触到丰富的资源和作品时，他们可以通过对这些资源进行重新组合、改编和创新，产生全新的作品。这种创造性的过程不仅能够满足个体的表达欲望，还可以培养个体的创造思维和创作能力。

最后，共享资源和开放创作推动了个体创作的发展。在网络文化中，个体的作品可以迅速传播和分享，得到更多人的关注和反馈。这种反馈不仅可以帮助个体改进自己的作品，还可以激励个体继续创作并不断提高。

第四章　群众文化与消费社会

第一节　消费社会对群众文化的影响

一、消费社会的兴起与发展

（一）消费社会的定义

消费社会是指在现代工业化和市场经济条件下，消费活动成为社会生活的主要特征和动力的社会形态。在消费社会中，个体和群体通过购买商品和服务来满足物质和精神需求，并以此作为社会地位、身份认同和自我实现的手段。

（二）消费社会的兴起

消费社会的兴起与现代工业化和市场经济的发展密切相关。随着工业革命和科技进步，生产力得到了巨大提升，商品生产和流通的规模不断扩大。同时，市场经济体制的建立使得商品交换成为主要的经济活动方式。

消费社会的兴起还与人们生活水平的提高和价值观念的转变有关。随着经济的发展，人们对物质享受和个人满足感的追求逐渐增强。传统的生存需求逐渐得到满足，人们开始关注更多的是自我实现和个性表达。消费成为一种重要的方式，通过购买各种商品和服务来实现自我满足和社会认同。

（三）消费社会的发展

1.多样化的消费选择

消费社会中，市场上涌现出大量的商品和服务，个体可以根据自己的需求和偏好进行选择。从基本的生活必需品到奢侈品、文化娱乐产品，市场上几乎涵盖了各个方面的消费选择。这种多样化的选择为个体提供了更多满足需求的机会，同时也加剧了竞争和选择的压力。

2.广告与宣传的普及

在消费社会中，广告成为推动商品销售和消费的重要手段。广告通过各种媒介渠道向消费者传递信息，塑造品牌形象和消费诉求。广告的普及和影响力使得消费者在购买决策时更加受到外部信息和影响的引导。

3.购买行为的标准化

消费社会中，购买行为逐渐标准化，个体更加注重商品的品质、功能和价格等方面的评估。消费者开始倾向于追求实用性和性价比，而非仅仅追求奢侈品和名牌。标准化的购买行为使得市场竞争更加激烈，企业需要不断提升产品质量和服务水平以获取消费者的认可。

4.消费文化与身份认同

消费社会中，消费行为成为社会地位和身份认同的一种表达方式。个体通过购买特定的商品和品牌来展示自己的社会地位和经济实力。同时，消费也被视为一种享受和快乐的方式，个体将其视为提高生活质量和满足个人需求的手段。

（四）消费社会的意义

1.经济增长和就业机会

消费社会促进了商品生产和服务业的发展，带动了经济的增长。消费需求的增加刺激了企业的生产和创新，为社会创造了更多的就业机会。

2.社会发展和文化变革

消费社会催生了各种文化和艺术形式的产生和传播。广告、时尚、娱乐等消费相关的文化产业成为社会发展的重要组成部分。消费社会也在一定程度上改变了人们的生活方式和价值观念，推动了社会文化的变革。

3.个体自由和满足感

消费社会提供了更多的选择和机会，个体可以根据自己的需求和喜好进行消费。这种自由的选择权使得个体能够实现自我表达和满足感，增强了个体的自主性和幸福感。

二、消费社会对群众文化的塑造

（一）广告对群众文化的塑造

1. 产品需求塑造

广告通过各种手段向消费者灌输产品的需求，激发他们的购买欲望。广告可以通过美化产品、展示产品的功能和优势等方式，让消费者相信自己需要这些产品来提升生活质量或满足某种需求。通过广告的渲染，人们开始追求更多的物质享受，将物质消费作为实现幸福感和满足感的途径。

2. 价值观念的改变

广告不仅仅是宣传产品，还传递一种特定的价值观念和生活方式。广告通常以成功、幸福、自由等理念为核心，强调通过购买和消费来实现这些理念。这种价值观念的传递对于人们的价值观念和行为模式产生了深远的影响。人们在接收广告信息的同时，也接受了广告所传递的特定的生活观念和价值取向。

3. 审美标准的规范

广告不仅影响了人们对于产品的选择，也在一定程度上规范了人们的审美标准。广告通过塑造美丽、时尚、成功的形象，定义了什么是美，什么是时尚。人们受到广告中所呈现的美的影响，开始追求与广告所宣传的理想形象接近，以获得社会认同和满足感。这种审美标准的规范影响了人们的穿着打扮、个人形象的塑造等方面。

4. 形成集体认同和共享文化

广告不仅仅是个体消费者之间的交流媒介，也是一个塑造集体认同和共享文化的工具。广告中常常利用群体行为和情感共鸣来吸引消费者。通过展示特定的生活方式、社交圈子、文化符号等，广告在人们之间形成了一种共同的价值观念和文化认同。人们通过购买特定的产品或参与特定的消费活动，表达自己与某个群体或文化共享的身份认同。

（二）娱乐对群众文化的塑造

娱乐作为消费社会中重要的文化形态，对于群众文化的塑造起到了重要的影响。它通过各种娱乐活动满足人们对于享乐和娱乐的需求，提供了丰富多样的选择，如电影、音乐、游戏、旅游等，成为人们日常生活不可或缺的一部分。

首先，娱乐产业通过不断创新和推陈出新，塑造了群众的文化兴趣和审美观念。随着科技的发展，娱乐形式不断更新换代，从传统的电影院到在线视频平台，从传统的音乐 CD 到流媒体音乐，不断涌现出新的娱乐产品和方式。这些创新不仅丰富了人们的娱乐选择，也改变了他们对于娱乐的期待和欣赏方式。例如，随着虚拟现实技术的发展，人们可以身临其境地体验游戏或电影，这种全新的娱乐形式引发了人们对于沉浸式体验的追求。同时，娱乐产业还积极借鉴和融合不同的艺术形式和文化元素，创造出具有独特风格的作品，进一步拓宽了群众的审美领域。

其次，娱乐产业引导着人们对于娱乐产品的消费和追求。随着娱乐产业的发展，市场上涌现出了各种各样的娱乐产品，从大片电影到小众音乐，从主机游戏到手机 APP，人们可以根据自己的兴趣和喜好选择适合自己的娱乐内容。而娱乐产业的不断推陈出新和营销策略的运用，也促使人们对于新产品的关注和购买欲望。例如，电影工业通过大规模宣传和精心包装，吸引观众进入影院观看新上映的电影；游戏产业则通过游戏预告片、游戏试玩等方式激发玩家的购买兴趣。这些营销手段和策略在很大程度上影响了人们对于娱乐产品的选择和消费行为。

最后，娱乐也成为人们交流互动的重要纽带，促进了社会的融合与共享。通过共同欣赏娱乐作品，人们可以在娱乐场所或虚拟社交平台上进行交流和互动，分享彼此的喜好和感受。例如，在观看电影时，观众可以与身边的朋友或陌生人讨论剧情、演员表现等，共同分享观影体验；在玩游戏时，玩家可以组队合作或竞技对战，与其他玩家建立联系和友谊。这种交流互动不仅促进了社会的融合，也增强了人们之间的社交关系和沟通能力。

（三）时尚对群众文化的塑造

1. 个性和身份认同

时尚给人们提供了展示个性和身份认同的平台。通过选择特定的服装、配饰、发型等时尚元素，人们可以表达自己独特的个性和价值观。这种追求个性的态度在群众中形成了一种共识，推动了个性化和多样化的群众文化。

2. 社交互动

时尚成为人们之间交流和互动的话题。当某个时尚元素成为社会热点时，人们会积极讨论、分享和评论。社交媒体的普及使得人们能够更广泛地参与到时尚话题中，进而增强了群众之间的连接和互动。

3. 形象和美学

时尚对于群众文化中的审美观念和形象塑造起着重要作用。时尚界的设计师和品牌不断创新，引领着潮流的变化。这些潮流的传播和接受，影响了人们对美的理解和追求。时尚不仅仅是服装和外貌的呈现，还涉及生活方式、文化品味等方面，进而影响了群众文化的形成和发展。

4. 消费行为

时尚的推动促使人们进行消费，购买时尚产品和服务。这种消费行为不仅满足了个人对时尚的追求，也推动了经济的发展。时尚产业的兴起带动了相关产业链的发展，从设计师、制造商到零售商等各个环节都受益于时尚的影响。

（四）消费主义对群众文化的塑造

1. 物质至上

消费主义强调物质财富和物质享受的重要性，将拥有更多的物质财富作为衡量幸福和成功的标准。这种价值观念的改变影响了人们的生活方式和消费行为，追求奢侈品、时尚潮流和高端消费成为一种社会追求。

2. 广告和营销

消费主义社会中广告和营销手段的普及，使得人们不断接收到关于购买和消费的信息。广告通过创造各种诱人的形象和承诺，引导人们进行消费，并给人们灌输特定的价值观念和生活方式。这些广告和营销手段对群众文化的形成和塑造起到了重要的作用。

3. 社会关系重构

消费主义强调个体利益和个人欲望的满足，导致人们更加注重自我价值的实现和个人利益的追求。这种价值观念的改变对传统的家庭观念、友情关系和社交互动产生了一定冲击。人们更加注重物质条件和社会地位，而忽视了传统的情感纽带和社会责任。

4. 负债和压力

消费主义追求物质享受和满足个人欲望，导致人们更容易陷入过度消费和负债的困境。为了追求时尚和潮流，人们不惜借贷或超出自身经济能力进行消费。这种过度消费带来的负债和经济压力对个人和家庭产生了一定的影响，并间接影响了群众文化的形成和发展。

三、消费社会对群众文化的影响机制

（一）广告和营销

广告和营销手段在消费社会中扮演着重要角色。通过各种媒体渠道，如电视、广播、互联网等，广告不断向人们灌输特定的消费理念和价值观念。它们通过创造吸引人的形象和情感诱惑，激发人们的欲望，引导人们进行购买和消费行为。广告的普及使得特定品牌、产品和服务成为社会热点和追求的对象，从而对群众文化产生影响。

广告的功能之一是传达信息。通过广告，企业能够向潜在消费者传递关于产品或服务的信息，包括特点、优势、使用方法等。广告可以帮助消费者了解市场上的各种选择，使其更容易做出购买决策。

同时，广告还能够建立品牌形象。通过广告宣传，企业可以树立自己的品牌形象，塑造品牌的价值观和个性特征。一个成功的品牌形象可以增加消费者对产品或服务的信任和认可度，从而提升销售和市场份额。

广告还能够影响消费者的购买行为。广告常常利用各种手法和技巧来激发消费者的欲望，引导他们进行购买和消费。通过创造吸引人的形象、使用名人代言、制造紧迫感等方式，广告能够在消费者心中建立起对产品或服务的需求和渴望，促使他们采取行动。

但是，广告也存在一些负面影响。首先，过度的广告会导致信息过载，让消费者难以分辨真实与虚假，甚至产生消费疲劳。其次，某些广告可能会误导消费者，夸大产品或服务的效果，导致消费者产生不必要的期望并浪费金钱。此外，广告还可能通过塑造消费文化和价值观念，对社会产生一定的影响，包括消费主义的加剧和资源浪费等问题。

因此，在广告和营销领域，需要加强监管和自律，确保广告内容真实可信，避免误导消费者。同时，消费者也应该增强自我意识，提高对广告的辨别能力，理性对待广告的诱惑，从而做出明智的消费决策。

（二）社交媒体的兴起

社交媒体的兴起已经改变了信息传播和社交互动的方式。人们通过社交媒体平台分享他们的购物经历、时尚搭配和消费体验，与其他用户进行交流和互动。这种在社交媒体上的信息传播和互动强化了消费主义思潮的传播，并推动了时尚潮流和消费行为的扩散。同时，社交媒体也成为人们获取时尚资讯和灵感的重要来源，进一步塑造了群众文化中的时尚追求和消费观念。

社交媒体的兴起给品牌和企业提供了更广阔的宣传和推广平台。通过社交媒体，品牌可以与消费者直接互动，建立更紧密的联系。品牌可以通过发布有吸引力的内容和活动来吸引粉丝和关注者，增加品牌曝光度和知名度。此外，社交媒体还提供了用户生成内容（UGC）的机会，消费者可以分享他们对产品或服务的评价和体验，进一步增加品牌的口碑和信任度。

社交媒体的普及也影响着时尚潮流和消费行为的扩散。通过社交媒体平台，时尚爱好者和潮流先锋可以分享自己的时尚穿搭、美妆技巧等内容，引领时尚风向并影响他人。这种快速传播和扩散的特点使得时尚潮流更加迅速地被采纳和模仿，推动了消费行为的变化和购买决策的形成。

然而，社交媒体也存在一些问题和挑战。首先，虚假信息和不实宣传可能在社交媒体上迅速传播，误导消费者或对品牌形象造成负面影响。其次，社交媒体上的信息过载和负面评论可能会导致消费者产生困惑和疑虑，影响其购买决策。此外，过度依赖社交媒体的消费者可能受到时尚潮流的束缚，盲目跟风消费，导致不必要的浪费和压力。

在社交媒体的兴起中，品牌和企业需要认识到其重要性，并制定相应的营销战略。在利用社交媒体进行宣传和推广时，品牌应该保持真实和透明，提供有价值的内容和体验，与消费者进行积极互动。同时，消费者也应该保持理性和警惕，增强对社交媒体信息的辨别能力，不盲目跟风，从而做出明智的消费决策。

（三）群体效应和社会认同

在消费社会中，人们经常通过购买和消费特定品牌、产品和服务来展示自己的身份认同和群体归属感。这种消费行为与特定的群体或社会阶层联系在一起，成为社会认同的象征。人们希望通过消费来表达自己的个性和价值观念，并与他人建立共同话题和互动。这种群体效应和社会认同的影响使得特定品牌和潮流成为社会追求的对象，从而塑造了群众文化中的消费观念和行为模式。

群体效应指的是人们在进行消费决策时受到他人行为和态度的影响。当一个特定的品牌或产品被大量人群接受和认同时，其他人也会受到这种认同的影响，倾向于选择相同的品牌或产品，以便获得社会认同和归属感。这种群体效应在社交媒体和网络社区上尤为明显，人们通过分享自己的购物经历和使用体验，进一步加强了特定品牌和潮流的传播和影响力。

社会认同则是指个人对自己所属社会群体的认同感和归属感。人们常常通过消费特定品牌或参与特定潮流来表达自己的身份认同，以此与特定群体建立联系和互动。例如，年轻人可能会选择购买时尚潮流的服装和配饰，以展示自己的年轻活力和时尚品味，而运动爱好者可能会购买与运动相关的产品，以显示自己对健康和运动的关注。这种社会认同通过消费行为来实现，进一步强化了特定品牌和潮流在社会中的地位和影响力。

然而，群体效应和社会认同也存在一些负面影响。首先，过度追求特定品牌和潮流可能导致盲目消费和不必要的浪费。人们可能受到社交媒体上的塑造和宣传影响，盲目追随潮流，购买并不真正符合自己需求的产品。其次，社会认同和群体效应可能导致人们陷入攀比和竞争之中，产生不必要的压力和焦虑。如果人们不能跟随特定的潮流或品牌，他们可能会感到被排斥或边缘化。

因此，在面对群体效应和社会认同的影响时，人们需要保持理性和独立思考。消费者应该意识到自己的真实需求，并根据个人价值观和经济能力做出消费决策。品牌和企业也应该注重产品质量和服务体验，以满足消费者的真实需求，而不仅仅迎合社会认同的需求。同时，社会也需要加强对消费行为的引导和教育，促进理性消费和可持续发展。

（四）心理需求的满足

消费社会强调物质享受和个人满足感的追求，满足了人们内在的心理需求。人们渴望通过购买和消费来获得幸福感、满足感和自我实现感。消费行为被视为实现个体欲望和个人成就的途径，从而形成了一种消费主义的心态。这种心理需求的满足机制在群众文化中产生了影响，推动了时尚追求和消费观念的形成。

消费行为与人们的心理需求密切相关。首先，购买和拥有特定品牌或产品可以给人们带来幸福感和满足感。人们往往将物质财富与幸福联系在一起，认为通过购买和消费能够提升自己的生活品质和快乐感。其次，购买和消费也被视为一种自我实现的方式。人们通过购买和使用特定的品牌或产品来表达自己的个性和身份认同，展示自己的成功和成就。这种自我实现感可以增强个体的自信和满足感。

消费主义的心态在群众文化中产生了深远的影响。消费主义倡导追求物质享受和个人满足感，将消费行为视为实现个体欲望和成就的重要手段。这种心态在媒体、广告和社交媒体等渠道中被广泛宣传和强化，进一步加深了人们对消费的追求和价值观念。时尚追求和消费观念也因此得以形成，特定品牌和潮流成为社会追求的对象。

然而，消费主义的心态也存在一些问题和挑战。首先，过度追求物质享受和个人满足感可能导致不必要的浪费和资源消耗。人们可能陷入无止境的消费循环中，为了追求新奇和满足感而频繁购买和丢弃产品。其次，过度依赖消费满足可能忽视了其他重要的生活价值，如人际关系、健康和精神成长。最后，消费主义的心态可能导致人们过度追求外在的物质成就，而忽略内心的情感需求和精神层面的满足。

在面对消费主义的心态时，人们需要保持理性和平衡。消费者应该意识到物质消费不能完全满足内心的需求，同时也要关注其他重要的生活价值。品牌和企业也需要注重产品的品质和体验，为消费者提供更有价值的选择。同时，社会也应该加强对消费观念的引导和教育，倡导可持续发展和理性消费的理念。

（五）媒体和名人效应

媒体对时尚潮流和消费行为的报道和宣传对群众文化产生了重要影响。名人、明星和社会偶像的选择和使用特定品牌、产品和服务往往成为社会瞩目的焦点。他们通过自身的形象和影响力，引导和影响着人们的消费决策和购买行为。媒体的报道和名人效应使得特定品牌和潮流受到广泛关注和追捧，进而塑造了群众文化中的消费观念和行为模式。

媒体在时尚潮流和消费领域中扮演着重要角色。电视、杂志、网络等媒体渠道通过报道和宣传，引领和推动着时尚潮流的发展。媒体向公众展示最新的时尚趋势、设计师作品和品牌推出的新产品，从而刺激消费者的购买欲望。媒体的报道和评论影响着人们对时尚的认知和理解，塑造了时尚的定义和标准。

名人效应也是影响消费行为的重要因素。名人、明星和社会偶像往往具有广泛的影响力和粉丝基础。他们通过自身的形象和风格，成为时尚潮流的引领者和榜样。当名人选择和使用特定品牌、产品和服务时，这些品牌往往会受到广泛关注和追捧。名人的影响力和号召力可以促使粉丝和消费者模仿其消费行为，以求获得与名人相似的形象和认同感。

媒体的报道和名人效应在塑造群众文化中的消费观念和行为模式方面起到了重要作用。消费者常常会受到媒体报道和名人的选择影响，认为特定品牌或产品具有更高的品质和价值。他们可能会追逐时下热门的品牌和潮流，以期望获得社会认同和归属感。这种追逐和模仿的行为进一步加强了特定品牌和潮流在社会中的地位和影响力。

然而，媒体和名人效应也存在一些问题和挑战。首先，过度依赖媒体报道和名人的选择可能导致盲目跟风和消费冲动。消费者可能会忽视自身需求和偏好，盲目追求所谓的时尚潮流，导致不必要的浪费和后悔。其次，媒体和名人效应可能造成消费者对品牌和产品的过度依赖，忽视其他重要的因素，如品质、价格和个人需求。

第二节　广告与商品文化在群众文化中的角色

一、广告的定义与功能

（一）广告的定义

广告是一种通过各种媒体渠道传播的有偿信息，旨在促使目标受众采取特定的行动或改变其态度和行为。广告通常由品牌、企业或组织制作和发布，以推广产品、服务或理念，并达到营销和宣传的目的。广告可以通过文字、图片、音频和视频等形式呈现，利用各种创意手法和情感诱导来吸引受众的注意力和兴趣。其目的是在竞争激烈的市场中提高品牌知名度、促进销售和建立消费者对品牌的信任和认可度。

（二）广告的功能

1. 传达信息

广告是企业向潜在消费者传递关于产品或服务的信息的重要手段。通过广告，企业可以介绍产品的特点、优势、使用方法等相关信息，帮助消费者了解市场上的各种选择，使其更容易做出购买决策。

2. 建立品牌形象

广告是塑造和树立品牌形象的重要工具。通过广告宣传，企业可以展示品牌的价值观、个性特征以及与消费者之间的情感连接。一个成功的品牌形象可以增加消费者对产品或服务的信任和认可度，从而提升销售和市场份额。

3. 激发欲望

广告常常利用创意手法、情感诱导等方式来激发消费者的欲望，引起他们对产品或服务的兴趣和渴望。通过创造吸引人的形象、制造紧迫感或满足特定需求等手段，广告能够在消费者心中建立起对产品或服务的需求和渴望，促使他们采取行动。

4. 引导消费行为

广告不仅可以引起消费者的兴趣和欲望，还可以引导他们进行具体的购买和消费行为。通过提供购买渠道、促销活动或优惠条件等手段，广告能够直接或间接地推动消费者转化为实际的购买者。

5. 影响消费文化

广告通过塑造和影响消费文化，对社会产生一定的影响。广告常常将特定品牌、产品或服务与某种生活方式、价值观念等联系起来，从而在社会中形成热点和追求的对象。广告的普及使得消费成为社会文化中的重要组成部分，塑造了人们对待消费的态度和观念。

二、商品文化的特点与作用

（一）商品文化的特点

1. 物质性

商品文化的核心是物质产品和服务。商品作为满足人们需求和欲望的具体物质形式，通过交换和购买来实现价值的传递。商品文化强调物质享受和物质追求，将商品作为个人和社会认同的象征。

2. 多样性

商品文化涵盖了各个领域和行业，涉及不同类型的产品和服务。从日常生活用品到奢侈品、从实用工具到艺术品，商品文化包含了丰富多样的商品形态和消费选择。这种多样性反映了不同人群的需求和偏好，也促进了市场的竞争和创新。

3. 品牌意识

商品文化强调品牌的重要性。品牌是企业或产品在市场上的标识和区别，通过塑造独特的品牌形象和价值观念，企业可以在激烈的市场竞争中脱颖而出。品牌在商品文化中成为消费者认可和信任的象征，影响消费者的购买决策和消费行为。

4. 消费主义

商品文化强调消费的重要性和积极价值。消费被视为实现个体欲望和个人成就的途径，通过购买和消费特定品牌、产品和服务来获得幸福感、满足感和自我实现感。这种消费主义的心态在商品文化中推动着时尚追求和消费观念的形成。

5. 影响力

商品文化对社会和个体产生广泛的影响。它通过塑造消费文化和价值观念，引导人们对商品的需求和购买行为。同时，商品文化也受到媒体、广告和社交媒体等渠道的影响和宣传，进一步加强了对商品的关注和追捧。

（二）商品文化的作用

1. 经济推动

商品文化是市场经济的基础和动力之一。通过商品的生产、销售和消费，商品文化促进了产业的发展和经济的繁荣。企业通过满足人们的需求和欲望，生产并提供具有市场竞争力的产品和服务，推动了资源配置和经济增长。

2. 消费引导

商品文化对消费者的购买决策和消费行为具有引导作用。商品文化通过品牌塑造、宣传推广等手段，引起消费者的兴趣和渴望，激发其购买欲望，并指导其选择特定的品牌、产品和服务。商品文化塑造了消费者对商品的需求和价值观念，促使消费者进行相应的购买和消费活动。

3. 社会认同

商品文化成为人们身份认同和社会归属感的表达方式之一。通过选择和使用特定品牌、产品和服务，人们表达自己的个性、身份和所属群体，与其他人建立共同话题和互动。商品文化通过塑造消费者对特定品牌或潮流的认同，形成了社会认同的象征。

4. 文化交流

商品文化在全球化背景下推动了文化的交流与融合。不同国家和地区的商品在市场上相互竞争和影响，促进了文化的交流和传播。商品文化不仅传递着产品本身的文化内涵和价值观念，也传播着生产地区的文化元素和民族特色。

5. 创意与创新

商品文化鼓励创意和创新，推动了科技进步和产品发展。企业为了在市场上取得竞争优势，不断追求创新和改进，提供更具吸引力和独特性的产品和服务。商品文化推动了设计、科技和制造等领域的创新活动，促进了经济的增长和社会的进步。

6. 市场竞争

商品文化带来了激烈的市场竞争。企业通过品牌营销、宣传推广和产品差异化等策略，争夺消费者的关注和购买行为。这种竞争驱动了企业不断提升产品质量和服务水平，刺激了市场的竞争活力和消费者的选择权。

三、广告与商品文化在群众文化中的角色与影响

（一）广告与商品文化在群众文化中的角色

首先，广告是商业推广的主要手段之一。通过广告，企业可以向消费者宣传产品或服务的特点、优势和价值，促使消费者产生购买意愿。广告通过各种媒介（如电视、网络、报纸等）广泛传播，将商品信息传递给大众，扩大商品的知名度和影响力，从而推动商品的销售和市场竞争。

其次，广告与商品文化相互交织，共同塑造了人们的消费观念和消费行为。广告通过创造品牌形象、营造情感共鸣以及传达特定的价值观，为商品赋予了更多的文化内涵和符号意义。人们通过广告认识到不同商品所代表的生活方式、社会地位和价值观，从而在购买决策中受到广告的引导和影响。

最后，广告还促进了商品文化的创新和发展。广告作为一种创意性的传播形式，通过独特的故事情节、艺术表现和视觉效果来吸引消费者的注意力。广告刺激了企业在产品设计、包装和营销策略上的创新，推动了商品文化的多样性和时尚变迁。

广告与商品文化在群众文化中的角色还体现在以下几个方面。

1. 形塑审美观念

广告通过艺术化的表现形式和视觉效果，引导人们对美的认知和追求。广告中的形象、音乐、颜色等元素影响着人们对美的定义，进而影响他们对商品的选择和购买行为。

2. 传递社会价值观

广告不仅宣传商品本身，还传递和强调特定的社会价值观。广告通过情感共鸣、文化符号等手段，将商品与特定的社会观念和价值联系起来，影响人们对商品的认知和态度。

3. 拓展消费需求

广告通过创造消费场景和满足消费欲望，激发人们的购买欲望，并扩大了消费市场。广告通过各种手法，使人们对商品产生兴趣和渴望，从而刺激消费需求的增长。

4. 促进经济发展

广告作为商业活动的一部分，推动了经济的发展和就业机会的增加。广告业的发展带动了媒体、创意产业等相关行业的繁荣，为社会经济做出了积极贡献。

（二）广告与商品文化对群众文化的影响

1. 消费观念和价值取向

广告对消费观念和价值取向的影响是深远的。通过广告，特定的消费观念和价值观被传递给公众，从而塑造了人们对消费的认知和态度。广告经常呈现一种理想化的生活方式、社会地位和美好愿景，激发人们对这些价值的追求，并将其与特定产品或品牌联系起来。

广告在塑造群众文化方面扮演着重要角色。通过大规模传播特定的消费模式和价值观，广告可以将其宣传为主流，影响人们对商品的选择和消费行为。例如，某些广告可能强调名牌产品的奢华和高品质，以此引导人们将这些产品与社会地位和成功相联系。这种塑造过程可能导致人们形成特定的消费习惯和购买决策，从而对市场产生持续的影响。

然而，需要注意的是，广告并非完全决定了个体的消费观念和价值取向。人们受教育程度、文化背景、社交环境等因素也会对其消费观念产生影响。此外，个体的消费行为还受到经济状况、个人偏好和需求等多种因素的综合影响。因此，虽然广告对消费观念和价值取向有一定的影响力，但并不是唯一的决定因素。

2. 形塑品牌形象和文化符号

广告在形塑品牌形象和文化符号方面发挥着重要作用。通过创意性的表达和情感共鸣，广告能够给产品和品牌赋予独特的形象和个性。广告语言、视觉元素和故事情节等方面的精心设计，使得商品与某种文化符号或特定的生活方式联系在一起。

广告通过运用不同的符号、象征和隐喻，将产品与消费者的情感连接起来。

例如，某些广告可能使用具有象征意义的图像、音乐和配乐，以传递特定的价值观和情感体验。这种塑造过程使得产品不仅仅是一个物质实体，而且是具有更多的情感内涵和文化意义。人们在购买产品时，会因为对品牌形象和文化符号的认同而产生情感上的共鸣，并将其作为购买决策的重要因素之一。

品牌形象和文化符号的形塑也可以帮助企业建立独特的市场竞争优势。当消费者与某个品牌的形象和文化符号产生共鸣时，他们更容易对该品牌产生忠诚度，并愿意与之建立长期的关系。这种情感上的连接可以帮助企业在竞争激烈的市场中脱颖而出，吸引更多的消费者和忠实客户。

需要注意的是，品牌形象和文化符号的塑造是一个长期的过程，需要企业持续地进行管理和传达。广告只是品牌建设的一部分，还需要通过产品质量、服务体验和企业行为等方面来支持和强化品牌形象和文化符号的表达。

3. 多样性和创新性的推动

广告在推动多样性和创新性方面扮演着重要的角色。广告为创意产业和设计领域提供了丰富的素材和话题，激发了创造力和创新的发展。广告的创意表现和营销策略不断推动企业在产品设计、包装和营销方面的创新。

通过广告，企业可以呈现独特的品牌形象和故事，吸引消费者的注意力并激发他们的兴趣。这种创意的表现方式激发了企业在产品设计和创新方面的努力。企业为了与竞争对手区分开来，需要不断推陈出新，提供具有差异化和创新性的产品和服务。广告通过创意的传达方式和营销策略，推动了企业在商品文化中的创新发展。

广告也促进了商品文化的多样性和时尚变迁。通过广告，不同类型的产品得到了宣传和推广，从而满足了消费者不同的需求和偏好。广告还可以引领时尚潮流，将新的理念和趋势带入市场。例如，一些广告可能展示新兴的生活方式、审美观念和消费模式，从而引导人们对新的产品和文化符号的追求。

广告推动多样性和创新性的同时，也存在一定的商业利益和市场趋势的影响。广告行业往往会倾向于宣传热门的产品和概念，而忽视一些边缘或非主流的创意和设计。因此，在广告中推动多样性和创新性的发展时，需要平衡商业需求和社会文化的多样性，以确保广告行业的可持续发展和文化创新的繁荣。

4. 社会经济发展的推动

广告对社会经济发展的推动作用不可忽视。首先，广告业的繁荣带动了媒体产业、创意产业等相关行业的发展。广告需要在各种媒体平台上进行宣传和传播，如电视、广播、互联网等，这促使了媒体产业的兴起和发展。同时，广告的创意表现也激发了设计、摄影、音乐等创意产业的繁荣，为经济增长和就业机会的增加做出了贡献。

其次，广告为企业提供了更大的市场曝光度和竞争优势。通过广告，企业能够将产品或服务推广给更多的消费者，增加品牌知名度和市场份额。广告通过精心设计的营销策略，引导消费者对特定品牌的认知和态度，从而增加消费者对该品牌的选择和购买意愿。这进一步推动了商品的销售和市场竞争，为企业创造了商业机会和利润。

除此之外，广告还可以促进信息流通和市场效率的提高。广告向消费者传递产品信息、功能特点和价格等关键信息，帮助他们做出明智的购买决策。同时，广告也促进了市场的竞争和透明度，鼓励企业提供更好的产品质量和服务，以满足消费者的需求和期望。

广告在推动社会经济发展的同时，也需要遵守相应的法律、道德和社会责任。广告不应误导消费者或违背公共利益，应当积极倡导合理消费和可持续发展的理念。只有在合规的前提下，广告才能更好地发挥其促进社会经济发展的积极作用。

第三节　群众文化中的消费行为和价值观念

一、群众文化中的消费行为

（一）群众文化中消费行为的特点

1.多样性和个性化

群众文化中的消费行为呈现出多样性和个性化的特点。随着社会的进步和信息技术的发展，人们对于文化产品和服务的需求变得更加多样化，消费者可以根据自己的兴趣和喜好选择适合自己的消费品。同时，个性化消费也成为一种趋势，人们更加注重通过消费来展示自己的独特个性和品位。

2.参与性和互动性

群众文化中的消费行为具有很强的参与性和互动性。传统的文化消费往往是被动的，人们只是接受和欣赏文化产品或服务。而在群众文化中，消费者不仅可以成为文化产品的观众或听众，还可以通过参与活动、互动交流来主动参与其中，使消费行为更具有参与性和互动性。

3.社交性和社区感

群众文化中的消费行为具有明显的社交性和社区感。人们常常通过参加文化活动或购买特定的文化产品来满足社交需求，并通过与他人分享和交流来建立社区感。例如，音乐会、展览会等文化活动不仅是一种艺术享受，也是人们相互交流和社交的场所。

（二）群众文化中消费行为的影响因素

群众文化中的消费行为受到多个因素的影响，包括个体因素、社会因素和文化因素。

1.个体因素

个体因素包括个人的经济状况、教育水平、兴趣爱好等。消费者的经济状况直接影响其能够承担的消费水平和消费选择。教育水平和兴趣爱好则决定了消费者对于文化产品和服务的需求和偏好。

2. 社会因素

社会因素包括社会文化环境、社会价值观念、社交网络等。社会文化环境的变化会影响人们对于文化产品和服务的需求和评价标准。社会价值观念的变化也会对消费行为产生影响，例如，人们对于环保、可持续发展的关注程度逐渐提高，对于绿色产品和服务的需求逐渐增加。

3. 文化因素

文化因素包括文化传统、文化产业发展等。文化传统对于消费行为有着深远的影响，不同地区、不同民族的文化传统会导致其对于文化产品和服务的需求和偏好存在差异。文化产业的发展也会带动消费行为的变化，例如，电影、音乐、图书等文化产业的兴起推动了相关消费品的需求增长。

二、群众文化中的消费价值观念

群众文化中的消费价值观念是指在大众社会中形成的，影响人们对消费行为和消费方式的认知、态度和行为准则。随着经济的发展和社会变革，消费已经成为人们日常生活的重要组成部分，消费价值观念在群众文化中具有重要意义。

首先，群众文化中的消费价值观念与个体生活质量密切相关。在现代社会中，人们普遍追求物质享受和生活品质的提升，消费成为满足这些需求的主要手段之一。群众文化中的消费价值观念强调个体对于商品和服务的需求满足程度，注重个体的生活质量和幸福感。人们通过消费来获取实际利益和愉悦感，不仅关注商品的性能和品质，还注重购买过程中的体验和服务质量。

其次，群众文化中的消费价值观念与社会地位和身份认同相关。在社会交往中，人们通过消费来表达自己的身份认同和社会地位。群众文化中的消费价值观念强调消费品的象征意义和社会价值，人们借助消费来展示自己的经济实力和生活方式。比如，购买奢侈品、参与高端旅游等消费行为，被视为社会地位和身份认同的象征。

再次，群众文化中的消费价值观念与环保和可持续发展相关。随着环境问题日益凸显，人们对于消费的责任感和环保意识逐渐增强。群众文化中的消费价值观念强调可持续性消费和环境友好型产品的选择。人们更加注重商品的环保性能、生产过程的可持续性和企业的社会责任，在购买决策中考虑到环境和社会效益。

最后，群众文化中的消费价值观念与文化传承和创新相关。消费不仅是满足物质需求的手段，也是文化传承和创新的重要途径。群众文化中的消费价值观念注重对传统文化的保护和推广，鼓励人们通过消费来支持本土产业和文化产品。同时，也鼓励人们在消费中追求个性化和创新，促进文化产业的繁荣和发展。

三、群众文化中的消费行为与价值观念的关系

群众文化中的消费行为与价值观念之间存在密切的关系。消费行为是人们在满足生活需求和追求个体利益的过程中所采取的行动，而价值观念则是指人们对于事物的认知、态度和行为准则。下面将从几个方面探讨群众文化中的消费行为与价值观念的关系。

首先，消费行为是价值观念的体现。人们的消费行为往往受到自身的价值观念的引导和决策。比如，一个注重环保和可持续发展的人，在购买商品时会更倾向于选择环保产品，而一个追求时尚和品牌的人，则更容易选择高端奢侈品。消费行为反映了个体对于不同价值观念的偏好和认同，是价值观念在实际生活中的具体表现。

其次，消费行为会影响和塑造价值观念。消费行为不仅是被价值观念引导的结果，也可以通过消费行为来改变和塑造个体的价值观念。当人们通过购买某种产品或参与某种消费方式时，他们往往会从中获得满足感和认同感，进而形成对这种产品或方式的积极评价和偏好。消费行为可以改变个体对于事物的看法和态度，进而影响其价值观念的形成和变化。

再次，群众文化中的消费行为与社会价值观念相互作用。消费行为不仅受到个体的价值观念的影响，也会受到社会价值观念的制约和引导。社会价值观念是指在一定历史时期和特定社会背景下，被社会大众普遍接受和认同的观念和准则。在群众文化中，社会价值观念对于消费行为有着重要的引导作用。比如，在某些社会中，崇尚节俭和勤劳的价值观念会导致人们在消费过程中更加注重实用性和经济性，而在另一些社会中，追求享乐和个性化的价值观念则会促使人们更倾向于追求奢侈品和个性化的消费方式。

最后，消费行为和价值观念之间存在相互影响和动态变化的关系。消费行为的变化往往会引起个体价值观念的调整和变化，而个体的价值观念也会反过来影响其消费行为。随着经济、科技和社会环境的变化，人们的消费行为和价值观念也在不断演变和调整。比如，在数字化时代的到来，人们对于互联网购物和线上消费方式的认同和接受程度逐渐增加，这种变化也反映了人们对于便捷性和个性化消费的新价值观念。

四、群众文化中消费行为的未来发展趋势

（一）个性化消费的兴起

随着科技的进步和数据的普及，人们对于个性化的需求日益增长。未来，群众文化中的消费行为将更加注重个体的需求和偏好，消费者将更加关注产品的个性化定制和个性化服务。例如，消费者可以通过 3D 打印技术定制自己喜欢的产品，或者通过大数据分析得出个性化的购物推荐。

（二）绿色消费的普及

随着人们环保意识的提高，绿色消费已经成为一种趋势。未来，群众文化中的消费行为将更加注重环境友好型产品和可持续发展。消费者将更加倾向于购买绿色产品，例如有机食品、环保家电等。同时，企业也将更加注重环保生产和可持续发展，以满足消费者的需求。

（三）共享经济的发展

共享经济是指通过互联网和移动互联网技术，将闲置资源和服务进行共享的经济模式。未来，共享经济将在群众文化中的消费行为中发挥更大的作用。例如，人们可以通过共享平台租赁汽车、房屋等物品，或者共享办公空间等服务。共享经济的发展将使得消费者能够更加灵活地利用资源，并实现资源的最大化利用。

（四）线上线下融合

随着电子商务的兴起，线上购物已经成为一种常见的消费方式。未来，线上线下融合将成为群众文化中的消费趋势。消费者可以通过线上平台了解产品信息和价格，然后选择线下实体店进行试穿或体验，最终完成购买。同时，线下实体店也可以通过线上渠道进行销售和宣传。线上线下融合将为消费者提供更加便捷

和多样化的购物体验。

（五）智能科技的应用

随着人工智能和物联网技术的发展，智能科技将在群众文化中的消费行为中发挥重要作用。未来，消费者可以通过智能设备和智能家居系统实现智能化的购物体验，例如语音识别下单、智能推荐等。同时，企业也可以通过大数据分析和人工智能技术了解消费者的需求，并提供个性化的服务。

第五章　群众文化与社会变迁

第一节　社会变迁对群众文化的影响和反映

一、社会变迁对群众文化的影响

（一）经济发展带来的生活方式变化对群众文化的塑造

1. 资本主义经济模式下的市场导向

在资本主义经济模式下的市场导向中，市场经济的兴起确实促使了商品文化的普及和流行。在这种经济模式下，人们被鼓励通过购买和消费来满足物质需求和追求享乐。

市场导向的生活方式对群众文化的内容和形式提出了新的需求。随着市场的发展，媒体、广告和营销行业不断涌现，它们通过塑造和推广各种消费品和服务，引导人们追求更多的物质享受和个人满足。因此，消费品的种类和多样性得到了扩展，从基本的日常用品到奢侈品，市场上涌现了大量丰富多样的选择。

此外，市场导向也影响了群众文化的形式。为了吸引消费者并满足他们的需求，传统的文化表达形式逐渐向商业化倾斜。例如，音乐、电影、电视节目等娱乐产品开始更加注重商业价值和市场潜力，推出更多符合市场口味的作品。同时，社交媒体的兴起也为个人和群体创造了更多展示自我和追求个性化的平台。

2. 城市化进程对生活方式的改变

（1）都市流行文化

城市化使得不同地区和文化背景的人们聚集在城市中，形成了多元化的社会结构。这种多样性促进了都市流行文化的形成，包括音乐、时尚、艺术等方面的创新和流行。城市中的娱乐场所、购物中心、艺术展览等也成为推动都市流行文化发展的重要场所。

（2）娱乐休闲方式的多样化

城市化使得人们的生活更加便利和丰富多样。城市中有各种各样的娱乐设施和休闲场所，如电影院、剧院、运动场馆、公园等，提供了更多的选择和机会来满足人们的娱乐需求。此外，城市也为各种社交活动和文化交流提供了更广阔的平台。

（3）工作生活节奏的改变

城市化带来了更加繁忙和紧张的工作生活节奏。城市中的经济活动更加发达，人们在追求事业成功和个人发展的同时，也面临着更多的竞争和压力。这导致了人们的工作时间增加、休闲时间减少，以及对便利性和效率性的更高要求。

（4）社交关系的变化

城市化使得人们的社交方式发生了变化。传统的社区联系逐渐减弱，而城市中的社交网络和虚拟社交媒体成为人们交流和建立社交关系的重要手段。同时，城市中不同文化背景和兴趣爱好的人们相互交流和碰撞，促进了社会多元化和文化交流。

3. 教育水平的提高

教育水平的提高对群众文化产生了重要影响。随着教育的普及和知识水平的提升，人们的思维方式、审美能力和文化素养得到了显著改善，从而对文化的需求也更加多样化和个性化。

首先，教育的普及使得更多人能够接受系统化的知识培训，掌握各种学科的基本知识和技能。这使得人们对文化的理解和欣赏能力得到提升，更加能够欣赏高质量的文艺作品，如文学、音乐、绘画等。同时，教育也为人们提供了更多参与文化活动的机会，如参加艺术展览、音乐会、戏剧表演等，进一步丰富了群众文化的内容和形式。

其次，教育的提高推动了群众文化的创作和传播。通过教育，人们获得了更多的知识和技能，有更多的机会去参与文化创作。例如，受过教育的人可能更容易写作、拍摄、编曲等，他们可以将自己的想法和创意以各种形式呈现给大众。此外，教育也培养了人们的媒体素养，使他们更加能够理解和评价媒体传播的内容和方式，从而更好地参与和影响群众文化的形成。

最后，教育水平的提高还促使了群众文化呈现出更加多元的面貌。随着人们知识水平的提升，他们对不同文化领域的需求也变得更加多样化和个性化。这推动了各种不同类型、不同风格的文化产品的涌现，满足了不同人群的文化需求。例如，电影、音乐、艺术等领域出现了更多具有独特风格和创新思维的作品，为人们提供了更多选择和享受的机会。

（二）科技进步对群众文化的传播和表达方式的影响

1. 互联网和社交媒体的兴起

互联网和社交媒体的兴起对信息传播方式产生了深远影响。随着互联网技术的普及，人们可以通过网络平台自由地获取和分享各种文化内容，这为群众文化的传播提供了更广阔的空间。下面将从以下几个方面来探讨互联网和社交媒体对信息传播的改变。

首先，互联网的普及使得信息传播更加便捷快速。过去，人们获取信息主要依赖于传统媒体，如电视、报纸、杂志等。而互联网的出现打破了传统媒体的垄断地位，使得信息获取更加自由和多样化。人们可以通过搜索引擎、新闻网站、博客等渠道获取到各种信息，并且可以即时更新和传播。互联网的普及使得信息传播的速度大大加快，人们可以在第一时间了解到最新的新闻事件、科技进展、文化动态等。

其次，社交媒体的兴起改变了人们的信息获取和分享方式。社交媒体平台如微博、微信、Facebook、Instagram 等成为人们分享生活、交流观点的重要渠道。通过社交媒体，人们可以发布自己的观点、分享自己的生活照片、文章等。这为普通民众提供了一个平台，让他们有机会参与到信息传播的过程中来。此外，社交媒体也成为新闻传播的重要渠道之一。越来越多的新闻机构在社交媒体上设立账号，通过发布新闻、推送资讯来吸引用户关注和传播。

最后，互联网和社交媒体的兴起也给群众文化的传播带来了新的机遇和挑战。传统的文化传播主要依靠传统媒体和线下活动，而互联网的出现使得文化传播不再受地域和时间的限制。人们可以通过网络平台随时随地接触到各种文化内容，无论是音乐、电影、艺术还是文学等。同时，互联网也为普通人创作和分享自己的文化作品提供了平台。很多人可以通过个人博客、视频网站、社交媒体等渠道展示自己的才华和创造力。

然而，互联网和社交媒体的兴起也带来了一些问题和挑战。首先是信息真实性的问题。互联网上的信息繁杂且来源复杂，很多信息缺乏可靠性和准确性。人们在获取和传播信息时需要具备辨别真伪的能力，以免受到虚假信息的误导。其次是信息过载的问题。互联网上的信息量庞大，人们需要花费大量时间和精力去筛选和消化信息。信息过载可能会导致人们对信息的忽视或者混淆，影响信息传播的效果。

2. 数字化媒体的发展

数字化媒体的发展已经在过去几十年中引起了巨大的变革，使得群众文化的表达方式更加多样化和创新化。随着技术的不断进步和互联网的普及，音乐、电影、游戏等文化产品的数字化制作和传播成为可能，这为群众提供了更方便的参与到文化创作和消费中的机会。

数字化媒体的出现使得音乐产业经历了翻天覆地的改变。过去，音乐需要通过实体介质（如唱片、磁带）进行制作和传播，而现在，数字化技术使得音乐可以以数字形式存储和传输。这使得音乐制作更加便捷，任何人都可以使用计算机软件进行音乐创作和录制。此外，数字化媒体还为音乐家提供了更广泛的传播渠道，他们可以通过在线音乐平台将作品分享给全世界的听众，打破了传统音乐产业的壁垒。

同样的变革也出现在电影行业。数字化技术使得电影制作更加灵活和高效。传统的胶片制作需要昂贵的设备和复杂的后期制作过程，而数字化媒体使得电影制作可以完全在计算机上进行。电影导演和制片人可以利用计算机生成图像（CGI）技术创造出惊人的视觉效果，并利用数字特效对电影进行后期处理。此外，数字化媒体还为电影发行提供了新的渠道，通过网络视频平台，电影可以以流媒体的形式传播到用户的设备上，消除了传统电影院发行的地域限制。

游戏行业也是数字化媒体发展的受益者之一。过去，游戏需要通过实体载体（如游戏卡带、光盘）进行销售和玩耍，而现在，随着数字化媒体的兴起，游戏可以以数字形式下载和安装。这使得游戏制作更加灵活，游戏开发者可以通过互联网更新和修复游戏，为玩家提供更好的体验。此外，数字化媒体也为玩家们提供了更多的社交互动机会，他们可以通过在线游戏平台与其他玩家进行合作或竞争。

数字化媒体的发展不仅改变了文化产品的制作和传播方式，也对群众文化的表达方式产生了深远的影响。过去，文化创作和消费主要由少数精英掌控，而现在，任何人都可以通过数字化媒体参与到文化创作和消费中。音乐家、导演、游戏开发者等不再受制于传统的文化产业体系，他们可以通过互联网将作品直接分享给观众和玩家，获得更多的关注和支持。

3. 虚拟现实技术的应用

虚拟现实技术的应用已经在文化领域中展现出巨大的潜力。通过虚拟现实环境，人们可以沉浸在一个虚拟的世界中，与真实场景相似甚至更加丰富多彩的文化体验。

首先，在博物馆领域，虚拟现实技术为人们提供了远程参观博物馆的机会。通过虚拟博物馆，人们可以在家中或办公室里以身临其境的方式欣赏珍贵的艺术品和文物。他们可以通过虚拟现实头显设备进入一个逼真的展览空间，与展品进行互动，获取详细的解说信息，并且可以选择不同的视角和导览路线，获得个性化的参观体验。这种方式不仅让人们更加便利地了解世界各地的文化遗产，也为那些身体上有限制或无法亲自前往的人们提供了机会。

其次，虚拟现实技术还广泛应用于演艺活动中，如虚拟演唱会。传统的演唱会需要观众到现场才能享受到艺人的表演，但是虚拟现实技术改变了这一情景。通过虚拟现实头显设备和相关的音频技术，观众可以在家中或任何地方与艺人亲密接触，仿佛置身于一个真实的演唱会现场。他们可以选择自己的视角，与其他观众进行社交互动，并且能够感受到音乐、灯光和舞台效果的完整体验。虚拟演唱会不仅提供了更多人参与文化活动的机会，也为艺人扩大了观众基础。

最后，虚拟现实技术还在游戏领域得到广泛应用。通过虚拟现实头显设备和手柄等交互设备，玩家可以进入一个逼真的虚拟游戏世界，与游戏中的角色进行互动，并获得身临其境的游戏体验。这种技术的应用为游戏创作者提供了更多的创作空间，他们可以设计出更加沉浸式和富有创意的游戏体验，让玩家尽情探索和享受游戏的乐趣。

（三）政治和社会制度变革对群众文化的激发和反思

1. 文化多元性的崛起

文化多元性的崛起是指在政治和社会制度变革的背景下，不同地区和社会群体的文化得以充分展现和传承的现象。这种多元性的文化表达丰富了群众文化的内容和形式，促进了文化的繁荣和发展。

首先，政治和社会制度的变革为文化多元性的崛起提供了条件。在过去，一些地区和社会群体的文化可能受到限制或压制，无法得到充分展现和传承。然而，随着政治和社会制度的变革，人们的思想观念得到解放，文化多元性开始得到重视和尊重。各地区和社会群体的文化得以自由发展，不同文化之间的交流和互动也得到了促进。这为文化多元性的崛起奠定了基础。

其次，文化多元性的崛起丰富了群众文化的内容和形式。不同地区和社会群体的文化具有独特的特点和风格，通过展示和传承这些文化，可以使群众对于文化的认同感增强，文化的内涵更加丰富。例如，各地区的传统艺术形式、民俗活动以及口头传统等都是文化多元性的表现，它们丰富了人们的文化体验，增加了人们对于文化的热爱和参与度。

再次，文化多元性的崛起也推动了文化的繁荣和发展。不同地区和社会群体的文化交流和互动使得各种文化之间产生了碰撞和融合，这种融合创造了新的文化形式和内容。例如，在音乐、电影、时尚等领域，不同文化的元素相互融合，创造出了新的艺术形式和风格。这种跨文化的交流和融合促进了文化的创新和发展，为文化产业的繁荣提供了动力。

最后，文化多元性的崛起还有助于促进社会的和谐与包容。不同地区和社会群体的文化差异是社会的一种多样性，通过尊重和欣赏这种多样性，可以增强社会成员之间的理解和认同。同时，文化多元性的存在也能够打破一些传统的偏见和歧视，推动社会的平等和包容。这种和谐与包容的社会氛围有助于构建一个更加开放和进步的社会。

2. 社会问题的关注与表达

社会问题的关注和表达在政治和社会制度变革中起着重要作用。这种变革通常会导致社会问题的暴露，同时也需要社会对这些问题进行解决。

群众文化是人们表达对社会问题关切的重要途径之一。音乐、电影、文学等艺术形式经常涉及社会议题，通过艺术的方式呈现出来。这些艺术形式可以引起公众的共鸣，唤起人们对社会问题的思考和关注。

音乐是一种直观而感性的艺术形式，通过歌词和旋律传达社会问题的信息和情感。许多音乐作品反映了社会不公正、贫困、战争等问题，唤起听众的同理心和行动力。

电影作为大众娱乐和文化的一部分，也经常探讨和展现社会问题。电影可以通过故事情节、角色塑造和镜头语言等手法，深入剖析社会问题的根源和影响，激发观众的思考和关注。

文学作为表达思想和情感的艺术形式，也经常涉及社会议题。小说、诗歌、戏剧等文学作品可以通过人物形象、情节设置和隐喻等手法，揭示社会问题的复杂性和深层次影响，引导读者思考和反思。

3. 文化创新与社会变革的相互推动

文化创新和社会变革是相互推动的过程。政治和社会制度的变革为文化创新提供了机遇和土壤，而文化创新又能够促进社会变革的发展。

政治和社会制度的变革通常带来了观念、价值观和行为方式的改变。这种变革创造了一个开放的环境，鼓励人们思考、探索和表达自己的观点。在这个过程中，文化创新扮演着重要角色。艺术家、作家、音乐家等创意人才通过他们的作品和创造力，传达新的思想、反映社会现象和问题，引导公众对社会变革进行思考和参与。

同时，文化创新也能够推动社会变革。群众文化作为社会变迁的反映和推动者，在塑造社会意识形态、促进社会进步方面发挥了重要作用。音乐、电影、文学等艺术形式可以唤起公众对社会问题的关注，激发社会热情和行动力，推动社会变革的进程。

此外，文化创新还能够为社会变革提供新的思维方式和解决问题的方法。创新的文化产品和服务可以改变人们的行为模式和社会互动方式，推动社会结构的变革和发展。

二、社会变迁在群众文化中的反映

（一）群众文化作为社会变迁的风向标和晴雨表

群众文化在很大程度上反映了社会的变迁和趋势。它可以成为一个风向标，指示着社会的发展方向。当社会发生重大变革时，群众文化常常能够捕捉到这种变化，并通过艺术形式和创作内容来表达出来。

在历史上，许多群众文化作品都成为特定时代的象征。例如，20 世纪 60 年代的民谣音乐运动，反映了当时的社会变革和对抗体制的精神。这些歌曲以其简单直接的歌词和旋律，表达了人们对和平、自由和公正的渴望，成为社会运动的声音。

同样，在社会主义时期的中国，群众文化也扮演了重要角色。歌曲《东方红》成为整个国家的代表歌曲，象征着当时社会主义事业的兴起和发展。电影《英雄儿女》则描绘了新中国成立初期的英雄故事，激励着人们为国家的建设贡献力量。

此外，群众文化也可以作为一个晴雨表，反映社会的繁荣与萧条。当社会经济发展繁荣时，群众文化通常会呈现出欢快、积极的氛围。音乐、电影、综艺节目等娱乐形式充满活力，人们通过欢快的歌曲、轻松愉快的电影来放松心情。这种积极向上的文化氛围反映了社会的繁荣和幸福感。

然而，在经济不景气或社会动荡时，群众文化可能更加沉重、抒发焦虑和挫折感。歌曲中的歌词可能更加深情、思考社会问题；电影作品可能更加反映社会的阴暗面和人们的困境。这样的转变可以提供有关社会健康与稳定的线索，同时也成为人们对当前情况的思考和探索。

（二）群众文化反映社会矛盾和问题的声音

群众文化作为人民群众自发创作的文化形式，具有强大的表达力和影响力。它不受特定群体或机构的控制，能够真实地反映社会矛盾和问题的声音。艺术家、音乐家、作家等通过他们的作品，用自己独特的方式传递出对社会现象的关注和思考。

在流行音乐领域，一些歌曲的歌词内容往往蕴含着对社会问题的反思和抗议。

比如，一些歌曲可能歌颂团结与和平，呼吁消除贫困和不公正。同时，也有一些歌曲直接揭示社会的阶级分化、贫富差距以及环境污染等问题，引起了广大听众的共鸣。这些歌曲通过优美的旋律和动人的歌词，将社会问题融入其中，使得听众可以通过音乐的方式更深入地理解和思考这些问题。

此外，电影和文学作品也经常成为展示社会问题的重要媒介。通过故事情节和角色塑造，电影和文学作品可以生动地描绘出社会中的不公平、贫困、歧视等问题。这些作品引发观众的思考和共鸣，让人们更加关注社会矛盾和问题，激发他们积极参与到解决问题的行动中。

在电影领域，有许多反映社会问题的作品获得了广泛的关注和赞誉。例如，《辛德勒的名单》通过一个企业家为拯救犹太人而付出巨大努力的真实故事，展现了二战期间纳粹暴行对人类的摧残，唤起了观众对于人权和尊严的思考。《穆赫兰道》则通过黑白片的形式，揭示了现代都市中人性的扭曲和社会的冷漠，引发了观众对于城市生活和人际关系的反思。

文学作品也是反映社会问题的重要途径之一。许多作家通过小说、诗歌、剧本等形式，传递出对社会现象的关注和思考。比如，卡夫卡的《变形记》以主人公突然变成一只巨虫的形象，揭示了个人在家庭和社会中所面临的孤独和无奈。而钱锺书的《围城》则以幽默的笔调描述了传统观念对个人自由的束缚，引发了人们对社会观念和传统文化的思考。

群众文化反映社会矛盾和问题的声音不仅仅局限于以上几个领域，还存在于舞蹈、绘画、戏剧等多种艺术形式中。这些作品通过艺术家们的创作和努力，将社会问题呈现在公众面前，激发人们对这些问题的关注和思考。同时，它们也成为推动社会进步和改革的力量，唤醒了更多人参与到解决社会问题的行动中。

（三）群众文化中蕴含的历史记忆和文化传统的延续

群众文化中蕴含的历史记忆和文化传统的延续，对于社会的发展和文化的繁荣具有重要意义。首先，群众文化作为人民群众自发创作的文化形式，反映了人们对历史的记忆和文化传统的珍视。通过艺术、音乐、舞蹈等表达方式，人们将自己对历史的理解和感受传递给后代，使得历史记忆能够得以保留和传承。

在民间音乐方面，许多民歌和民间曲调融入了丰富的历史元素和传统文化，它们通过音乐的方式将历史故事和传统价值观传达给后代。比如，在中国的古琴音乐中，很多曲谱都是根据历史上的文人墨客创作的，这些曲谱不仅传承了古代音乐的技法和美学观念，也记录了历史时期的思想和情感体验。这些音乐作品成为后人了解历史和传统文化的窗口，使得历史记忆得以延续。

此外，舞蹈也是群众文化中重要的艺术形式之一，它通过肢体语言和舞姿表达出人们对历史和传统文化的理解。许多地方民间舞蹈都源自历史事件或传说故事，通过舞蹈的形式将这些故事和传统习俗传承给后代。例如，在中国的京剧、豫剧等戏曲形式中，演员通过特定的动作和表演方式，向观众展示了历史上的英雄人物和传统文化的精髓。这些舞蹈作品成为历史记忆的延续和文化传统的传承。

群众文化还通过戏剧等表演形式，将历史事件和传统文化搬上舞台，使得观众能够亲身体验历史和文化的魅力。比如，在中国的昆曲、评剧等传统剧种中，演员们通过精湛的表演技巧和语言艺术，将历史上的人物形象和故事情节栩栩如生地展现在观众面前。观众通过观看这些剧目，能够深入了解历史事件和传统文化的内涵，感受到历史的底蕴和文化的魅力。

此外，群众文化中的绘画、手工艺等形式也承载着历史记忆和文化传统的延续。许多绘画作品通过表现历史事件和人物形象，使得观者能够感受到历史的厚重和文化的独特性。手工艺作品则传承了古老的制作工艺和传统的艺术风格，使得传统文化在当代社会中得以发展和传承。

第二节 群众文化在社会变迁中的角色和功能

一、群众文化的角色

（一）满足群众文化需求的重要媒介和平台

群众文化作为人民群众自发创作的文化形式，扮演着满足人们对文化需求的重要媒介和平台的角色。它能够满足人们对于文化、艺术和娱乐的需求，为人们提供展示自己创造力和才华的舞台。

首先，群众文化通过各种艺术形式如音乐、电影、舞蹈、戏剧等，满足了人们对艺术和文化的追求。音乐作为一种普遍存在于人类社会中的艺术形式，能够触动人们的情感，带给人们美的享受。群众文化中的流行音乐可以反映出时代的潮流和人们的心声，成为人们表达情感和思想的重要方式。电影作为一种集视听之美的艺术形式，能够让人们沉浸于故事情节和角色塑造中，体验不同的情感和体验。舞蹈和戏剧则通过身体语言和表演，传达出人们内心深处的情感和意境。这些艺术形式不仅满足了人们对于艺术的追求，也为人们提供了一个展示自己才华和创造力的平台。

其次，随着互联网和社交媒体的发展，群众文化得到了更广泛的传播和分享。互联网和社交媒体的出现极大地拓宽了群众文化的传播渠道。人们可以通过各种在线平台，如音乐流媒体、视频分享平台、社交网络等，便捷地获取和分享群众文化作品。这使得群众文化不再受地域和时间的限制，更多人能够接触和参与到群众文化的创作和传播中。同时，互联网和社交媒体也为人们提供了一个互动的平台，人们可以通过评论、点赞、分享等方式与创作者和其他观众进行交流和互动，增强了人们对于群众文化的参与感和归属感。

（二）承载群众情感和认同的文化表达形式

群众文化作为人们表达情感、传递思想和表达认同的重要方式，承载着人们的情感和认同，具有凝聚社会的力量。

首先，群众文化是人们表达情感的重要途径。艺术作品、音乐歌曲、文学作品等通过各种艺术形式，能够让人们将自己内心深处的情感转化为具体的表达形式。这些作品可以通过音乐的旋律、文学的文字、绘画的图像等，触动人们的情感共鸣。例如，在音乐中，一首抒情的歌曲可以唤起人们对爱情、友情、家庭等情感的回忆和共鸣，带给人们安慰和温暖。在文学作品中，作者通过描写人物的情感世界和生活经历，使读者能够感同身受，与作品中的人物建立情感联系。这种情感表达使得群众文化成为人们释放情感、寻求情感共鸣的重要媒介。

其次，群众文化也是人们传递思想的重要方式。通过艺术作品、音乐歌曲、文学作品等，人们可以将自己的思想和观点传递给他人。艺术作品往往承载着作者对社会现象、人生哲理等问题的思考和见解，通过作品的形式传递给观众或读者。音乐歌曲的歌词内容也经常包含着对社会问题、人生困惑等的反思和表达。文学作品则通过故事情节、人物形象等来探讨社会问题和人性的复杂性。这些作品能够引发观众或读者的思考和共鸣，激发他们对于社会问题和人生意义的思考。

最后，群众文化还能够成为共同的符号和象征，凝聚人们的认同感和归属感。艺术作品、音乐歌曲、文学作品等可以通过所表达的主题、价值观等，成为人们共同的文化符号和象征。它们能够唤起人们对于共同记忆和文化传统的认同感，增强人们的集体认同和社会凝聚力。例如，一首歌曲、一部电影、一本小说等都可能成为某个时代的文化标志，代表着人们共同的情感和价值观，成为人们归属感的来源。

（三）促进社会交流和互动的纽带和桥梁

群众文化作为人们共同参与的文化活动，具有促进社会交流和互动的重要作用。通过观看电影、听音乐、欣赏艺术作品等形式，人们可以找到共同的话题和兴趣点，展开对话和交流。同时，群众文化也能够促进不同群体之间的相互了解和沟通，拉近社会的距离，增进社会的和谐与包容。

首先，群众文化为人们提供了广泛而多样的交流平台。在现代社会，电影、音乐、戏剧等群众文化形式已经成为人们生活中不可或缺的一部分。通过观看电影，人们可以分享自己的喜怒哀乐，共同思考和探讨电影中的主题和情节，从而找到共鸣和交流的契机。同样地，音乐也是人们交流的桥梁，无论是演唱会还是音乐节，都是人们相聚的场所，人们可以在音乐的热情中忘却身份和地位的差异，真正实现心灵的共振和交流。

其次，群众文化有助于促进不同群体之间的相互了解和沟通。社会是多元的，不同群体之间存在着各种差异和隔阂。而群众文化的活动可以打破这些隔阂，让不同背景、不同身份的人们有机会接触、交流和了解彼此。例如，在电影院观看一部展现少数民族文化的电影，可以让观众更加深入地了解少数民族的生活和价值观，减少对于他们的陌生感和误解。通过参与群众文化活动，人们可以增进对其他群体的尊重和理解，从而推动社会的包容性和和谐发展。

最后，群众文化也为人们提供了共同的话题和兴趣点，促进社会交流和互动。在日常生活中，人们往往因为工作、学习等原因而产生隔阂，缺乏时间和机会进行交流。而群众文化的活动则提供了一个平台，让人们围绕共同喜好展开对话和交流。比如，在观看一场足球比赛时，球迷们可以激情四溢地为自己支持的球队欢呼和讨论比赛的精彩瞬间，从而建立起共同的兴趣和话题，增进彼此之间的交流和互动。

二、群众文化的功能

（一）传承和弘扬社会价值观念和道德伦理

在社会发展中，传承和弘扬社会价值观念和道德伦理是至关重要的。这些价值观念和道德伦理代表了一个社会的核心原则和规范，对于促进社会和谐、公平和持续发展具有重要意义。

通过传承和弘扬社会价值观念，我们可以将社会的核心价值观念代代相传，确保新一代人能够继承和发扬社会的优良传统。这有助于塑造社会成员的行为准则和道德品质，引导他们做出正确的选择和行动，推动社会的秩序和稳定。

首先，传承和弘扬社会价值观念有助于培养个人的道德品质和行为准则。社会价值观念是社会群体形成共同信念的产物，它们涵盖了诸多方面，如公正、诚信、尊重、责任等。这些价值观念不仅指导着个人的行为，也塑造着个人的人格和品质。通过传承和弘扬这些价值观念，我们可以让每个人都明确自己的行为准则，并在实践中体现出来。这有助于构建一个道德高尚、充满责任感和公正意识的社会。

其次，传承和弘扬社会价值观念有助于维护社会的秩序和稳定。社会价值观念是社会共同认可的行为规范和准则，它们对个人行为起着指导和约束作用。当社会成员普遍接受和坚持这些价值观念时，就能够形成一种共同的道德共识，促进社会成员之间的互信和合作。这有助于减少冲突和纠纷，维护社会的稳定和秩序。

此外，传承和弘扬社会价值观念还有助于推动社会的公平和持续发展。社会价值观念中包含了公平正义的要求，强调每个人应该享有平等的机会和权利。通过传承和弘扬这些价值观念，我们可以提高社会成员对公平和正义的认识和追求，促进社会资源的合理分配和社会发展的公正性。同时，社会价值观念也强调了可持续发展的重要性，鼓励个人和社会采取可持续的生活方式和发展模式，以保护环境和未来世代的利益。

（二）增强社会凝聚力和身份认同感

1. 加强教育体系

教育是培养社会成员的价值观念、道德观念和文化认同的重要途径。通过加强公民教育、多元文化教育和国家历史文化教育，可以帮助人们建立对社会的认同感，并增强归属感。

2. 建设多元融合的社会环境

推动不同群体之间的交流和互动，打破各种隔阂和壁垒。可以组织跨文化交流活动、宣传多元文化，促进不同群体之间的了解和尊重，营造一个包容和谐的社会氛围。

3. 强化社会参与机制

提供更多的机会和平台，鼓励人们积极参与社会事务。可以设立志愿者组织、社区活动等，让人们有机会为社会做出贡献，增强他们的社会责任感和归属感。

4. 加强公共文化建设

丰富公共文化设施和活动，提供多样化的文化产品和服务。可以建立公共图书馆、艺术展览馆等文化设施，组织文化节庆和演出活动，让人们享受到丰富多彩的文化生活，增强他们对社会的认同感。

5. 建立有效的沟通机制

加强政府与民众之间的沟通和互动，让人们有渠道表达自己的声音和关切。

可以通过建立社区议事会、开展听证会等方式，促进政府决策的透明度和民众参与的广泛性，增强社会成员对社会治理的信任和认同。

6. 弘扬核心价值观

宣传和践行社会主义核心价值观，强调爱国主义、集体主义、社会公德等价值观念。可以通过媒体宣传、教育教学和社会实践等途径，引导人们树立正确的价值观，增强社会凝聚力和身份认同感。

（三）促进社会变革和创新的动力源泉

1. 建立创新驱动型经济体系

通过制定和实施支持创新的政策措施，鼓励企业加大研发投入，推动科技成果转化和产业升级。可以建立创新创业孵化基地、科技园区等创新载体，提供资金支持、知识产权保护等创新服务，为创新者提供良好的环境和条件。

2. 加强教育创新和人才培养

改革教育体制，注重培养学生的创新意识和创新能力。可以引入创新教育理念，开展创新课程和活动，培养学生的创新思维和解决问题的能力。同时，加大对创新型人才的培养和引进力度，提供更多的机会和平台，激发他们的创新潜能。

3. 推动科技创新和科研成果转化

加强科研机构和企业的合作，提升科研成果的转化效率。可以建立科技成果转移转化机构，促进科研成果的市场化和产业化。同时，加大对科技创新的支持力度，提供资金、政策等方面的支持，鼓励科学家和企业家进行高风险、高回报的创新活动。

4. 加强社会创新和社会企业发展

鼓励社会组织和社会企业开展创新实践，推动解决社会问题和满足社会需求。可以设立社会创新基金，为社会创新项目提供资金支持。同时，加强对社会企业的培训和指导，提供创新管理和创新经营的支持，促进社会创新和社会企业的健康发展。

5. 建立开放合作的创新生态系统

加强国际交流与合作，吸引国际创新资源和人才。可以建立国际创新联盟、科技园区等合作平台，促进跨国企业和机构的合作与交流。同时，加强知识产权保护，为创新者提供良好的创新环境和法律保障。

第三节　群众文化对社会凝聚力和身份认同的作用

一、群众文化对社会凝聚力的作用

（一）通过共享文化体验增强社会联系和互信

共享文化体验对于增强社会联系和互信具有重要作用。通过群众文化的传播和推广，人们可以共同参与各种文艺演出、传统节日等活动，从而建立起一种共同的文化认同和情感纽带。

首先，共享文化体验可以促进社会成员之间的交流和互动。在文化活动中，人们可以与他人分享自己的喜悦、快乐和感受，通过交流和互动加深彼此之间的理解和沟通。无论是观看一场精彩的音乐会还是参加一个传统节日庆典，都可以让人们融入集体中，感受到身份认同，并与他人建立起联系。

其次，共享文化体验有助于打破个人与个人之间的隔阂。在现代社会中，人与人之间往往存在着隔阂和疏离感。然而，当人们通过共同的文化体验来聚集在一起时，这种隔阂就会被打破。大家不再只关注个人的利益和欲望，而是开始关注集体的利益和整体的发展。通过共同的文化活动，人们更容易理解和接受他人的观点和差异，从而减少了社会中的偏见和歧视。

最后，共享文化体验还可以拉近社会成员之间的距离，促进社会的和谐发展。当人们共同参与文化活动时，他们不仅仅是单个个体，而且是一个庞大的群体。在这个群体中，每个人都有自己的角色和责任，大家相互依赖，相互支持。通过共享文化体验，人们会形成一种共同的认知和价值观，增强对社会秩序和规则的遵守，从而促进社会的和谐发展。

（二）培养公民意识和社会责任感，促进社会和谐发展

培养公民意识和社会责任感是促进社会和谐发展的重要途径之一。群众文化作为广泛覆盖和普及性强的文化形式，可以为人们提供了解社会的渠道和平台。通过参与各种文艺活动和文化教育，人们能够增加对社会问题的认识，并逐渐形

成具备公民意识和社会责任感的态度和行为。

首先，参与文艺活动和文化教育有助于提高公民意识。文艺活动如音乐会、戏剧演出、电影放映等不仅丰富了人们的精神生活，还能够传递社会价值观和道德准则。通过欣赏和参与这些活动，人们能够对社会问题进行思考和反思，进而形成对社会责任的认知和担当。

其次，文化教育在培养公民意识和社会责任感方面发挥着重要作用。文化教育包括学校教育和社区教育，通过开展社会科学、公民教育等课程，使学生了解社会结构、法律法规以及社会的发展变化。同时，文化教育还可以通过讲座、研讨会等形式，引导人们思考社会问题，并培养他们的社会责任感。

在培养公民意识和社会责任感的过程中，相互理解、尊重和合作是不可或缺的。群众文化的广泛参与和交流，有助于促进社会成员之间的沟通和协作。通过共同参与文艺活动和文化教育，人们能够增加对彼此的了解和认同，培养出相互尊重和包容的态度，从而为社会和谐发展提供坚实的基础。

最后，培养公民意识和社会责任感也需要政府和社会各界的支持和推动。政府可以通过制定相关政策和法规，加强公民教育的力度，鼓励人们参与文艺活动和文化教育。社会组织和机构也可以提供更多的资源和平台，促进群众文化的发展，推动公民意识和社会责任感的培养。

（三）构建共同价值观念和认同基础，减少社会分化和冲突

构建共同的价值观念和认同基础是减少社会分化和冲突的重要途径。群众文化作为一种承载着历史、文化和精神传统的力量，可以促进社会成员之间的价值观念和认同基础的形成。通过共同的文化符号、价值取向等，人们能够建立起共同的认同感和归属感，从而降低社会分化和冲突的可能性。

首先，群众文化可以提供一个共同的历史记忆和文化背景，使得社会成员能够在共享的历史和文化中找到共鸣。无论是传统节日、民俗习惯还是历史事件，都是群众文化的组成部分，通过对这些共同经验的回顾和传承，可以加深人们之间的联系和认同感。例如，在中国，春节作为最重要的传统节日，不仅是家庭团聚的时刻，也是全国人民共同庆祝的日子，这种共同的文化体验有助于增强人们的共同认同，减少社会分化和冲突。

其次，群众文化中的共同价值观念也是减少社会分化和冲突的重要因素。价值观念是人们对于道德、伦理、行为规范等方面的认同和追求，它们能够引导人们的行为和思维方式。当社会成员拥有相似或共同的价值观念时，他们更容易建立起共同的认同基础，减少因为价值观念差异而产生的摩擦和冲突。例如，在一些国家和地区，尊重个人自由、平等和公正是共同的价值观念，这种共识能够促使社会成员之间形成一种共同的认同，共同追求公平正义，减少社会分化和冲突。

再次，群众文化还可以通过共享的文化符号和象征来加强人们之间的联系和认同。文化符号和象征是一种特定的语言、符号、图像等，它们具有象征意义，并被广泛接受和认可。当人们在日常生活中使用相同的文化符号时，他们会感到彼此之间的联系和共同认同，从而减少社会分化和冲突的可能性。例如，运动队的标志、国旗、民族服饰等都是具有共同认同意义的文化符号，它们能够将人们团结在一起，形成一种共同的价值观念和认同基础。

最后，共同的价值观念和认同基础有助于增强社会凝聚力，使社会成员在共同的目标下团结一致，共同为社会的发展贡献力量。当社会成员拥有相似或共同的价值观念时，他们更容易形成一种团队精神和协作意识，共同追求社会的进步和发展。通过共同的价值观念和认同基础，人们能够超越个人利益，以整体社会的利益为导向，减少因为利益冲突而产生的社会分化和冲突。

二、群众文化对身份认同的作用

（一）提供个体与群体之间的认同纽带和归属感

群众文化对身份认同的作用是多方面的，其中之一是提供个体与群体之间的认同纽带和归属感。群众文化是广大人民群众共同创造、传承和享受的文化，通过参与和体验群众文化活动，个体可以建立起与群体的联系和共鸣，从而获得认同感和归属感。

在传统节日庆祝活动中，人们可以参与集体舞蹈、乐器演奏等群众性文化表演。这些活动不仅是一种娱乐方式，更是一种身份认同的体验。通过与他人一起参与这些活动，个体能够深刻地感受到自己与他人的共同身份，加强个体与社会的互动和交流。例如，在中国的春节庆祝活动中，人们常常会进行舞龙、舞狮等传统表演，参与者共同展示出对传统文化的热爱和认同，同时也增进了彼此之间的联系和情感纽带。

此外，群众文化活动还可以通过群体行为和共同经历来塑造身份认同。比如，球迷文化是一种典型的群众文化，球迷们通过支持和追随自己喜爱的球队，建立起与球队以及其他球迷之间的认同纽带。无论是在现场观看比赛还是在社交媒体上讨论，球迷们都能够感受到自己作为球迷的身份认同，并与其他球迷共同分享这种归属感。

（二）传递文化符号和象征，塑造个人和集体身份认同

群众文化在传递文化符号和象征方面对个人和集体身份认同的塑造起着重要作用。通过各种形式的艺术创作、传统习俗和口头传统等方式，群众文化传递着特定的文化符号和象征，如民歌、民俗、方言等。这些文化符号和象征代表着特定地域、民族或社群的特色和身份。

首先，群众文化传递的文化符号和象征能够帮助个体塑造自己的身份认同。当个体接触和接受特定文化中的符号和象征时，他们会从中感受到与自己相关的文化身份。例如，在中国的传统文化中，不同地区有各自独特的民歌和民俗活动，这些活动代表了特定地区的文化特色和身份。当个体参与其中时，他们会因为与这一地区的文化共鸣而认同自己与这一地区的身份。这种身份认同是基于共同的文化符号和象征的，使个体能够从文化中获得认同感和自豪感。

其次，群众文化传递的文化符号和象征也能够形成集体身份认同。当一个社群或团体共同接受并传承特定的群众文化时，他们会在这些文化符号和象征中找到彼此之间的共同点，并因此建立起集体身份认同。例如，某个地区的方言是该地区人民的共同语言，通过使用方言进行交流，他们能够感受到自己与这一地区的身份联系。这种集体身份认同不仅加强了社群内部的凝聚力，也促进了社群与外界的互动和交流。

最后，群众文化传递的文化符号和象征还能够帮助不同社群之间建立起共同的文化认同。当不同地域、民族或社群之间分享并接受相似的文化符号和象征时，他们能够找到共同的文化认同点，并因此建立起跨社群的联系和共融。例如，音乐、电影等流行文化作品在全球范围内都能够引起共鸣，让不同国家和民族的人们找到共同的文化认同点，促进跨文化交流和理解。

（三）强化文化认同的多元性和包容性，促进社会多样性的共融

群众文化在强化文化认同的多元性和包容性方面起着重要作用，促进社会多样性的共融。群众文化不仅是传统文化的一部分，也包括了现代大众文化。它呈现出多样的形式和内容，使得个体可以选择并接受符合自己兴趣和价值观的文化内容，从而在认同上更加多元化。

首先，群众文化的多样性为个体提供了广泛的选择空间。不同地区、民族、社群都有独特的群众文化表达方式和艺术创作形式。这些多样的文化形式使个体能够根据自己的喜好和兴趣选择参与和接受哪种群众文化。例如，在音乐领域，人们可以选择欣赏流行音乐、民族音乐、古典音乐等不同类型的音乐，以满足自己对音乐的偏好和追求。这种多样性使个体能够在不同文化中找到自己的归属感和认同点，从而丰富了个体的身份认同。

其次，群众文化具有包容性，能够容纳各种不同背景和身份的人们。群众文化鼓励人们分享和交流自己的文化特色和经验，而不局限于特定的社群或群体。无论是参与传统习俗活动还是欣赏流行文化作品，个体都能够感受到被接纳和认可的意义。例如，在音乐演出中，观众来自不同的国家、民族和社群，他们因为共同喜爱音乐而聚集在一起，共同享受音乐带来的情感和快乐。这种包容性使得不同背景和身份的人们可以在共同的文化活动中相互融合，促进了社会多样性的共融。

最后，群众文化也能够促进跨文化交流和理解。流行文化作品如音乐、电影等具有普遍性的吸引力，能够在全球范围内引起共鸣。这些作品超越了地域和民族的界限，让不同国家和民族的人们找到共同的文化认同点。通过接触和欣赏其他文化的群众文化表达形式，个体能够更好地理解和尊重其他文化的独特性，促进文化间的交流和相互学习。这种跨文化交流和理解有助于消除文化隔阂和偏见，促进社会的和谐共处。

第六章 群众文化与艺术创作

第一节 艺术创作中的群众文化元素

一、艺术创作中融入群众文化的重要性

艺术是一种表达和传达情感、思想以及人类体验的方式，而群众文化则是广大民众共同参与和创造的文化形式。在当代社会，艺术与群众文化的融合已经成为一种重要趋势。融入群众文化对于艺术创作具有重要的意义和价值。

第一，融入群众文化可以增强艺术的亲近性和普及性。艺术创作往往被认为是高雅、精英的活动，与普通大众相距甚远。然而，艺术应该是人人都能够理解和享受的，而不仅仅是少数人的专属领域。通过融入群众文化元素，艺术作品可以更好地与观众产生共鸣，使得艺术更加贴近生活、贴近人们的实际需求。这样一来，艺术不再是高不可攀的象牙塔，而是能够走进人们的日常生活中，引起更多人的关注和参与。

第二，融入群众文化可以促进艺术的创新和多样性。群众文化是源源不断的创造力的体现，它代表了广大民众的审美观念、价值观和情感需求。通过与群众文化互动和对话，艺术家可以接触到更多元化的观点和经验，从而启发自己的创造力，开拓新的艺术领域。艺术创作中融入群众文化的元素，可以为艺术带来新的血液和灵感，丰富艺术的形式和内容，推动艺术的发展和进步。

第三，融入群众文化可以建立更好的艺术社区和文化共同体。艺术不仅仅是个体创作者的产物，它也需要观众的参与和反馈。通过融入群众文化，艺术可以与观众建立更密切的联系，形成艺术社区和文化共同体。艺术家可以倾听观众的声音和意见，了解他们的需求和期待，与观众一起创造和分享艺术的乐趣。这种

艺术社区和文化共同体的形成，可以促进艺术的传播和传承，培养更多的艺术爱好者和从业者，推动整个社会的艺术素养和文化品质提升。

第四，融入群众文化可以传递积极的价值观和社会意义。群众文化是人们集体创造的文化形式，它承载着民众的情感、思想和价值观。通过融入群众文化元素，艺术作品可以传递积极向上的价值观念，引导人们关注社会问题、表达对美好生活的追求。艺术作品可以通过反映现实、批判社会弊端、传递正能量等方式，引起人们对社会问题的关注和思考，推动社会的进步和改变。

二、群众文化元素在不同艺术领域中的表现方式

（一）音乐领域

流行音乐作为一种主要的群众文化形式，具有广泛的传播和影响力。它通过融合不同音乐风格和元素，创造出新颖、时尚的音乐作品，吸引了大量的听众和粉丝。流行音乐的歌词通常以日常生活中的情感、爱情、友谊、梦想等主题为基础，直接触动人们的心弦。歌曲的节奏和编曲也经过精心设计，旋律易于记忆，容易让人产生共鸣。这些特点使得流行音乐能够深入人心，成为大众喜爱的音乐形式。

在流行音乐中，融入群众文化元素还体现在音乐风格的多样性和跨界合作。流行音乐常常吸收民间音乐、摇滚乐、嘻哈等不同音乐风格的元素，创造出独特的音乐形式。例如，摇滚与流行的结合产生了摇滚乐队 Maroon 5 的畅销曲目，嘻哈与流行的融合诞生了很多嘻哈歌手的热门单曲。这种跨界合作不仅丰富了音乐的表达形式，也促进了不同音乐领域的交流与碰撞。

此外，音乐节和演唱会也是群众文化元素在音乐领域中的重要表现方式。音乐节是大规模音乐活动，吸引着成千上万的观众参与其中。它们通常以多样化的音乐表演和丰富的娱乐活动为特点，提供给观众一个与音乐家互动、共享音乐的机会。演唱会则是音乐家与观众直接交流的平台，通过现场演出和互动，加强了音乐与群众之间的联系。这些大型音乐活动不仅展示了群众对于音乐的热爱和参与度，也为音乐艺术提供了更广阔的舞台。

（二）电影领域

电影作为一种流行的艺术形式，常常融入群众文化元素，以各种方式吸引观

众并反映出大众对轻松、娱乐性的需求。在电影中融入群众文化元素可以体现在多个方面，包括主题、故事情节和电影院本身。

首先，电影的主题和故事情节往往以大众化的方式呈现，以吸引更多观众的兴趣。喜剧片是其中的一个例子，它通常以幽默的方式展现生活中的笑料和滑稽情节，带给观众欢乐和放松。这种类型的电影强调轻松、娱乐性，并且经常通过夸张和搞笑的手法来引发观众的笑声。动作片也是另一个例子，它常常以刺激的动作场景和精彩的特技效果吸引观众的目光。这些电影类型不仅满足了观众对于轻松、娱乐性的需求，还反映了大众对于冒险和刺激的向往。

其次，电影院作为观众与电影艺术互动的场所也是群众文化元素的体现。电影院提供了观众观看电影的舒适环境和社交体验。观众可以在电影院中与其他观众一起分享欢笑、惊叹和感动，共同体验电影带来的情感和视听效果。此外，电影院还通过提供各种观影设施和服务来满足观众的需求，例如舒适的座椅、高品质的音响和影像技术，以及各种美食和饮料选择。这些都为观众创造了一个独特的观影体验，使他们更加享受电影带来的乐趣。

（三）绘画领域

在绘画领域中，融入群众文化元素是一种非常有趣和富有创意的表现方式。通过使用大众化的题材和风格，绘画作品能够更好地触动观众的情感，并反映出群众的生活态度和情感体验。

一种常见的表现形式是漫画和插画。漫画和插画通常采用幽默、夸张的手法来刻画人物形象，通过丰富的色彩和造型来表达出群众的情感和生活态度。这些作品往往以简洁明快的线条和生动有趣的场景来吸引观众的注意力。它们可以通过夸张的表情和动作，传达出人物的喜怒哀乐，以及对社会现象和价值观的反思。漫画和插画不仅能够娱乐观众，还能够通过讽刺和幽默的手法，传递出深刻的社会观察和批判。

另一个将群众文化元素融入绘画领域的方式是城市街头的涂鸦艺术。涂鸦艺术起源于大都市的街头和墙壁上，通过艺术家们的创作，将大众文化元素融入绘画中。这些作品常常充满了活力和个性，以鲜明的颜色和形状展现出城市的多样性和独特性。涂鸦艺术既是一种表达方式，也是一种对城市环境和社会问题的反思。它可以传递出年轻人的态度和观点，并且在公共空间中引起观众的共鸣和讨论。

绘画中融入群众文化元素的另一个重要方面是题材的选择。大众文化元素往往与人们的日常生活息息相关，比如流行音乐、电影、体育等。艺术家可以选择这些题材来创作作品，以吸引更广泛的观众群体。例如，绘制具有明星形象的肖像画，或者描绘电影场景中的经典时刻，都能够引起观众的共鸣并产生情感共鸣。通过选择与群众文化紧密相关的题材，艺术家能够更好地与观众进行沟通，打造出更具亲和力和共鸣力的作品。

（四）舞蹈领域

在舞蹈领域中，融入群众文化元素是一种独特而丰富的表现形式。通过运用大众化的舞蹈形式和动作风格，舞者能够更好地与观众产生共鸣，并传达出群众对于自由、个性化的追求。

一种常见的表现形式是街舞。街舞起源于城市街头和年轻人的文化圈子，以其活力、激情和独特的动作风格而闻名。街舞强调身体的自由流动和个性的展示，通常以快速的节奏和丰富的舞步组合为特点。舞者通过精准的身体控制和灵活的舞技，将音乐的节奏和情感表达出来，从而引起观众的共鸣。街舞不仅展示了群众对于自由和个性的追求，还反映了当代都市青年的生活态度和文化表达方式。

另一个融入群众文化元素的方式是民族舞。民族舞是各个民族文化中独有的舞蹈形式，它们通常通过舞蹈动作、音乐和服饰等元素来展现特定民族的风情和传统文化。在舞蹈中融入群众文化元素，可以通过增加更具大众化的动作和节奏来吸引观众的兴趣，并让更多人对民族文化有更深入的了解和体验。民族舞蹈不仅可以传承和弘扬传统文化，还能够促进不同民族之间的交流和理解。

此外，大型舞蹈团体的公开演出也是一种重要的表现方式。这些团体通常由专业舞者组成，他们通过精湛的舞技和高度协调的动作，以群众熟悉和喜爱的音乐和舞蹈形式进行演出。这样的演出不仅能够吸引广大观众的注意，还能够通过舞蹈艺术的形式向观众传递情感和思想。大型舞蹈团体的公开演出往往具有震撼力和视觉效果，能够为观众带来身临其境的舞蹈体验，同时也反映出群众对于艺术的热爱和追求。

（五）戏剧领域

在戏剧领域中融入群众文化元素的一种表现形式是创作大众化的剧本和演出形式。喜剧、音乐剧等类型的戏剧作品通常采用幽默、欢乐的方式吸引观众，通过轻松愉快的故事情节和生动活泼的表演形式展现群众的情感和生活态度。这些作品通过直接触动观众的笑点和情绪，能够更好地与大众产生共鸣，使观众在欣赏戏剧的同时也得到情感上的满足。

此外，街头戏剧表演也是将群众文化元素融入戏剧领域的一种形式。街头戏剧通常以简单朴实的舞台布置和表演场地，以及亲近自然的环境为特点。演员们常常与观众进行互动，通过即兴表演和群众参与来传递戏剧的内容和情感。这种形式的戏剧表演不受时间和空间限制，可以更加贴近人们的日常生活和情感需求，让戏剧艺术真正走进人们的生活中。

通过在戏剧中融入群众文化元素，能够使戏剧更具亲和力和吸引力，让更多的人参与其中，体验和分享戏剧艺术带来的快乐和情感交流。这样的融合不仅能够促进戏剧艺术的传承和发展，也能够丰富人们的精神文化生活，提升社会的文化品质。

第二节　群众文化对艺术形式和风格的影响

一、群众文化对艺术形式的塑造

（一）音乐领域

流行音乐的兴起和发展与群众文化密切相关。流行音乐以其简单易懂、节奏明快、曲调朗朗上口的特点吸引了大量听众，并成为一种受欢迎的艺术形式。

首先，流行音乐更加注重触动人们的情感和共鸣。通过歌词和旋律传递情感和思想，与大众产生共鸣。流行音乐常常描绘生活中的各种情感和经历，如爱情、友情、家庭等，让人们在听歌时能够找到情感上的共鸣，从而得到心灵上的满足。这种情感共鸣使流行音乐成为许多人日常生活中不可或缺的一部分。

其次，流行音乐融合了各种不同的音乐元素和风格，满足了不同群体的审美需求。流行音乐不拘一格，可以包含摇滚、嘻哈、电子音乐、民谣等多种风格，使得听众可以根据自己的喜好选择不同类型的流行音乐。这种多样性使得流行音乐能够吸引不同年龄、背景和文化的听众，成为一种跨越界限的艺术形式。

最后，流行音乐通过大众媒体的传播得到了广泛的推广。随着科技的发展，音乐的传播途径变得更加多样化和便捷化。无论是电台、电视、网络平台还是移动设备，都为流行音乐的传播提供了便利。大众媒体的广泛运用使得流行音乐可以迅速传遍各个角落，使更多的人能够接触和欣赏流行音乐。

（二）电影和电视剧

电影和电视剧在群众文化的影响下发展出了多样化和大众化的特点。群众文化强调大众审美和市场需求，这对电影和电视剧的创作与传播产生了重要影响。以下将从几个方面探讨群众文化对电影和电视剧发展的影响。

首先，群众文化推动了电影和电视剧的多样化。群众文化关注大众的兴趣和喜好，要求作品具有广泛的吸引力。因此，在电影和电视剧的创作过程中，创作者们会注重观众的需求，选择题材和故事情节，以及采用符合大众口味的表现形式。这种追求多样化的趋势，使得电影和电视剧的类型繁多，涵盖了喜剧、爱情、动作、科幻等各种不同的题材，满足了观众对不同类型作品的需求。

其次，群众文化倾向于以轻松愉快、幽默搞笑的方式吸引观众。在现代社会中，人们生活压力大，追求放松和娱乐的需求日益增加。电影和电视剧作为主要的娱乐形式之一，往往采用轻松幽默的方式来吸引观众。通过幽默搞笑的情节和台词，电影和电视剧能够带给观众欢乐和放松，缓解他们的压力和疲劳。

最后，电影和电视剧也融入了许多群众文化元素。随着社交媒体的兴起和网络的普及，流行音乐、时尚文化、网络流行语等成为大众关注的话题。电影和电视剧作为文化产品，积极地吸收和融入这些群众文化元素，以更好地与观众产生共鸣。例如，在电影和电视剧中经常会出现当下流行的歌曲、时尚潮流的服装，甚至是观众喜爱的网络迷因和梗，这些元素都可以增加观众的代入感和情感共鸣，使得作品更具吸引力。

（三）美术领域

商业插画和漫画艺术在美术领域中扮演着重要的角色，并且受到群众文化需求的影响。它们以简洁明快的线条和色彩，以及生动有趣的题材和形象赢得了广大观众的喜爱。

这些作品通常呈现出幽默搞笑、夸张夺目的风格，与群众文化的娱乐性和轻松愉快的情绪相契合。商业插画和漫画通过独特的视觉表达方式，传递了一种轻松活泼的氛围，让人们能够在欣赏艺术作品的同时感受到愉悦和放松。

此外，商业插画和漫画艺术也对艺术形式产生了深远的影响。它们打破了传统艺术的束缚，采用了更加自由和大胆的创作方式，推动了艺术表达的多样化和个性化发展。同时，商业插画和漫画还为艺术家提供了更广阔的创作空间和商业机会，使他们能够将自己的作品直接面向大众，获得更多的认可和回报。

二、群众文化对艺术风格的影响

（一）情感体验

情感体验在群众文化对艺术风格的影响中起着重要的作用。群众文化倾向于追求轻松愉快、幽默欢乐的情感体验，这种情绪倾向也影响了艺术风格的表达。

在电影领域，喜剧片常常采用幽默搞笑的手法和风格，以满足观众对欢乐的需求。这些电影通常以诙谐的情节、夸张的表演和搞笑的对白为特色，带给观众一种愉悦的情感体验。例如，好莱坞的喜剧片多以轻松幽默的方式呈现，通过让人发笑的情节和角色来调动观众的情绪，带给他们欢乐和放松。

此外，在音乐领域，流行音乐也受到群众文化情感体验的影响。流行音乐通常以轻松、愉悦的旋律和歌词为特点，传递积极向上的情感。它可以是快节奏的舞曲，也可以是温馨抒情的民谣，总体上都试图引起听众的共鸣和情感共振。流行音乐的歌词往往涉及爱情、友谊、梦想等与日常生活密切相关的主题，使人们在欣赏音乐的同时能够产生共鸣和情感连接。

此外，在绘画和雕塑领域，群众文化也对艺术风格产生了影响。一些大众化的艺术形式，如卡通和漫画风格，以其简洁明快的线条和色彩，以及夸张有趣的形象，引起了广大观众的喜爱。这些作品通过幽默搞笑、夸张夺目的方式呈现，与群众文化的娱乐性和轻松愉快的情绪相契合。

（二）大众审美与市场需求

大众审美与市场需求的关系在艺术领域中起到了重要的推动作用。群众文化注重满足广大群众的审美需求和市场需求，这对于一些艺术风格的形成和发展具有深远影响。

在绘画领域，商业插画和漫画艺术的兴起与群众文化的需求密切相关。商业插画和漫画艺术以其简洁明快的线条和色彩，以及生动有趣的题材和形象，吸引了广大观众的喜爱。它们能够通过独特的视觉语言表达出丰富的情感和故事，为观众提供轻松愉悦的消费体验。这种艺术形式融入了大众的审美趣味和情感需求，使得人们可以在日常生活中获得愉悦和乐趣。

商业插画和漫画艺术的成功也与市场需求的增长密切相关。随着现代社会娱乐产业的迅速发展，人们对于视觉艺术的需求不断增加。商业插画和漫画艺术作为一种受欢迎的艺术形式，满足了市场对于轻松娱乐和消费的需求。它们适应了商业化的市场环境，通过商业合作和授权衍生产品的方式，进一步扩大了其影响力和观众基础。

此外，群众文化注重大众审美和市场需求还推动了其他艺术风格的形成与发展。例如，流行音乐作为群众文化的代表之一，以其通俗易懂的旋律、简单直接的歌词和多样化的曲风，引起了大量听众的喜爱。这种艺术形式符合了人们对于音乐的情感需求和消费偏好，同时也适应了商业化的市场环境，成为市场上的主流音乐流派之一。

（三）反映社会变迁

反映社会变迁的群众文化在人们的生活方式中起着重要的作用。艺术家往往从群众文化中汲取灵感，并将其融入他们的艺术作品中，以传达当代社会的话题和价值观。其中，流行音乐作为一种广泛受众的艺术形式，通过歌词内容来反映社会的变化。

首先，群众文化是社会变迁的真实记录。群众文化是指广大群众在日常生活中创造、表达和传播的文化形式，包括音乐、电影、电视节目、绘画等。这些文化形式与人们的日常生活息息相关，通过它们可以了解到社会变迁的方向和趋势。艺术家通过关注群众文化中的各种表现形式，可以更好地把握社会的变化，并将其转化为艺术作品中的内容和形式。

其次，艺术家从群众文化中获取灵感。群众文化丰富多样，其中蕴含着各种不同的思想、情感和价值观。艺术家常常通过观察和体验群众文化，从中获取灵感，进而创作出具有代表性的艺术作品。比如，在流行音乐中，艺术家可以从社交媒体、时尚潮流、青少年文化等方面获取灵感，创作出与当代社会相关的歌曲。这些歌曲通过其独特的方式传达了社会的价值观和态度。

最后，艺术家将群众文化融入艺术作品中。艺术家不仅仅是被动地接受群众文化的影响，更重要的是将其融入自己的艺术创作中，以此来反映社会变迁。在流行音乐中，艺术家可以通过歌词内容来传达当代社会的话题和价值观。例如，一些歌曲可能涉及环境保护、社会平等、人际关系等议题，这些都是当代社会关注的焦点。艺术家通过对这些议题的创造性表达，使得他们的作品更加贴近群众，引发共鸣，并且对社会产生积极的影响。

（四）参与性与互动性

群众文化的参与性和互动性在很大程度上影响了艺术风格的发展。现代艺术中，观众可以通过参与互动艺术作品的创作过程或者与作品进行互动来获得更加全面的艺术体验。

首先，群众文化强调参与性。传统上，艺术往往是由艺术家单方面创作并呈现给观众。然而，随着社会的变迁和群众文化的崛起，观众不再仅仅是被动接受艺术作品的对象，而是成为艺术创作的参与者。例如，一些互动艺术作品鼓励观众积极参与其中，他们可以自由地移动、触摸或改变作品的形态。观众的参与使得艺术作品不再局限于静态的呈现，而是变得生动、多样且有趣。

其次，群众文化注重互动性。互动性是指观众与艺术作品之间产生的相互作用和反馈。在现代艺术中，互动性成为一种新的艺术形式和表达方式。观众可以通过与艺术作品的互动来参与到创作过程中，使得他们能够深入了解艺术家的创作意图，并对作品产生更加深入的思考和理解。同时，互动性也增强了观众之间的交流和共享体验，使得艺术成为一种社交活动。

在当代艺术中，参与性和互动性的重要性不断凸显。艺术家越来越注重观众的参与和互动，他们试图打破传统的观看模式，让观众成为艺术创作的一部分。例如，一些展览采用虚拟现实技术或者交互式装置，让观众可以身临其境地体验艺术作品。这种参与性和互动性的发展使得艺术作品更加贴近观众的日常生活，打破了传统艺术与观众之间的隔阂，提供了更加丰富、多样化的艺术体验。

三、群众文化与当代艺术的互动关系

（一）艺术表达

当代艺术家的创作方式已经发生了显著的变化。他们通过吸纳群众文化元素和符号，丰富和扩展了自己的创作语言和表达方式。这种融合不仅使得艺术作品更加多样化和复杂化，同时也反映了当代社会的多样性和复杂性。

艺术家常常将群众文化中的图像、符号、语言等元素引入他们的作品中。这些元素可能来自流行音乐、电影、漫画、广告等各个方面。通过与传统艺术形式的结合，艺术家们能够打破界限，创造出新的艺术形式和风格。

这种融合不仅为艺术家提供了更多的表达方式，也使得观众更容易产生共鸣。因为观众普遍接触过群众文化，对其中的元素和符号有所了解，因此能够更好地理解和欣赏艺术作品。艺术家通过吸纳群众文化元素，使得艺术更具有时代感，更能与观众产生情感上的连接。

当代艺术家通过吸纳群众文化元素和符号来丰富和扩展自己的创作语言和表达方式，这种融合使得艺术更具有时代感和观众的共鸣。通过反映当代社会的多样性和复杂性，艺术家们能够创作出更加独特和有意义的作品，同时也促进了艺术与观众之间的互动和对话。

（二）反思与批判

当代艺术家在创作中经常利用群众文化来进行社会批判和反思。他们通过对消费主义、大众媒体等现象的揭示和讽刺，探讨人类存在的问题和挑战。这种批判性的艺术作品引发了观众对社会现实的思考和反思。

艺术家通过对群众文化元素的运用，揭示出其中隐藏的社会问题和价值观念。他们可能通过电影、绘画、装置艺术等形式，以夸张、讽刺的手法来表达对社会现象的批评。这样的艺术作品能够引起观众的共鸣，并激发他们对社会现实的思考。

通过艺术的反思与批判，观众能够更加深入地理解和反思社会中存在的问题和挑战。艺术家借助群众文化元素，将社会议题带入艺术领域，使得这些议题得到更广泛的关注和讨论。观众从艺术作品中获得的视角和触动，有助于推动社会变革和进步。

当代艺术的批判性反思与群众文化的结合，不仅使艺术作品更富有创意和深度，也为社会提供了一种新的思考方式。通过对消费主义、大众媒体等现象的批判，艺术家能够引发观众对社会问题的关注，并促使他们思考如何改变和解决这些问题。

（三）创新与突破

群众文化从当代艺术中获取灵感和创意，推动了自身的发展和创新。当代艺术家的创作方式和艺术形式常常超越传统界限，以多媒体、装置艺术、行为艺术等形式进行创作。这种跨界融合的创新精神也影响了群众文化的发展，激发了更多新的创意和艺术表达方式。

当代艺术家的创作方式常常突破传统的限制，他们通过跨界融合的方式将不同领域的元素融入艺术创作中。例如，他们可以结合音乐、舞蹈、戏剧等多个艺术形式，打破了单一艺术形式的边界，创作出更具观赏性和沉浸感的艺术作品。

这种创新的方式给群众文化带来了新鲜感和刺激感，使人们能够在欣赏艺术的同时体验到不同形式的艺术表达。

另外，当代艺术家还经常使用多媒体、装置艺术、行为艺术等形式进行创作。这些新兴的艺术形式不仅给艺术家提供了更多的表达方式，也为观众提供了全新的艺术体验。例如，通过利用科技手段和互动元素，艺术作品可以与观众进行互动，打破了传统艺术作品与观众之间的单向关系。这种创新的艺术形式不仅满足了观众对于参与感和体验感的需求，同时也激发了观众自身的创造力和想象力。

群众文化从当代艺术中获取灵感和创意后，也在自身发展中追求创新。受到当代艺术的影响，群众文化开始尝试采用更多元化的方式进行创作和表达。例如，在音乐领域，流行音乐与传统音乐的融合、民谣音乐的复兴等都是群众文化创新的体现。此外，群众文化还通过社交媒体平台、线上线下活动等方式，积极参与艺术创作和分享，使得艺术成为更加平民化和大众化的文化现象。

（四）参与性与互动性

当代艺术强调观众的参与和互动，与群众文化的互动关系更加密切。观众不再只是被动地从观看者转变为参与者，可以通过参与互动艺术作品的创作过程或者与作品进行互动来获得更加全面的艺术体验。这种参与性与互动性使得艺术与大众之间的界限逐渐模糊，促进了艺术与群众文化的融合。

一方面，当代艺术家倾向于创造能够激发观众参与的艺术作品。例如，他们设计互动装置、虚拟现实艺术、社交媒体项目等，让观众成为作品的一部分，与作品进行互动并产生共鸣。观众可以通过触摸、移动、声音等方式与艺术作品进行互动，改变作品的形态或者影响作品的演变过程。这种互动性的设计激发了观众的创造力和想象力，使他们成为艺术创作的参与者和共同创作者。

另一方面，观众通过参与互动艺术作品，获得了更加全面的艺术体验。他们不再只是通过观看艺术作品来获得审美享受，而是可以亲身感受艺术作品所传递的情感和意义。观众可以参与到艺术作品的创作过程中，感受到艺术家的思考和表达，深入理解作品背后的内涵。这种参与性与互动性使得观众与艺术之间建立了更加紧密的联系，增强了观众对艺术的参与感和认同感。

参与性与互动性的强调也促进了艺术与群众文化的融合。群众文化注重大众参与和共享，而当代艺术通过互动性的设计和观众的参与，将艺术带入了群众的日常生活中。观众成为艺术的创造者和传播者，通过社交媒体等平台分享自己与艺术作品的互动经历，扩大了艺术的影响力和传播范围。艺术作品也因此与大众文化相互渗透，成为大众生活中不可或缺的一部分。

第三节　艺术创作中的群众文化批判与反思

一、艺术创作中的群众文化批判意义

艺术创作中的群众文化批判具有深远的意义。首先，群众文化批判可以帮助艺术家深入了解社会现实和人们的日常生活。通过对群众文化的观察和分析，艺术家可以更好地把握社会脉搏和民众心理。他们可以关注大众喜好、消费习惯、流行趋势等方面，从中发现社会价值观、审美标准的变化，并以此为创作素材和灵感。艺术家通过对群众文化的批判性思考，可以深入洞察社会现象的本质，呈现出更加真实、鲜活和有代表性的作品。

其次，群众文化批判有助于推动艺术的发展与进步。艺术是一个不断变革和超越的过程，而群众文化批判可以激发艺术家的思维活力。艺术家通过对群众文化的批判，可以打破传统的艺术桎梏，挑战常规的观念和方式，开拓新的表现方式和艺术形式。他们可以融入当代科技、媒体和社交平台等新兴元素，创造出更具时代性和前瞻性的作品。群众文化批判激发了艺术家的创造力和想象力，推动艺术不断向前发展。

最后，群众文化批判能够唤起观众的思考和反思。通过艺术家对群众文化的批判，观众得以审视自身所处的文化环境和价值取向。艺术作品可以成为观众与社会对话的媒介，引发观众对个体与集体、传统与现代之间关系的思考。艺术家通过对群众文化的批判性表达，可以唤起观众的共鸣，激发他们对社会问题、道德伦理等方面的思考，从而推动社会的进步和人类精神境界的提升。

二、群众文化对艺术创作的限制与挑战

群众文化对艺术创作的限制与挑战是不可忽视的。首先，群众文化倾向于娱乐性和大众化，追求简单易懂、轻松愉快的表达方式。这使得艺术家在创作中面临着如何平衡大众需求和个人表达的难题。他们需要在迎合观众口味的同时保持独特性和深度，以免作品过于商业化或沦为平庸之作。

其次，群众文化的流行趋势多变且容易受到市场和商业利益的影响。艺术家在这种环境下可能面临着迎合主流口味和传播价值的压力。他们需要思考如何在满足观众喜好的同时保持独立思考和艺术性，避免创作被商业化和市场驱动束缚。

最后，群众文化的广泛传播和碎片化特点也给艺术创作带来了挑战。在信息爆炸的时代，观众面临着大量的内容选择和注意力分散的问题。艺术家需要寻找方法吸引观众的注意力，使自己的作品在群众文化中脱颖而出。同时，他们也需要思考如何在快速消费和碎片化的环境中传达深度和思考，以引发观众的共鸣和思考。

面对这些限制与挑战，艺术家可以采取一些策略。首先，他们可以保持独立思考和创造力，坚持个人艺术追求。通过勇于表达、积极探索新领域和表现方式，艺术家可以在群众文化中塑造自己的独特声音，并与观众建立真实而深入的联系。

其次，艺术家可以关注社会和文化问题，用艺术作品启发观众思考和反思。通过深入洞察社会现实和人类情感，艺术家可以打破群众文化的表面浮华，创作出具有深度和思想性的作品，引导观众超越娱乐需求，提供更加丰富和有意义的艺术体验。

最后，艺术家可以利用互联网和数字媒体等新兴技术，创造多样化的艺术形式和传播方式。通过社交媒体、在线展览等平台，艺术家可以直接与观众互动和交流，打破传统的空间和时间限制，增加作品的可及性和参与度。

三、艺术家如何进行群众文化的反思和创新

（一）深入了解群众文化

深入了解群众文化是艺术家理解社会动态和文化内涵的重要途径。通过观察和研究群众文化现象，艺术家可以获得丰富的灵感和素材，将其转化为艺术作品，传达社会信息和价值观念。

首先，艺术家可以参与群众文化活动，亲身体验并了解其中的细节和特点。这样的参与不仅可以让艺术家感受到群众文化的活力和魅力，还能够直接接触到参与者的想法、情感和表达方式。例如，艺术家可以参加民俗节庆、音乐演出、舞蹈比赛等活动，感知并学习其中的文化元素和艺术形式。

其次，艺术家可以走进社区与受众互动，建立起与他们的联系和交流。社区是群众文化的重要载体，艺术家可以选择在社区中展开创作或开展相关活动。他们可以与居民进行对话，了解他们的生活经历、价值观念和文化传统。通过与社区居民的互动，艺术家可以更加贴近人民群众的需求和心声，从而在艺术作品中体现出更多的真实性和共鸣力。

最后，艺术家还可以进行访谈，与群众文化活动的参与者或组织者进行深入交流。通过访谈，艺术家可以了解到更多背后的社会动态和文化内涵。他们可以询问问题，探索群众文化现象的起源、发展和影响，从而更好地理解其中的意义和价值。这种深入访谈的过程不仅有助于艺术家准确把握群众文化的特点，也能够提供更多创作的灵感和思路。

通过以上方式，艺术家可以获得更多关于群众文化的信息，并将其运用到自己的艺术创作中。艺术作品不仅是对群众文化的记录和再现，更是对社会动态和文化内涵的思考和表达。艺术家的观察和研究能够使他们更加敏锐地捕捉到社会的变化和文化的演进，从而在艺术作品中传递出更为深刻的意义和情感。

（二）批判性思考和分析

艺术家在面对群众文化时，应该持有批判性思考和分析的态度。这种批判性思考并不是简单地否定或贬低群众文化，而是通过审视其中的优缺点、价值取向和思维模式，为自己的创作提供更广阔的视野和创意来源。

首先，艺术家可以对群众文化进行批判性思考，从中寻找到其中的优点和亮点。群众文化作为大众化的文化表达形式，往往能够迎合广大受众的口味和需求，具有强大的吸引力和影响力。艺术家可以借鉴其中的创意、表现手法和叙事方式，来拓展自己的创作思路，使作品更容易被接受和理解。

同时，艺术家也需要对群众文化进行批判性分析，审视其中的缺点和问题。群众文化在追求大众认可的过程中，可能存在商业化倾向、浅薄化的表达以及消费主义的价值取向等问题。艺术家应该保持独立思考的能力，不盲目迎合市场需求，而是通过对群众文化的批判性思考，去挑战常规的认知和偏见，探索更深层次、更有价值的艺术表达。

除了对群众文化进行批判性思考外，艺术家还可以通过批评性创作来展现对群众文化的思考和反思。他们可以用艺术作品来揭示群众文化中的问题和矛盾，引发观众对于这些问题的思考和讨论。这种批评性创作不仅可以帮助人们意识到群众文化的局限性，也能够推动社会的进步和变革。

此外，艺术家还可以通过颠覆传统观念的方式来拓展自己的创作思路。传统观念往往束缚着人们的思维和创造力，而艺术家可以通过对传统观念的颠覆，打破既有的框架和思维模式，从而开辟出新的艺术路径。这种颠覆性的创作能够激发观众的想象力和思考能力，使他们更加主动地去思考和参与到艺术创作中。

（三）捕捉变化和趋势

敏锐地捕捉群众文化中的变化和趋势对于艺术家来说至关重要。随着社会的不断发展和变迁，群众文化也在不断演变，艺术家需要紧跟时代脉搏，以便创作出与当下社会相互呼应的作品。

首先，艺术家可以关注社交媒体上的变化。社交媒体已成为人们日常生活的重要组成部分，通过观察社交媒体平台上的话题、热点和流行内容，艺术家可以了解到人们的兴趣和关注点。他们可以从中获取灵感，将社交媒体中的话题与艺术表达相结合，创作出具有时代特色和社会影响力的作品。

其次，艺术家可以关注流行文化的变化。流行文化是群众文化的重要组成部分，它反映了时代的审美趣味和价值观念。艺术家可以关注音乐、电影、电视剧、时尚等领域的变化和趋势，从中汲取灵感并进行艺术创作。例如，艺术家可以通过创作音乐视频、绘画流行明星的肖像或设计时尚服饰等方式，与流行文化进行对话，并将其融入自己的艺术作品中。

再次，艺术家还可以关注消费习惯和商业趋势的变化。随着经济的发展和人们生活水平的提高，消费习惯也在不断演变。艺术家可以观察人们的消费行为和购物偏好，了解他们的追求和价值观念。通过描绘商业场景、探索商品文化或创作与消费主题相关的作品，艺术家可以抓住当下社会的热点和变化，使作品更具时代感和现实意义。

最后，艺术家需要结合当代艺术手法和媒介，创作出与群众文化相互呼应的作品。现代科技和数字媒体的发展为艺术创作提供了新的可能性。艺术家可以利用虚拟现实、增强现实、交互式艺术等先进技术和媒介，与群众文化进行互动和融合。这样的创作方式可以吸引更多的受众，让作品更具包容性和互动性。

（四）保持独立性和创作自由

艺术家的个人独立性和创作自由是非常重要的。他们应该坚持自己的艺术理念和内心声音，不被市场需求和潮流左右。只有保持独立性，才能真实地表达自己的思想、情感和观点。

艺术家应该以真实和独特的方式回应群众文化的挑战。这意味着他们需要勇于创新，不断探索新的表达方式和艺术形式。艺术家可以从社会、历史、文化等方面获取灵感，用自己独特的视角去诠释和反映现实世界。

与此同时，艺术家也应该与观众进行互动和交流。通过与观众的互动，艺术家可以了解观众对作品的反馈和意见。观众的反馈可以给艺术家带来启发和反思，帮助他们更好地理解自己的作品，并推动创作的深化和发展。

然而，艺术家在接受观众的意见时仍需要保持自己的独立性和判断力。观众的反馈只是参考，艺术家应该根据自己的创作理念和目标来决定是否采纳。他们需要保持对自己内心声音的坚守，不被外界因素左右。

第七章　群众文化的创新与传承

第一节　当代群众文化创新的途径和方式

一、技术创新与群众文化

（一）科技进步对群众文化的影响

1.科技创新改变了群众获取文化的方式

（1）数字化媒体

随着互联网和移动设备的普及，人们可以通过网络和手机等数字化媒体平台轻松获取各种形式的文化内容，如音乐、电影、书籍、艺术作品等。这使得群众能够更广泛地接触到不同类型的文化产品。

（2）在线流媒体服务

视频流媒体平台和音乐流媒体平台的出现，使得群众可以根据自己的兴趣和需求选择并享受各种多样化的文化内容。

2.数字化媒体推动了群众文化创作和表达的活跃度

（1）自媒体平台

互联网的兴起催生了大量的自媒体平台，使得群众可以成为内容的创作者和传播者。通过博客、社交媒体、视频分享网站等平台，群众可以创作和分享自己的文化作品，表达自己的观点和创意。

（2）用户生成内容

群众通过社交媒体平台上传照片、视频和音频等用户生成内容，使得群众文化变得更加多样化和个性化。这种参与式的文化创作方式让群众成为文化的创造者和共同体。

3. 新兴科技在群众文化领域的应用与发展

（1）虚拟现实（VR）和增强现实（AR）技术

VR 和 AR 技术为群众提供了全新的艺术体验和互动形式。通过戴上 VR 头显或使用 AR 应用程序，群众可以身临其境地参与艺术、音乐和游戏等领域的创新体验。

（2）人工智能（AI）在群众文化中的应用

AI 技术可以帮助群众进行文化创作和创新。例如，音乐创作中的自动生成算法、图像识别技术在艺术欣赏中的应用等，都为群众提供了更多的创作工具和体验方式。

（3）区块链技术

区块链技术在版权保护和数字内容交易方面具有潜力。通过区块链技术，群众可以更好地保护自己的知识产权，并实现直接的价值交换，推动群众文化创作的激励机制和可持续发展。

（二）虚拟现实与增强现实技术在群众文化中的应用

1. 虚拟现实技术如何创造出全新的艺术体验和互动形式

虚拟现实（Virtual Reality，简称 VR）技术通过模拟真实世界或虚构的环境，让用户感受到身临其境的沉浸式体验。在群众文化中，虚拟现实技术为艺术创作和互动形式提供了全新的可能性。

首先，虚拟现实技术为艺术创作带来了更加广阔的空间。艺术家可以利用虚拟现实技术创造出各种虚拟环境，展示丰富多样的艺术形式。例如，绘画、雕塑和建筑等传统艺术形式可以被转化为三维虚拟空间中的作品，观众可以自由地探索其中，与作品进行互动，获得更加深入和直观的艺术体验。

其次，虚拟现实技术为艺术呈现提供了更加多样的方式。传统的艺术展览通常限制于物理空间的限制，无法展示大规模的艺术作品或复杂的装置艺术。而借助虚拟现实技术，艺术家可以创造出虚拟展览空间，将大型作品或复杂装置以数字化形式呈现，让观众可以在虚拟空间中自由浏览、交互和欣赏。这种数字化的展览形式不受时间和地域限制，为更多人提供了参与艺术活动的机会。

最后，虚拟现实技术还为艺术创作带来了更加丰富的表现手段。通过虚拟现实技术，艺术家可以创造出视听、触觉、嗅觉等多重感官的体验，将艺术作品融入观众的身体感知之中。例如，在音乐演出中，虚拟现实技术可以将观众置身于一个完全沉浸的音乐环境中，让他们通过身体的感知与音乐进行互动，产生更加深入和个性化的艺术体验。

2. 增强现实技术在群众文化活动中的运用与效果

增强现实（Augmented Reality，简称 AR）技术是一种将虚拟信息叠加到真实世界中的技术。在群众文化活动中，增强现实技术的应用可以为观众提供更加丰富和互动的体验，提升活动的吸引力和参与度。

首先，增强现实技术可以为群众文化活动提供更加丰富的信息展示。通过手机、平板电脑或 AR 眼镜等设备，观众可以扫描特定的标识物或场景，即可在设备上看到与之相关的虚拟信息。例如，在博物馆中，观众可以利用增强现实技术获取关于艺术品的详细介绍、历史背景和相关故事，增加观众对艺术品的理解和欣赏。

其次，增强现实技术可以创造出更加互动和参与的群众文化活动。观众可以通过增强现实技术与虚拟角色或虚拟物体进行互动，参与到活动的故事情节中。例如，在演唱会或舞台剧中，观众可以利用增强现实技术与演员进行互动，成为故事的一部分，增强了观众的参与感和娱乐体验。

最后，增强现实技术还可以为群众文化活动提供个性化的体验。观众可以通过增强现实技术定制自己的虚拟角色或虚拟物品，与其他观众进行互动和展示。例如，在游戏展会或嘉年华活动中，观众可以通过增强现实技术创建自己的游戏角色，并与其他观众进行对战或合作，享受到个性化和社交化的游戏体验。

3. 虚拟现实和增强现实对传统文化的传承和创新意义

虚拟现实和增强现实技术在传统文化的传承和创新方面具有重要的意义。

首先，虚拟现实和增强现实技术可以帮助传统文化得以传承。通过虚拟现实技术，传统文化的艺术形式和场景可以以数字化的方式进行保存和再现，不受时间和空间限制。观众可以通过虚拟现实技术亲身体验传统文化的艺术表达和场景，增加对传统文化的理解和欣赏。

其次，虚拟现实和增强现实技术可以为传统文化注入新的创新元素。传统文化与虚拟现实、增强现实的结合，可以创造出全新的文化形式和艺术表达。例如，在传统戏曲中引入虚拟现实技术，可以创造出更加丰富和独特的舞台效果；在传统节日中应用增强现实技术，可以为观众呈现出更加生动和有趣的庆祝活动。

最后，虚拟现实和增强现实技术还可以促进传统文化的传播和推广。通过虚拟现实和增强现实技术，传统文化可以以更加直观和吸引人的方式展现给观众，提高观众的参与度和兴趣。这种新颖的传播方式可以吸引更多的年轻人参与，推动传统文化在现代社会中的传承和发展。

（三）人工智能与群众文化创新

1. 人工智能技术对群众文化创作的辅助与协作

人工智能（Artificial Intelligence，简称 AI）技术在群众文化创作中发挥着重要的辅助和协作作用。

（1）创意辅助和创作工具

创意辅助和创作工具是人工智能在群众文化创作中的重要应用之一。通过生成算法和自动化工具，人工智能可以为艺术家和创作者提供创作灵感和辅助。

生成对抗网络（GAN）是一种深度学习模型，可以生成新颖的艺术作品和创作方式。它由两个神经网络组成，一个生成器网络负责生成艺术作品的变体，另一个判别器网络负责评估这些作品的真实性。通过不断的训练和迭代，GAN 可以产生具有独特风格和创意的艺术作品，为艺术家提供更多的创作灵感。

另外，自然语言处理（NLP）技术也可以在群众文化创作中发挥作用。NLP 技术可以分析和理解自然语言文本，从中提取关键信息和语义结构。在群众文化创作中，NLP 技术可以帮助作家和编剧生成故事情节、角色和对话等元素。例如，通过自动生成对话的模型，作家可以快速生成逼真的对话场景，为剧本创作提供参考和灵感。

（2）内容分析和数据挖掘

内容分析和数据挖掘是人工智能在群众文化创作中的重要应用之一。通过对大量群众文化作品进行内容分析和数据挖掘，人工智能可以揭示其中的模式和趋势，为创作者提供参考和灵感。

机器学习算法可以应用于音乐作品的内容分析。通过分析音乐作品的和弦、节奏、情绪等特征，机器学习算法可以识别出不同类型和风格的音乐，并帮助音乐家创作出更具吸引力和独特性的音乐作品。例如，通过分析流行音乐中的常见和弦进程和节奏模式，音乐家可以了解当前受众喜欢的音乐元素，从而在创作过程中融入这些元素，增加作品的吸引力和可听性。

此外，人工智能还可以通过对社交媒体和网络上的用户反馈和评论进行分析，了解受众的喜好和需求，指导创作过程。通过自然语言处理技术，人工智能可以分析用户在社交媒体平台上的评论和观点，发现用户对群众文化作品的偏好和评价，从而为创作者提供有关受众喜好的洞察和建议。这种数据驱动的创作过程可以帮助创作者更好地满足受众的需求，提高作品的接受度和市场竞争力。

（3）艺术创作与科技融合

艺术创作与科技的融合是人工智能在群众文化创作中的重要应用之一。通过利用机器学习和计算机视觉技术等科技手段，艺术家可以创造出与观众互动的艺术装置，提供更加沉浸式和个性化的艺术体验。

一种常见的应用是基于机器学习和计算机视觉技术的交互装置。通过使用摄像头、传感器和深度学习算法，这些装置可以感知观众的行为、姿态、表情等信息，并根据这些信息生成、改变或交互影像、音乐等内容。例如，在一个艺术展览中，观众的动作和姿势可以触发特定的图像或声音效果，与作品进行实时互动。这种互动形式将科技与艺术相结合，丰富了群众文化创作的表现手段，同时也为观众带来了全新的、个性化的艺术体验。

此外，科技还可以扩展艺术创作的边界，提供更加多样化和前卫的艺术形式。例如，通过使用虚拟现实（VR）技术，艺术家可以创造出虚拟的艺术空间和体验，观众可以在其中沉浸式地探索、互动和欣赏艺术作品。而增强现实（AR）技术则可以将虚拟内容叠加到现实场景中，为观众呈现出与现实世界交融的艺术体验。这些科技手段为艺术创作带来了新的可能性和视觉冲击，使观众能够以更加全新的方式感受和理解艺术。

2. 机器学习在群众文化研究和内容推荐中的应用

机器学习（Machine Learning）是人工智能的一个重要分支，它可以在群众文化研究和内容推荐中发挥关键作用。

（1）内容分类和标签生成

机器学习在内容分类和标签生成方面发挥着重要作用。通过训练模型，我们可以利用机器学习算法自动识别和分类不同类型的群众文化内容。

例如，在图像分类方面，可以使用卷积神经网络（CNN）等深度学习模型进行训练，以识别艺术作品的风格、主题或类型。通过大量的训练数据和适当的标注，模型可以学习到不同风格和主题之间的区别，从而实现对艺术作品的自动分类。

另外，机器学习还可以生成标签和关键词，帮助整理和组织大量的群众文化内容。通过对已有数据的学习，模型可以提取出与内容相关的关键信息，并将其转化为标签或关键词。这些标签和关键词可以被应用于内容的索引和检索，提供更好的浏览和搜索体验。

通过机器学习技术的应用，我们能够更高效地处理和管理群众文化内容。它能够自动化分类和标记过程，减少人工干预的需求，提高工作效率。同时，通过精确的分类和标签，用户可以更快速地找到感兴趣的内容，提升浏览体验。

然而，需要注意的是，机器学习模型的训练需要大量的数据和标注，并且需要进行不断的优化和更新以适应新的内容。此外，对于某些主观性较强的分类任务，模型可能存在一定的误差。因此，在应用机器学习进行内容分类和标签生成时，需要综合考虑算法的准确性和实际需求，进行有效的调整和改进。

（2）用户兴趣和行为分析

机器学习在用户兴趣和行为分析方面发挥着重要作用。通过对用户的兴趣和行为数据进行分析，我们可以了解用户的偏好和需求，并根据这些信息提供个性化的群众文化内容推荐，以提高用户的满意度和参与度。

例如，在音乐流媒体平台上，机器学习可以通过分析用户的历史听歌记录和行为模式来推荐符合他们喜好的新歌曲和艺人。通过收集和分析大量的用户数据，模型可以学习到用户的音乐偏好、喜欢的艺人或风格，并根据这些信息进行智能推荐。这样，用户可以更容易地发现并享受到符合他们口味的音乐内容。

类似地，机器学习还可以应用于其他群众文化领域，如电影、图书、艺术等。通过分析用户的观看、阅读或浏览行为，模型可以推断用户的兴趣爱好，并向其推荐相关的内容。这种个性化推荐不仅可以提高用户的满意度，还可以帮助用户发现新的内容和艺术品，拓宽视野和知识面。

需要注意的是，用户兴趣和行为分析需要充分考虑用户的隐私和数据保护。在应用机器学习进行个性化推荐时，必须确保用户数据的安全性和合法性，遵循相关的隐私政策和法律法规。

（3）预测和创作辅助

机器学习在预测和创作辅助方面具有重要的应用。通过对群众文化作品进行训练和分析，机器学习可以帮助预测作品的受欢迎程度和市场表现，为创作者提供指导和决策依据。

以电影制作为例，机器学习可以通过分析电影剧本、演员阵容、电影类型等因素，预测电影票房的表现。通过对大量历史数据的学习和模式识别，模型可以发现作品特征与票房之间的关联，从而进行预测。这样，制片方可以根据预测结果做出合理的决策，如调整投资规模、改善剧本或选择更合适的演员阵容，以提高电影的市场竞争力。

类似地，机器学习还可以应用于音乐、文学、艺术等领域。通过对历史数据和趋势的分析，模型可以预测音乐作品的流行程度、书籍的销售量或艺术品的市场价值等。这些预测结果可以为创作者提供参考，帮助他们更好地满足受众的需求和市场趋势，提升作品的受欢迎程度和商业价值。

然而，需要注意的是，机器学习的预测结果并非绝对准确，仍存在一定的误差和不确定性。创作者在决策过程中需要综合考虑多个因素，并进行人工判断和主观评估。此外，创作也应该保持创意和独特性，而不完全依赖于机器学习的预测结果。

3. 人工智能对群众文化产业发展的影响与挑战

人工智能对群众文化产业的发展具有深远的影响，同时也面临着一些挑战。

（1）内容生产和版权保护

在人工智能时代，内容生产和版权保护确实面临着一些挑战。虽然人工智能技术可以帮助自动生成内容，但也容易导致大量重复或类似的作品涌现，使原创性和版权保护成为亟待解决的问题。

首先，对于内容生产，确保原创性是关键。虽然机器学习可以生成内容，但仍需要依赖人类提供的训练数据和模型。因此，保证训练数据的来源和质量至关重要。采取措施来鼓励和保护原创作品，同时加强对内容生成算法和模型的监管和审查，可以减少低质量或盗版内容的出现。

其次，版权保护需要与技术相结合。利用数字水印、版权信息嵌入等技术手段，可以将版权信息与作品相关联，防止盗版和侵权行为。此外，通过建立版权数据库和使用机器学习技术进行版权检测，可以更有效地监测和识别侵权行为，保护创作者的合法权益。

此外，社会各界也应共同努力，加强宣传和教育，提高公众对版权保护的意识和重视程度。加强法律法规的制定和执行，对盗版、侵权等违法行为进行打击，维护群众文化产业的健康发展。

尽管人工智能技术在内容生产和版权保护方面带来了挑战，但也可以成为解决问题的一部分。例如，通过机器学习技术进行版权检测和侵权监测，可以提高效率和准确性。同时，人工智能还可以用于数字内容的加密和溯源，加强版权保护的可靠性和安全性。

（2）就业机会与人力资源需求

随着人工智能在群众文化产业中的广泛应用，传统工作岗位可能会受到影响。自动化和智能化的技术有可能取代一些重复性劳动和简单任务，从而导致一部分传统岗位的减少。然而，与此同时，人工智能技术也将创造出新的就业机会。

首先，人工智能技术的发展将需要大量的 AI 算法工程师和数据分析师。这些专业人才将负责开发和优化人工智能算法，进行数据分析和模型训练等工作。他们的职责包括设计和实现各种机器学习算法、深度学习模型和自然语言处理系统等，以提高人工智能系统的性能和效果。

其次，人工智能技术的应用也将催生其他相关岗位的需求。例如，人工智能产品经理将负责规划和管理人工智能项目，了解用户需求并协调开发团队。人工智能伦理专家将研究和解决人工智能伦理和道德问题，确保人工智能系统的公平性和可信度。此外，还将需要专门的人工智能安全专家来保护人工智能系统免受黑客的恶意攻击。

面对这些职业变革，适应人工智能技术的发展成为一个重要的挑战。教育机构和培训机构需要调整课程设置，加强人工智能相关知识和技能的培养。此外，政府和企业也需要制定相应的政策和措施，鼓励人们学习和适应新时代的需求。

（3）伦理和道德问题

人工智能技术在群众文化产业中的应用，带来了一系列伦理和道德问题。首先，自动化生成的内容是否会导致创意和原创性的流失？尽管 AI 可以生成大量内容，但这可能导致创作者的价值被削弱，因为他们的作品可能被人工智能复制或模仿。这引发了对版权和知识产权的保护问题。

其次，机器学习算法在推荐系统中的使用是否会造成信息过滤和信息孤岛的问题？推荐系统根据用户的兴趣和行为进行个性化推荐，但这也可能导致用户只接触到与其观点相符的信息，从而形成信息过滤和信息孤岛。这可能加剧极端化和社会分裂。

最后，如何确保人工智能技术的公平性、透明性和责任性，是亟待解决的问题。人工智能系统可能受到数据集偏见、算法歧视以及人类程序员的价值观影响。这可能导致不公正的结果，并增加社会不平等。

为了解决这些问题，我们需要采取一系列措施。首先，需要制定相关的法律和伦理准则，保护创作者的权益，并确保算法的公正性和透明性。其次，需要加强对数据集的审查，减少偏见和歧视。同时，要提高人工智能系统的可解释性，使其决策过程可以被理解和解释。

此外，还应该促进多方参与和合作，包括政府、学术界、行业组织和公众。他们可以共同制定政策，监督 AI 技术的发展和应用，并参与道德和伦理问题的讨论与决策。

最重要的是，我们需要将人类价值观和伦理原则融入人工智能系统的设计和开发中。这意味着不仅要注重技术的发展，还要关注其对社会和个体的影响。只有在保持道德和伦理准则的前提下，人工智能技术才能为群众文化产业带来真正的益处。

（四）区块链技术与群众文化的链接

1.区块链技术在群众文化版权保护和交易中的应用

区块链技术作为一种去中心化、不可篡改的分布式账本系统，具有确权、防伪、可追溯等特点，为群众文化版权保护和交易提供了新的解决方案。

首先，区块链可以确保版权的唯一性和不可篡改性。传统的版权保护存在着信息易被篡改、证据难以提供等问题，而区块链通过将版权信息存储在不同节点上，并使用密码学算法确保信息的安全性，有效地保护了群众文化作品的版权。

其次，区块链技术可以实现智能合约，使版权交易更加透明和高效。通过智能合约，可以在区块链上记录版权的交易细节和条件，并自动执行相应的权益分配和支付。这样一来，版权交易的过程将更加透明、公正，减少了中介机构的参与，提高了版权交易的效率。

最后，区块链还可以为群众文化作品的授权和许可提供便利。群众文化作品往往涉及多个参与者的合作和授权，而传统的授权方式存在信息不对称和纠纷解决难的问题。而区块链可以将版权信息、授权记录等存储在分布式账本上，实现授权的可追溯性和透明性，减少了争议和纠纷的发生。

2.去中心化的区块链平台对群众文化创作与共享的促进作用

去中心化的区块链平台为群众文化创作与共享提供了新的机制和方式，具有以下促进作用。

首先，区块链平台可以降低创作门槛，提升群众文化创作者的参与度。传统的创作渠道常常存在门槛高、审核严格等问题，限制了大众参与文化创作的机会。而区块链平台通过去中心化和开放的特点，为广大创作者提供了公开、自由的创作空间，让更多人有机会展示自己的才华和创意。

其次，区块链平台可以实现创作成果的可溯源和可验证。在传统的文化创作中，原创性和真实性常常面临质疑和争议。而区块链技术可以通过记录和存储创作的时间、地点等信息，并保证数据的不可篡改性，为创作者提供了可溯源和可验证的证据，增强了创作成果的信任度和价值。

最后，区块链平台还可以促进群众文化作品的共享和传播。传统的版权管理方式限制了文化作品的流通和传播，而区块链平台可以通过智能合约实现版权的分配和控制，确保创作者和参与者都能获得应有的利益，同时促进作品的广泛传播和分享。

3.区块链技术如何推动群众文化创新和多元发展

区块链技术在群众文化领域的应用，为群众文化创新和多元发展提供了新的动力和机制。

首先，区块链技术可以激励群众文化创新。传统的文化产业生态系统中，创作者常常难以获得公平的收益和回报，这对于创新活动来说是一种阻碍。而区块链技术通过智能合约和加密货币等机制，可以确保创作者获得公正的经济回报，激励其进行更多的创新尝试。

其次，区块链技术可以推动群众文化的协同创作和合作。区块链平台的去中心化特点使得不同创作者可以直接交流和合作，无须借助第三方中介机构。这样一来，创作者之间的交流和合作成本降低，创作团队组建更加灵活，促进了群众文化的协同创作和合作。

最后，区块链技术还可以促进群众文化作品的跨界融合和创新。区块链平台具有开放性和互联性的特点，可以实现不同类型、不同领域的文化作品之间的交流和融合。这为群众文化创作者提供了更多的创作资源和灵感，推动了跨界创新和多元发展。

二、创意产业与群众文化创新

（一）创意产业的概念与特征

1.创意产业的概念与特征

创意产业是指以创造性思维和创新能力为基础，以知识、技术和文化为核心，通过创意产品和服务的创作、生产和交流，产生经济价值的一类产业。它涵盖了广泛的领域，包括设计、艺术、媒体、广告、电影、音乐、时尚、游戏、动漫等。

2.创意产业的特征

（1）创意性

创意产业以创造性思维和创新能力为核心，注重创作、设计和表达个性化和独特性的产品和服务。

（2）知识密集型

创意产业依赖于高水平的知识和技术，需要专业人才的创作和运营。

（3）文化导向

创意产业融合了各种文化元素，并通过创意产品和服务的传播来推动文化交流和多样性。

（4）跨界合作

创意产业常常需要跨学科、跨行业的合作，促进不同领域之间的创新和交流。

（5）市场驱动

创意产业的发展与市场需求密切相关，市场反馈对创意产品和服务的生产和推广起着重要作用。

3. 创意产业的定义及其与群众文化之间的关系

创意产业是以创造性思维和创新能力为基础，通过创意产品和服务的创作、生产和交流，产生经济价值的一类产业。它与群众文化之间存在密切的关系。

首先，创意产业的发展离不开群众文化的支持和参与。群众文化是指广大人民群众自觉创造和接受的文化形式，包括民间艺术、民俗文化、流行文化等。创意产业可以借鉴和吸收群众文化中的元素和创意，将其转化为商业化的创意产品和服务。

其次，创意产业也对群众文化的传播和创新起到推动作用。创意产业通过创意产品和服务的生产和推广，将优秀的群众文化作品带入更广泛的社会范围，促进了群众文化的传播和传承。同时，创意产业还能激发群众的创造力和创新意识，推动群众文化的创新和发展。

4. 创意产业对群众文化创新的驱动作用

首先，创意产业通过市场机制的引导和激励，鼓励和支持群众参与文化创作。创意产业提供了广泛的创作平台和机会，为群众文化创新提供了更多的空间和资源。

其次，创意产业将群众文化中的元素和创意进行加工和转化，创造出丰富多样的创意产品和服务。这些产品和服务不仅满足了人们对文化消费的需求，也激发了群众的创造力和创新意识。

最后，创意产业的发展促进了知识和技术的传播和交流，为群众文化的创新提供了新的思路和方法。创意产业与科技、艺术、设计等领域的跨界合作，推动了群众文化创新的跨学科融合。

5.创意产业对经济增长和社会发展的贡献

首先，创意产业作为一个新兴的经济领域，为就业和创业提供了更多机会。创意产业的发展吸纳了大量的专业人才和从业人员，为就业市场增加了新的需求。

其次，创意产业的发展促进了相关产业链条的发展和升级。创意产业与制造业、服务业等其他产业形成良性互动，推动了相关产业的技术创新和升级。

再次，创意产业通过文化产品和服务的创造、生产和销售，刺激了消费需求和消费支出。创意产业的繁荣带动了文化消费市场的扩大，对国民经济增长起到了积极的拉动作用。

最后，创意产业的发展也推动了社会文化的繁荣和多元化。创意产业的创作和传播丰富了人们的精神文化生活，提升了社会的文化软实力和国际竞争力。

（二）创意产业与群众文化的融合与互动

1.创意产业如何吸纳群众文化元素进行创新

（1）源于传统文化

创意产业可以借鉴和挖掘传统文化中的元素和价值观念，将其与现代社会需求相结合，创造出独特的创意产品和服务。例如，在设计领域中，可以将传统民族服饰元素融入时尚设计中，创造出具有民族特色的时装作品。

（2）反映社会现象

创意产业通过关注社会、时事和流行文化等方面的变化，捕捉群众文化的新兴趋势和表达方式，从而创造出符合当下社会需求的创意产品和服务。例如，根据社交媒体的普及和用户需求，创意产业可以开发出适应社交媒体环境的内容创作工具和平台。

（3）引入群众参与

创意产业可以通过引入群众的参与和创造力，将群众文化元素转化为创意产品和服务。例如，通过举办设计大赛或艺术展览，鼓励广大群众参与创意作品的创作和展示，从而吸纳群众文化中的创新和想法。

（4）融合跨界合作

创意产业可以与其他领域进行跨界合作，将群众文化元素与科技、艺术、设计等领域相结合，创造出更具创新性和独特性的产品和服务。例如，电影和游戏的结合，通过游戏化的方式让观众参与到电影故事中，提升观影体验。

2. 群众文化对创意产业产品和服务的影响和需求

（1）多样性需求

群众文化的多样性和个性化要求，推动了创意产业创造出丰富多样的产品和服务。群众对于不同风格、主题和表达形式的需求，激发了创意产业的创新和多样化发展。

（2）参与性需求

群众文化强调参与和互动，要求创意产业能够提供具有参与性的产品和服务。群众希望能够参与到创意产品和服务的创作和决策过程中，体验到自己的创造力和个性的展示。

（3）故事性需求

群众文化注重故事和情感的表达，要求创意产业能够提供具有故事性和情感共鸣的产品和服务。通过讲述有深度、有内涵的故事，创意产业能够更好地满足群众对于情感共鸣和情节发展的需求。

（4）文化认同需求

群众文化强调文化认同和身份认同，要求创意产业能够提供具有文化价值和独特风格的产品和服务。创意产业通过吸纳和展现不同文化元素，能够满足群众对于文化认同和身份表达的需求。

3. 创意产业与群众文化互动的模式

（1）社区合作模式

创意产业与社区组织合作，利用社区资源和群众参与，开展各种文化活动和项目。例如，在城市社区组织艺术节，邀请当地居民参与演出、展览和工作坊，促进创意产业与群众文化的互动和共享。

（2）创客空间模式

创意产业建立创客空间，提供场地和设施，让群众可以自由创作和交流。

创客空间不仅是创新创意的孵化器，也是群众文化展示和交流的平台。例如，在一些城市中兴起的创意园区或艺术中心，成为创意产业与群众文化互动的重要场所。

（3）群众参与活动模式

创意产业通过举办各种群众参与的活动，鼓励群众参与到创意产品和服务的创作和表达中。例如，举办设计大赛、艺术展览、街头艺术节等活动，吸引广大群众积极参与，提升创意产业与群众文化的互动效果。

（4）线上互动模式

随着互联网的发展，创意产业通过线上平台和社交媒体与群众进行互动。通过在线投票、用户评论和互动社区等方式，创意产业能够实时获取群众反馈，提升产品和服务的质量和受欢迎程度。

（三）创意产业的政策支持与群众文化创新

1.政府在创意产业发展中的角色和政策支持

（1）制定政策和规划

政府制定相关政策和规划，为创意产业提供发展方向和政策框架。政府可以针对创意产业的特点和需求，制定专门的产业发展计划和政策指导，为创意产业的发展提供战略性的引导。

（2）提供资金支持

政府通过设立专项基金、提供贷款、补贴和奖励等方式，为创意产业提供资金支持。这些资金可以用于项目孵化、创作生产、市场推广等方面，帮助创意企业和从业人员解决资金难题，促进创新和创意产品的研发和推出。

（3）建设创意产业园区和平台

政府投资建设创意产业园区和创意产业聚集区，提供场地和基础设施，为创意企业和从业人员提供良好的创作和运营环境。政府还可以建设创意产业孵化器、创客空间等创新创业平台，为创意产业提供创业培训、技术支持和市场对接等服务。

（4）优化创意产业生态环境

政府通过改善法律法规、知识产权保护、市场准入等方面的环境，优化创意产业的生态环境。政府加强知识产权保护，鼓励创意产业的创新和知识产权的转化和运用。

（5）促进国际交流与合作

政府积极推动创意产业的国际交流与合作，通过举办展览、论坛、洽谈会等活动，促进国内外创意产业的互动与合作。政府还可以开展文化交流项目、海外推广活动等，拓宽创意产业的国际市场和发展机会。

2. 创意产业政策对群众文化创新的促进作用

（1）激发创意潜能

创意产业政策提供了支持和激励，鼓励群众参与文化创作和创新。通过提供资金、场地、技术和市场等方面的支持，政府促使群众发挥创意潜能，实现个人和群体的创新创造。

（2）提供平台和机会

创意产业政策建设了各类创作平台和展示机会，为群众文化创新提供了更广阔的舞台。政府支持的创意产业园区、创客空间等地方，为群众提供了专业的设施和资源，让他们有机会将自己的创意转化为创意产品和服务。

（3）传承和弘扬文化

创意产业政策注重传承和弘扬优秀的群众文化，推动文化创新和传统文化的保护与发展。政府鼓励群众通过创意产业的方式传承和发扬自己的文化，将传统文化与现代社会相结合，为群众文化注入新的活力。

（4）增加文化多样性

创意产业政策鼓励多元文化的表达和交流，增加文化的多样性和包容性。政府通过支持群众参与创意产业，推动不同地区、民族和群体的文化创新和交流，丰富了社会文化的多样性。

3. 创意产业与群众文化共同发展的可持续模式

（1）教育培训

政府加强对创意产业从业人员和群众文化从业者的培训和教育，提高其专业水平和创新能力。政府还可以开展相关的文化艺术教育，提升群众的文化素养和创造力。

（2）产学研合作

政府鼓励创意产业与高校、科研机构等进行产学研合作，促进知识和技术的交流与转化。通过与群众文化领域的专家学者合作，创意产业能够更好地吸纳群众文化元素，实现创意产业与群众文化的共同发展。

（3）市场导向

政府引导创意产业和群众文化向市场导向的方向发展，注重市场需求和消费者体验。政府可以通过支持创意产业与群众文化的商业化转型和市场推广，促进双方的可持续发展。

（4）文化政策整合

政府需要将创意产业和群众文化的发展纳入整体文化政策的规划和实施中。通过协调各部门和机构的力量，实现资源的整合和优化配置，形成政策的合力效应，推动创意产业与群众文化共同发展。

（5）国际交流与合作

政府加强与其他国家和地区的创意产业和群众文化的交流与合作，借鉴国际先进经验和理念，拓宽创意产业和群众文化的发展空间。同时，政府还可以提供相关的国际交流平台和项目支持，促进国内创意产业与群众文化的国际化发展。

（四）创意产业创新模式与群众参与

1.开放式创新模式在创意产业中的应用和效果

开放式创新模式在创意产业中得到广泛应用，并取得了显著的效果。开放式创新模式强调利用外部资源和合作伙伴的创新能力，通过开放、共享和协作的方式，实现创新的加速和优化。

在创意产业中，开放式创新模式可以体现在以下方面。

（1）合作伙伴关系

创意产业与其他产业或领域建立合作伙伴关系，共同进行产品和服务的创新。例如，媒体和科技公司合作开发新媒体平台，将创意内容与技术相结合，提供更丰富的用户体验。

（2）众包和众创

通过向广大群众征集创意和解决方案，实现创意产业的创新。例如，通过设计大赛或创意创业竞赛，吸引群众参与创意的生成和策划，从而获得更多的创新想法和创意作品。

（3）开放平台和资源共享

创意产业建立开放的创作平台和资源共享机制，让群众可以自由地参与创意的创作和分享。例如，开放的设计平台和社交媒体可以让用户参与到产品设计和内容创作中，实现用户生成内容（UGC）的模式。

（4）开放数据和知识产权

创意产业开放数据和知识产权，促进创新和跨界合作。例如，共享数据资源可以帮助创意从业者更好地理解市场需求和消费者行为，支持他们进行创意产品和服务的开发。

开放式创新模式在创意产业中的应用可以提供以下效果。

（1）创新速度加快

通过引入外部资源和合作伙伴的创新能力，加速了创意产业的创新过程，缩短了产品和服务的开发周期。

（2）创意多样性增加

通过吸纳不同背景和专业领域的人才参与创意产业的创新，丰富了创意的内容和形式，提高了产品和服务的多样性和个性化。

（3）成本降低

开放式创新模式利用外部资源和共享机制，降低了创意产业的研发成本和运营成本，提升了经济效益。

（4）用户参与度提高

开放式创新模式鼓励用户参与创意产业的创新过程，增加了用户的参与度和忠诚度。用户参与的产品和服务更符合他们的需求和喜好，提高了用户满意度。

2. 群众参与创意产业创新的方式和机制

（1）创意竞赛

举办创意竞赛，征集群众的创意和解决方案。这可以激发群众的创造力和创新意识，并为创意产业提供大量的创新资源。

（2）用户反馈

鼓励用户提供反馈和建议，参与产品和服务的改进和优化。通过用户调研、在线评论等方式，了解用户的需求和意见，从而进行创新和改进。

（3）众包创意

利用互联网平台，向群众征集创意和设计作品。通过在线投稿、评选和奖励机制，吸引群众积极参与创意产业的创新活动。

（4）社区参与

建立创意社区或线下工作坊，提供交流和合作的平台，鼓励群众参与到创意产业的创新过程中。通过分享经验、合作创作等方式，实现群众参与创新的目标。

（5）产品定制

提供个性化和定制化的服务，让用户参与产品设计和个性化定制的过程。通过在线工具和平台，让用户可以自主选择、定制和修改产品的特征和功能。

3. 群众参与对创意产业创新成果的推广和传播

（1）口碑传播

群众参与的产品和服务通常会得到更多的关注和口碑，从而推动其在社交媒体、网络社区等渠道上的传播。用户的分享和推荐能够扩大产品或服务的知名度和影响力。

（2）用户参与感召力

群众参与的产品和服务能够激发用户的参与感和归属感，促使他们更主动地参与推广和传播。用户参与的体验和故事可以通过口口相传的方式传递给其他潜在用户，增加产品或服务的吸引力。

（3）创意共享文化

群众参与的创意产业倡导开放共享的理念，鼓励用户分享自己的创意作品和体验。这种共享文化有利于推广和传播创意产业的成果，形成更广泛的影响力。

（4）群众营销

通过群众参与的方式，创意产业可以实现用户生成内容（UGC）的模式，将用户创作的内容作为宣传和推广的资源。这不仅可以降低营销成本，还能够增加用户的参与感和忠诚度。

三、社交媒体与群众文化互动

（一）社交媒体对群众文化创新的影响

1.社交媒体平台对群众文化表达和传播的重要性

（1）广泛的受众

社交媒体平台拥有庞大的用户群体，能够覆盖广泛的受众。通过社交媒体平台，群众可以将自己的创意、观点和作品传递给更多人，实现群众文化的广泛传播。

（2）互动与参与

社交媒体平台提供了互动和参与的机会，让群众能够直接参与到文化表达和创新的过程中。用户可以评论、分享和转发内容，形成社交媒体上的互动和讨论，从而推动群众文化的交流和共享。

（3）多样的表达形式

社交媒体平台支持多种形式的内容表达，包括文字、图片、视频、音频等。这为群众提供了丰富多样的创意表达方式，使他们能够更好地展示自己的文化创新和个性化。

（4）实时性和即时反馈

社交媒体平台具有实时性和即时反馈的特点，让群众能够迅速地发布和传播信息，并得到即时的反馈和评论。这种快速反馈的机制有助于激发群众的创造力和创新思维。

2.社交媒体如何改变了群众与文化之间的互动关系

（1）去中心化的传播

传统的文化传播往往由权威机构或媒体主导，而社交媒体将传播权下放给个体用户，使得群众能够直接参与文化的传播和表达，打破了传统的中心化模式。

（2）用户生成内容（UGC）

社交媒体平台允许用户自主产生内容，成为内容的创作者和传播者。群众可以通过上传图片、发布文字、分享视频等方式，展示自己的文化创意和观点，实现对文化的主动参与。

（3）社区互动与共享

社交媒体平台以社交网络为基础，促进了群众之间的互动和共享。用户可以通过关注、点赞、评论等方式与其他用户进行互动，形成社交媒体上的群体和社区，实现文化创新和交流。

（4）跨越时空的连接

社交媒体打破了时间和空间的限制，使得群众能够在不同地点、不同时段进行文化的表达和传播。用户可以随时随地发布和分享内容，与其他用户进行跨越时空的连接和互动。

3. 社交媒体在群众文化创新中的案例与实践分析

（1）群体协作创作

社交媒体平台为群众提供了协作创作的机会，促进了群体智慧和创意的集聚。例如，大规模在线协作项目"维基百科"通过用户共同编辑的方式，打造了一个庞大的知识共享平台。

（2）文化活动推广

社交媒体平台被广泛用于文化活动的推广和宣传。例如，在音乐领域，音乐节、音乐会等活动通过社交媒体平台发布信息、分享照片和视频，吸引更多观众参与和关注。

（3）文化产品营销

社交媒体平台为文化产品的推广和销售提供了新的渠道和方式。艺术家、作家、设计师等创意从业者通过社交媒体平台展示自己的作品，与粉丝和潜在用户进行互动，实现文化产品的市场推广。

（4）群众投票和评选

社交媒体平台被广泛应用于群众投票和评选活动。例如，在影视领域，社交媒体平台可以进行观众评分和票选，让观众参与到影片的评价和选择中。

（5）文化传承和保护

社交媒体平台为文化传承和保护提供了新的途径。例如，通过在线视频分享平台，民间艺人和传统手艺人可以展示自己的技艺和表演，传承和弘扬传统文化。

（二）群众参与与社交媒体互动

1. 群众参与是社交媒体时代群众文化创新的重要特征

（1）平等性

社交媒体平台打破了传统媒体的门槛和限制，让每个人都有机会参与文化创新。无论是普通用户还是专业从业者，都可以在社交媒体上平等地发表观点、展示作品，并与其他用户进行互动。

（2）自主性

群众参与不再受到时间、地点和主体的限制。社交媒体平台提供了 24 小时在线的环境，用户可以根据自己的意愿和兴趣，随时发布内容、评论、分享和参与各种活动。

（3）多样性

社交媒体平台会聚了来自不同背景、领域和地域的群众。这种多样性促进了文化创新的多元性和包容性，让不同的声音、观点和创意得以展现和交流。

（4）实时性

社交媒体平台具有实时传播和即时反馈的特点，使群众能够迅速地发布和传播信息，并得到即时的回应和互动。这种实时性促进了创新的快速迭代和改进，提高了文化创新的效率和质量。

2. 社交媒体平台上的群众参与形式和方式

（1）用户生成内容（UGC）

用户可以自主产生内容，包括文字、图片、视频等形式的创作。他们可以分享自己的创意、经验、见解和观点，通过 UGC 的方式参与到文化的创作和表达中。

（2）评论和互动

社交媒体平台为用户提供了评论和互动的机会，用户可以对其他用户的内容进行评论、点赞、分享等操作，与其他用户进行互动和交流。

（3）活动参与

社交媒体平台上举办各种类型的活动，如投票、问卷调查、挑战赛等，让用户积极参与并发表自己的观点和意见。

（4）创意共享和合作

社交媒体平台为用户提供了创意共享和合作的机会，例如合作创作、集体创作等。用户可以与其他用户或组织合作，实现文化创新和项目实施。

3. 群众参与对社交媒体群众文化互动的影响和意义

（1）丰富内容和多样性

群众参与促进了社交媒体上的内容丰富和多样性。通过群众的参与，社交媒体平台汇聚了大量的创意和观点，展示了不同领域和背景的群众文化，丰富了用户的选择和体验。

（2）民主化和民意表达

社交媒体平台为群众提供了自由表达和宣扬自己观点的机会。群众可以通过评论、分享、转发等方式，表达自己的意见和看法，推动民主化的文化讨论和意见交流。

（3）社区建设和互助合作

群众参与促进了社交媒体平台上的社区建设和互助合作。通过参与和互动，用户之间形成了共同兴趣和认同的社区，他们相互支持、交流和合作，推动了群众文化的协同创新和发展。

（4）用户体验和个性化服务

群众参与带来了用户体验的个性化和定制化。社交媒体平台可以根据用户的喜好和兴趣，推送符合其需求的内容和服务，提升用户的满意度和参与感。

（三）社交媒体对群众文化创新的挑战与机遇

1. 社交媒体对群众文化原创作品保护的问题和解决途径

社交媒体对群众文化原创作品保护存在一些问题。首先，社交媒体平台的开放性和便捷性使得原创作品容易被盗用或未经授权的转载，侵犯了创作者的权益。其次，社交媒体上的信息流通速度快，可能导致原创作品在被大量传播后丧失独特性和价值。此外，社交媒体平台往往缺乏有效的版权管理机制，导致原创作品难以得到合理的保护。

解决这些问题的途径包括以下几点。

（1）建立更完善的版权保护机制

社交媒体平台可以加强对原创作品的审核和监管，建立起严格的版权保护机制，确保用户上传的作品符合相关法律法规，并提供有效的投诉和处理渠道。

（2）提高用户意识和教育

社交媒体平台可以通过宣传、教育等方式提高用户对知识产权和版权保护的认识，引导用户自觉尊重他人的知识产权，不盗用或滥用原创作品。

（3）鼓励创作者自主保护

创作者可以采取技术手段对自己的作品进行保护，如数字水印、版权声明等方式，以提高原创作品的可识别性和保护性。

2.社交媒体平台对群众文化多样性和质量的影响

社交媒体平台对群众文化多样性和质量产生了双重影响。一方面，社交媒体平台为群众提供了广泛的表达和传播渠道，使得各类文化形式和内容得以展示和传播，促进了群众文化的多样性。另一方面，通过社交媒体，个人和小团体能够更容易地分享自己的文化创意，推动了群众文化的繁荣和发展。

然而，社交媒体平台也存在一些问题。由于信息传播的快速和大规模特点，低质量、低审美标准的内容可能会迅速蔓延，导致部分群众文化作品的质量下降。此外，社交媒体平台的算法推荐机制往往倾向于推送用户已经感兴趣的内容，可能导致信息的"过滤泡沫"，限制了用户接触新颖、多样化的群众文化内容。

为了提升群众文化的质量和多样性，社交媒体平台可以采取以下措施。

（1）加强内容审核和管理

社交媒体平台应加大对内容的审核力度，确保传播的文化内容符合一定的质量标准和道德规范。

（2）提供多样化的推荐机制

社交媒体平台可以优化推荐算法，引导用户接触更广泛的群众文化内容，打破信息"过滤泡沫"，提高用户的文化多样性。

（3）支持优质创作和内容生产者

社交媒体平台可以设立奖励机制，鼓励和支持优质的创作者和内容生产者，促进群众文化的提升和发展。

3. 社交媒体为群众文化创新带来的新机遇和前景展望

社交媒体为群众文化创新带来了新的机遇和前景。首先，社交媒体平台提供了广阔的创作和分享空间，使得个人和小团体能够更加便捷地展示和推广自己的创意作品。这为群众文化的创新和发展提供了更多的机会。

其次，社交媒体平台打破了传统文化产业的门槛，降低了创作和传播成本，使得更多人能够参与到群众文化的创新中来。这促进了文化创意的大众化和民主化，为更多人创造了展示才华和实现梦想的机会。

最后，社交媒体平台还能够连接全球各地的用户和创作者，促进不同文化之间的交流和融合。这为群众文化的多元性和跨文化交流提供了更广阔的空间，有助于推动文化的全球化发展。

四、文化活动与群众参与

（一）文化活动对群众文化创新的推动作用

1. 文化活动如何激发群众的创造力和参与热情

（1）提供艺术交流与展示的机会

文化活动丰富了群众的文化体验，给予他们观摩和学习的机会。例如音乐、舞蹈、戏剧等演出活动，为群众展示了优秀的艺术作品，激发了他们对艺术的兴趣和欣赏能力，进而促使他们更加愿意参与到文化创新中去。

（2）提供创作平台和资源支持

文化活动可以为群众提供展示自己创作才华的机会，并提供相关的创作资源和支持。例如文学作品比赛、艺术展览等，鼓励群众进行原创性的文化创作，并通过评奖和展示来肯定他们的努力和成果，激发他们的创造力和积极性。

（3）举办互动性强的活动

文化活动可以设计一些互动性强的环节，让群众积极参与其中，从而增加他们对文化创新的参与度。例如工作坊、座谈会等，通过与专业人士的交流与互动，激发群众的创造力和创新思维。

（4）建立合作和共享平台

文化活动可以鼓励群众之间的合作和共享，形成创新的合力。例如组织创意集市、文化交流活动等，让群众有机会分享自己的创意和经验，相互借鉴和启发，促进文化创新的产生和传播。

2. 不同类型的文化活动对群众文化创新的影响

（1）艺术展览和演出

艺术展览和演出是让群众与优秀艺术作品接触的重要途径。通过参观艺术展览和观看演出，群众可以拓宽自己的审美视野，激发自己对艺术的创造力和表达欲望。同时，艺术展览和演出也为艺术家提供了一个展示作品和交流的平台，促进了艺术创新的产生。

（2）文化节庆活动

文化节庆活动是传承和弘扬传统文化的重要方式之一。通过组织文化节庆活动，可以让群众更好地了解和体验传统文化，激发他们对传统文化的创新思考和发展。例如春节、端午节等传统节日的庆祝活动，可以鼓励群众进行民俗文化的研究和创新。

（3）社区文化活动

社区文化活动是促进社区居民参与文化创新的重要途径。通过组织社区艺术展示、文化沙龙等活动，可以促进社区居民之间的交流和合作，推动社区文化的繁荣和发展。社区文化活动也为群众提供了一个展示自己才华和创造力的平台。

（4）创意设计大赛

创意设计大赛通过比赛形式激发群众的创造力和创新思维。参赛者可以通过设计出独特、有创意的作品来展示自己的才华，并与其他设计师进行交流和竞争。创意设计大赛不仅鼓励了群众的创新意识，也为设计界的专业人士发现新的设计思路和趋势提供了机会。

3. 文化活动对群众文化传承和创新的长期效应

（1）文化传承的延续

文化活动通过举办展览、演出等方式，将传统文化的精华传递给后代，并激发他们对传统文化的兴趣和参与的积极性。这有助于传统文化的延续和发展，保持文化的多样性和独特性。

（2）文化创新的推动

文化活动鼓励群众进行原创性的文化表达和实践，推动了群众文化创新的产生。通过长期举办各种类型的文化活动，可以为群众提供持续的创新动力和创作平台，促进他们的创造力得到不断激发和发展。

（3）文化自信的培养

文化活动通过让群众参与其中，增强了他们对自身文化价值的认同和自信心。当群众感受到自己的文化创意得到重视和肯定时，将会更加积极地参与到文化创新中去，为文化的繁荣和发展做出贡献。

（二）大型文化节庆活动与群众参与

1.大型文化节庆活动在群众文化中的地位和作用

大型文化节庆活动在群众文化中扮演着重要的角色。首先，它们是传承和弘扬传统文化的重要途径。通过丰富多样的庆典活动，大型文化节庆活动能够让人们更好地了解和体验传统文化，增强对传统文化的认同感和自豪感。

其次，大型文化节庆活动是促进社区凝聚力和社会和谐发展的重要方式。通过组织庆祝活动和社区文化节庆，可以让群众积极参与其中，增加社区居民之间的交流和互动，促进社会的和谐稳定。

最后，大型文化节庆活动也是创新和发展群众文化的重要平台。通过组织各类艺术表演、创意市集等活动，大型文化节庆活动激发了群众的创造力和创新思维，为群众文化的繁荣和发展提供了机会。

2.群众参与大型文化节庆活动的方式和途径

（1）观赏演出和展览

群众可以作为观众参与到大型文化节庆活动中，欣赏精彩的演出和展览。通过观赏，群众能够体验到不同形式的文化艺术，丰富自己的文化体验。

（2）参与游行和巡游

大型文化节庆活动中的游行和巡游往往是一种集体性的参与方式。群众可以选择加入游行队伍，穿着传统服装或扮演特定角色，共同参与到游行和巡游的欢庆氛围中。

（3）参与互动和工作坊

大型文化节庆活动通常会设置互动环节和工作坊，让群众能够积极参与其中。通过参与互动性强的环节，群众可以与其他人交流互动，共同创造文化的快乐。

（4）参与志愿服务

大型文化节庆活动通常需要大量的志愿者来协助组织和执行。群众可以通过参与志愿服务，为大型文化节庆活动的顺利进行贡献自己的力量。

（5）参与创意设计和展示

大型文化节庆活动往往鼓励群众进行创意设计和展示，以展示自己的才华和创造力。群众可以参与各类设计比赛、艺术展览等活动，展现个人的文化创新成果。

3. 大型文化节庆活动对群众文化创新的影响和意义

（1）激发创造力和创新思维

大型文化节庆活动为群众提供了展示自己创作才华的机会，并鼓励他们进行原创性的文化创作。通过参与大型文化节庆活动，群众的创造力和创新思维得到激发和培养。

（2）推动传统文化的传承和发展

大型文化节庆活动能够展示和弘扬传统文化的魅力，促进传统文化的传承和发展。通过组织各类庆典、庙会等活动，让群众更好地了解和体验传统文化，增强对传统文化的认同感和自豪感。

（3）促进社区凝聚力和社会和谐发展

大型文化节庆活动可以成为社区居民之间交流和互动的平台，增加社区凝聚力和社会和谐。通过组织庆祝活动和社区文化节庆，人们可以共同庆祝、分享快乐，促进社区的繁荣和发展。

（4）激发对文化的热爱和参与意识

大型文化节庆活动通过丰富多样的文化表演和展示，激发了人们对文化的热爱和参与意识。这有助于培养群众的文化自信心和创新精神，推动群众文化创新的产生和发展。

（三）小型文化活动与社区参与

1. 小型文化活动如何促进社区群众的参与和创新

（1）提供展示和表达的机会

小型文化活动为社区群众提供了一个展示自己才华和创造力的机会。无论是艺术展览、文化沙龙还是社区演出等活动，都为群众提供了一个展示和分享自己文化创意的舞台。

（2）鼓励参与和合作

小型文化活动可以通过设计互动环节、组织合作项目等方式，鼓励社区群众之间的参与和合作。例如举办创意市集、艺术工作坊等活动，让社区居民能够共同参与到文化创新中去。

（3）提供资源和支持

小型文化活动可以为社区群众提供必要的资源和支持。例如提供创作材料、场地、设备等，帮助群众实现自己的文化创意和项目。

（4）加强教育和培训

小型文化活动可以通过举办培训班、讲座等形式，提供相应的教育和培训，激发社区群众的创造力和创新思维。

2. 社区参与在小型文化活动中的作用和意义

（1）促进社区凝聚力和社会和谐

社区参与可以增加社区居民之间的交流和互动，促进社区凝聚力和社会和谐。通过参与小型文化活动，社区居民可以建立更为紧密的联系，形成共同的文化认同和价值观。

（2）激发社区群众的参与热情

社区参与让居民感受到自己的参与和贡献是有意义的，从而激发了他们的参与热情。通过参与小型文化活动，社区群众可以体验到参与的乐趣和成就感，增强对文化创新的兴趣和积极性。

（3）发掘和培养人才

社区参与为社区中的优秀人才提供了展示和发展的平台。通过小型文化活动，社区居民有机会展现自己的才华和创造力，同时也为专业人士和相关机构发掘和培养人才提供了机会。

（4）推动社区文化的传承和发展

社区参与可以促进社区文化的传承和发展。通过参与小型文化活动，社区居民能够更好地了解和体验本土文化，加深对传统文化的认同感和自豪感，进而推动社区文化的传承和发展。

3. 小型文化活动对社区群众文化创新的影响和启示

（1）激发创造力和创新思维

小型文化活动通过提供参与平台和激发创造力，能够促进社区群众的创造力和创新思维的发展。社区居民通过参与小型文化活动，可以发掘自己的潜力并实践创意，从而推动文化创新的产生。

（2）增强文化认同和自信心

小型文化活动使社区居民更好地了解和体验本土文化，增强了他们对文化的认同感和自信心。这有助于培养社区群众的文化自豪感和创新精神，推动社区文化的繁荣和发展。

（3）促进社区共享和合作

小型文化活动鼓励社区居民之间的参与和合作，促进了社区共享和合作的意识。通过参与小型文化活动，社区居民可以相互学习、交流和合作，共同推动文化创新的发展。

（4）为社区提供文化特色和品牌

小型文化活动通过展示社区的文化特色和创意，为社区打造了独特的文化品牌。这有助于提升社区的知名度和吸引力，推动社区的发展和繁荣。

（四）在线文化活动与虚拟社群参与

1. 在线文化活动对群众文化创新和参与方式的改变

（1）扩大了参与范围和机会

在线文化活动通过数字化平台，使得更多的人能够参与到文化创新中来。无论是艺术展览、音乐表演还是文学作品分享，都可以通过在线平台进行展示和传播，为群众提供更广泛的参与范围和机会。

（2）增强了互动和合作

在线文化活动提供了互动和合作的机会，促进了群众之间的交流和合作。通过在线平台，群众可以进行文化创意的分享、评论和合作，形成虚拟社群，共同推动文化创新的发展。

（3）激发了创造力和创新思维

在线文化活动通过数字化工具和互动性的特点，激发了群众的创造力和创新思维。群众可以利用在线平台进行原创性的文化创作，通过互动和反馈得到启发和改进，从而推动文化创新的产生。

（4）提供了便捷的参与途径

在线文化活动为群众提供了更加便捷的参与途径。通过手机、电脑等设备，群众可以随时随地参与在线文化活动，无须受限于时间和空间的限制，提高了参与的灵活性和便捷性。

2. 虚拟社群对在线文化活动的支持和推动作用

（1）创造了共同的价值观和认同感

虚拟社群通过共同的兴趣、爱好或目标，形成了一种共同的价值观和认同感。在这样的社群中，人们更容易找到志同道合的伙伴，并形成良性互动和合作，共同推动在线文化活动的发展。

（2）促进了互动和交流

虚拟社群提供了在线交流和互动的平台，使得在线文化活动更加丰富和有趣。在虚拟社群中，人们可以分享自己的文化创意、评论他人的作品，并进行互动和讨论，从而促进了在线文化活动的互动性和交流性。

（3）提供了反馈和改进的机会

虚拟社群的成员可以提供反馈和建议，帮助文化活动的主办方进行改进和优化。通过虚拟社群的参与，主办方可以及时了解用户的需求和反馈，从而不断改善和创新在线文化活动，提高用户体验。

（4）扩大了影响力和传播范围

虚拟社群的成员可以通过在社交媒体上分享和推广在线文化活动，扩大其影响力和传播范围。由于虚拟社群的成员具有共同的兴趣和认同，他们更愿意将自己喜爱的文化活动分享给其他人，从而帮助在线文化活动吸引更多的参与者。

3. 在线文化活动和虚拟社群对群众文化发展的影响和展望

（1）促进文化创新和多样性

在线文化活动和虚拟社群为群众提供了更广阔的创新空间和交流平台，促进了文化创新和多样性的发展。群众可以通过在线平台展示和分享自己的文化创意，得到反馈和启发，从而推动文化创新的产生。

（2）加强跨地域和跨文化交流

在线文化活动和虚拟社群打破了时间和空间的限制，促进了跨地域和跨文化的交流。人们可以通过在线平台与来自不同地区和文化背景的人们分享和交流，增加了文化多样性和丰富性。

（3）提升群众参与性和互动性

在线文化活动和虚拟社群的特点使得群众参与和互动更加便捷和灵活。人们可以根据自己的兴趣和时间，随时随地参与在线文化活动，并与其他人进行互动和交流，推动群众文化的蓬勃发展。

（4）拓展文化市场和经济效益

在线文化活动和虚拟社群为文化产业的发展带来了新的机遇和模式。通过在线平台，文化作品和创意可以更广泛地传播和销售，拓展了文化市场的规模和潜力，同时也带来了经济效益。

第二节　传统文化与群众文化的融合与传承

一、传统文化在当代群众文化中的地位

传统文化在当代群众文化中占据着重要的地位，它承载着民族的历史、价值观、艺术形式和生活方式，具有独特的精神内涵和认同感。在现代社会快速发展和全球化的背景下，传统文化对于保护和传承民族文化的多元性、丰富性以及培养公民素质和社会和谐具有积极的意义。

第一，传统文化是一个国家或社区的独特标识和文化符号。它包括语言、习俗、信仰体系、节日庆典等方面，能够凝聚民族的认同感和归属感。传统文化作为一种文化遗产，通过世代相传的方式，使人们了解自己的根源和身份，增强了集体认同感，激发了爱国情怀，形成了共同的价值观念和行为规范。

第二，传统文化在当代群众文化中具有重要的教育功能。传统文化蕴含着深刻的道德伦理观念和生活智慧，通过故事、谚语、歌曲等形式进行传播。这些文化资源能够培养人们的品德修养，引导个体树立正确的价值观念和行为准则，提高社会公民素质。同时，传统文化也是历史教育的重要载体，通过对历史事件、人物和文化传统的了解，人们对自己的国家和民族有更深刻的认识和理解。

第三，传统文化在当代群众文化中具有丰富多样的艺术表现形式。音乐、舞蹈、戏曲、绘画等艺术形式都承载着传统文化的精髓和审美特点。这些艺术形式不仅是人们娱乐休闲的方式，也是情感交流和价值观传递的媒介。传统文化艺术通过舞台演出、展览、文化节庆等形式，吸引了大量观众和参与者，促进了当代群众文化的繁荣发展。

第四，传统文化在当代群众文化中还具有经济价值和旅游资源的作用。许多地方的传统文化成为吸引游客和推动旅游经济发展的重要因素。例如，中国的春节、端午节等传统节日吸引了大量游客前来体验和观赏，推动了旅游业的繁荣。同时，传统手工艺品、民间技艺等也成为文化创意产业的重要组成部分，为经济发展带来了新的机遇和动力。

二、传统文化元素在群众文化中的运用

（一）节日文化

在群众文化中，传统文化元素广泛应用于各种节日活动中，为人们带来欢乐和情感交流。以下将以中国的春节、清明节和中秋节为例，论述传统节日文化在群众文化中的运用。

1. 春节

春节是中国最重要的传统节日，也是群众文化中传统文化元素应用最为丰富的时刻。在春节期间，人们会开展一系列传统习俗和活动，例如贴春联、放鞭炮、舞龙舞狮、吃团圆饭等。

（1）贴春联

人们会在门上或墙壁上贴上写有对联的红色春联，寓意着新年的祝福和吉祥。

（2）放鞭炮

放鞭炮是春节期间的必备活动，既能驱逐恶神辟邪纳福，也象征着告别旧年，迎接新的开始。

（3）舞龙舞狮

舞龙舞狮是春节期间最具特色和欢庆气氛的表演形式之一，人们穿上龙狮服装，通过舞蹈和动作来表达祝福和喜庆。

（4）吃团圆饭

春节的重要活动之一是家人团聚，共同享用丰盛的团圆饭，象征着家庭团聚、亲情和幸福。

2. 清明节

清明节是中国传统的祭祖节日，在群众文化中也有广泛的运用。在清明节期间，人们会前往祖先的墓地扫墓，祭拜祖先，表达对逝去亲人的思念和敬意。

（1）扫墓祭祖

人们会前往祖先的墓地，清理墓地，献上鲜花、食物和纸钱，表达对已故亲人的思念和缅怀。

（2）祭拜仪式

在墓地上进行祭拜仪式，包括燃香、烧纸、祈福等，以示对祖先的尊敬和祝福。

3. 中秋节

中秋节是中国传统的重要节日，也是群众文化中传统文化元素应用较为突出的时刻。在中秋节期间，人们会开展一系列与月亮和家庭团聚相关的活动。

（1）赏月

中秋节的晚上，人们会赏月、吃月饼，并通过赏月寄托对家人的思念和祝福。

（2）吃月饼

中秋节的传统美食是月饼，人们会品尝各式各样的月饼，象征着团圆和美好的祝愿。

（二）传统艺术

1. 音乐

音乐作为传统艺术中的重要形式，在群众文化中得到了广泛的运用。例如，在庆祝活动和文艺演出中，传统音乐常常成为重要的表演元素。民族乐器如古筝、二胡、琵琶等常常被演奏，通过独特的音色和旋律，展现出浓厚的民族特色和情感。

此外，传统音乐还与舞蹈、戏剧等艺术形式相结合，形成综合性的艺术表演。例如，在京剧中，音乐和唱腔是舞台表演的重要组成部分，它们通过旋律、节奏和音调的变化，传递角色的情感和心理变化。

2. 舞蹈

舞蹈是一种通过身体动作来表达情感和意境的艺术形式。在群众文化中，传统舞蹈常常被用于庆典活动、民俗节日和文化展示中。例如，在春节期间的舞龙和舞狮表演中，舞者们以婀娜多姿的动作和精湛的技巧，展现出喜庆和祝福的氛围。

传统舞蹈还可以与音乐、戏剧等艺术形式相结合，形成综合性的艺术呈现。例如，中国古典舞蹈将优美的舞姿和传统文化内涵相结合，通过身体的流畅动作和表情的细腻变化，展现出优雅和深情的艺术风采。

3. 戏剧

戏剧是传统艺术中最具代表性的形式之一，它通过演员的表演和对话，将故事和情感呈现给观众。在群众文化中，传统戏剧经常被用于各类演出和庆典活动中。

以中国的京剧为例，它是中国传统戏曲的代表之一，通过唱、念、做、打等多种表演形式，展示了丰富的故事情节和角色形象。京剧的精彩唱腔、独特的面谱和婀娜多姿的身段，吸引了大量观众的喜爱。

此外，其他传统戏剧如评剧、越剧、黄梅戏等也在群众文化中得到广泛传播和运用。它们不仅丰富了人们的文化生活，还承载着历史和社会的记忆，让观众在欣赏表演的同时，感受到传统文化的魅力和内涵。

4. 绘画

绘画作为传统艺术的重要形式之一，在群众文化中也有着广泛的应用。传统绘画通常以水墨为主要媒介，通过笔墨、线条和构图来表达艺术家的思想和情感。

传统绘画常常与节日庆典相结合，在场景布置、道具设计和装饰等方面发挥重要作用。例如，在春节期间，人们会在家中悬挂年画、剪纸等传统绘画作品，增添节日氛围和喜庆感。

此外，传统绘画还常常用于文化展览和艺术表演中，通过绘画作品的展示，向观众呈现出传统文化的美妙与博大。

（三）传统技艺

传统技艺作为传统文化的重要组成部分，是一种通过手工制作和技巧传承的艺术形式。在群众文化中，传统技艺常常被广泛运用于手工制作、民间展览、文化活动等场合。它不仅展现了传统文化的瑰宝，也丰富了人们的艺术修养和审美体验。

1. 刺绣

刺绣是一种以线线穿插于织物上，形成各种花纹和图案的手工艺术。在群众文化中，刺绣常常被用于衣物装饰、家居用品和礼品制作。例如，绣花鞋、绣球、绣垫等都是常见的刺绣制品。

刺绣在群众文化中的应用非常广泛。在民俗节日和庆典活动中，人们会使用刺绣制品来增添喜庆和庆祝的氛围。同时，刺绣还被广泛运用于文化艺术表演和服装设计中，通过精美的刺绣图案，展示出传统文化的独特魅力。

2. 剪纸

剪纸是一种用剪刀将纸张剪成各种形状和图案的手工艺术。在群众文化中，剪纸常常被用于窗花、灯笼、年画等装饰品制作。特别是在春节期间，人们会用剪纸制作窗花，贴在窗户上，增添节日氛围和喜庆感。

剪纸还经常出现在民间表演和舞台艺术中。在戏曲演出中，剪纸常被用来制作角色的面具和道具，通过精细的剪纸技艺，展现出角色的形象和特点。

3. 陶瓷

陶瓷是一种以黏土为主要材料，经过成型、烧制和装饰等工艺制作而成的器物。在群众文化中，陶瓷常被用于制作茶具、餐具、花盆等实用器皿。

传统陶瓷技艺不仅有着悠久的历史，也蕴含着丰富的文化内涵。在陶瓷制作过程中，艺人们通过手工塑造、彩绘和烧制等环节，创造出独具风格和审美价值的艺术品。这些陶瓷作品不仅实用，还能够展示传统文化的美学观念和生活方式。

4. 木雕

木雕是一种以木材为材料，通过雕刻技艺塑造各种形象和纹饰的手工艺术。在群众文化中，木雕常被用于制作家具、摆件、雕塑等装饰品。

木雕技艺源远流长，有着悠久的历史和丰富的文化内涵。传统木雕作品通常以自然界的动植物、神话传说和历史故事为题材，通过精湛的雕刻技巧和细腻的表现手法，塑造出栩栩如生的形象和精美的纹饰。这些木雕作品既具有实用功能，又能够展示出传统文化的审美观念和艺术风格。

通过在群众文化中广泛运用传统技艺，我们不仅能够传承和保护传统文化，还能够培养人们对传统艺术的欣赏力和创造力。传统技艺的应用不仅丰富了人们的文化生活，还促进了传统文化的传承和发展。传统技艺的瑰宝将继续在群众文化中发挥重要作用，让更多人体验到传统文化的魅力与魄力。

（四）传统饮食

1. 传统美食的制作和享用

传统美食的制作和享用是传统饮食在群众文化中的具体运用。例如，在中国的传统美食中，饺子、汤圆、粽子等常常被用于庆祝节日、举办聚餐等活动。

（1）饺子

饺子是中国传统的食物之一，通常在春节期间或其他重要节日里制作和食用。人们会在家庭团聚时包饺子，将馅料包入薄面皮中，然后水煮或清蒸。吃饺子象征着团圆和吉祥。

（2）汤圆

汤圆是中国传统的甜点之一，在元宵节时食用。汤圆由糯米粉制成，通常包裹着甜馅，如芝麻、豆沙等。汤圆寓意着圆满和团圆，人们在元宵节时会聚在一起共享汤圆。

（3）粽子

粽子是中国传统端午节的特色美食，由糯米、豆沙、肉类等馅料包裹在竹叶中蒸煮而成。人们在端午节时会亲手制作粽子，并与家人一同品尝，体验传统的节日氛围。

通过传统美食的制作和享用，人们不仅能够满足味蕾上的享受，还能够感受到传统文化的浓厚氛围和家庭团聚的温暖。

2. 传统饮食的习俗和象征意义

传统饮食的习俗和象征意义是传统饮食在群众文化中的另一重要运用方式。传统饮食习俗常常与节日庆典和特定场合相结合，传递着吉祥、团圆和幸福的寓意。

（1）节日庆典

在传统节日庆典中，人们会准备特定的美食来庆祝。例如，在中国的春节期间，家人会一起包饺子，象征团圆和吉祥；在中秋节时，人们会品尝月饼，寓意团圆和美满。

（2）婚庆宴席

在婚庆宴席上，传统饮食常常被用于表达吉祥和美好的祝愿。例如，在中国传统婚礼中，新人会享用龙凤糕，寓意喜事和美满。

（3）社交场合

在社交场合如聚餐、宴会等活动中，传统饮食也是必不可少的元素。通过共同享用传统美食，人们增进了友谊和亲近感，同时也体验到传统文化的魅力。

传统饮食的习俗和象征意义不仅丰富了群众的生活，还传承和发扬了传统文化的价值观念和精神追求。

3. 传统饮食的地域特色和文化交流

传统饮食的地域特色和文化交流是传统饮食在群众文化中的另一重要方面。不同地区的传统饮食拥有独特的风味和制作工艺，通过交流和推广，促进了地域间的文化交流和多样性。

中国的传统饮食因地域而异，各具特色。例如，川菜、粤菜、鲁菜等代表了中国不同地区的烹饪风格和口味。通过在群众文化中推广这些传统饮食，人们能够了解和欣赏不同地域的文化和美食，促进地域间的文化交流和融合。

此外，传统饮食也是文化交流的桥梁。通过外国人对传统饮食的学习和体验，他们可以更好地了解中国的文化和传统。同时，中国传统饮食也受到了国际上的喜爱，许多传统美食如春卷、糖醋排骨等已经成为国际上享有盛誉的菜品。

通过在群众文化中广泛推广传统饮食，我们不仅能够传承和发扬传统文化，还能够满足人们对美食的需求，丰富人们的生活。传统饮食的独特魅力将继续在群众文化中发挥重要作用，让更多人体验到传统文化的美味与魅力。

（五）传统礼仪

传统礼仪作为传统文化的重要组成部分，是一种以行为规范和仪式形式表达尊重、感恩和敬意的方式。在群众文化中，传统礼仪常常被广泛运用于各类庆典、聚会、婚丧嫁娶等场合。通过传统礼仪的传承和发展，不仅能够弘扬传统文化，还能够培养人们的礼仪意识和道德修养。

1. 婚礼礼仪

婚礼是人生中重要的仪式之一，传统礼仪在婚礼中起着至关重要的作用。在中国传统婚礼中，新郎迎亲、拜堂、交换婚礼物、行三跪九叩等环节都是传统礼仪的体现。这些礼仪凝聚着对父母、亲友、祖先的敬意和感恩之情，也象征着夫妻间的约定和责任。

通过传统婚礼礼仪，人们能够感受到家庭的温暖和团结，传承和弘扬家族的价值观念和传统文化。同时，婚礼礼仪也是社交和人际关系的重要方式，通过遵循传统礼仪，人们能够增进友谊、加强社会联系。

2. 葬礼礼仪

葬礼是人们对逝者的最后告别和送行仪式。在不同文化中，葬礼礼仪有着不同的形式和习俗。在中国传统葬礼中，祭奠、扫墓、烧纸钱等环节都是重要的传统礼仪。

传统葬礼礼仪旨在表达对逝者的敬意和缅怀之情，也是对生命和家族的尊重和感恩。通过遵循传统葬礼礼仪，人们能够与逝者建立精神上的纽带，也能够安慰亲友的心灵，并促进家庭团结和社区凝聚力。

3. 宴会礼仪

宴会是人们社交和交流的重要场合，传统礼仪在宴会中起着重要作用。在传统宴会礼仪中，主人要做好接待和款待的准备，宾客要遵守礼仪规范，如入座、敬酒、交流等。

传统宴会礼仪强调尊重和谦逊，注重宾主之间的互动和交流。通过遵循传统宴会礼仪，人们能够建立良好的人际关系，增进友谊和亲近感。

4. 节日庆典礼仪

节日庆典是传统文化中举行的重要活动，传统礼仪在节日庆典中发挥着重要作用。例如，在中国的春节期间，家人会一起包饺子、贴春联、祭拜祖先等，这些都是传统节日庆典礼仪的具体表现。

传统节日庆典礼仪旨在表达对节日的敬意和庆祝之情，也是对传统文化和历史的纪念与传承。通过遵循传统节日庆典礼仪，人们能够感受到传统文化的深厚底蕴，增进家庭和社区的凝聚力。

通过在群众文化中广泛推广传统礼仪，我们不仅能够传承和发扬传统文化，还能够培养人们的礼仪意识和道德修养。传统礼仪的应用不仅丰富了人们的生活，也促进了社会风尚的文明与和谐。传统礼仪的重要性将继续在群众文化中发挥作用，让更多人体验到传统文化的庄重与魅力。

三、传统文化传承的方法与策略

1. 激发民众的兴趣和参与的积极性

传统文化传承需要得到广大民众的关注和参与。因此，激发民众对传统文化的兴趣至关重要。可以通过以下方式实现。

（1）组织传统文化体验活动

例如传统音乐演奏、舞蹈表演、戏剧演出等，让民众亲身参与其中，感受传统文化的魅力。

（2）开设传统文化课程

在学校或社区组织传统文化课程，教授传统乐器演奏、书法、绘画等技能，吸引更多人了解和学习传统文化。

（3）制作传统文化宣传材料

利用现代科技手段，制作有趣的视频、音频、图片等宣传材料，向公众传播传统文化知识。

2.建立传统文化保护机构与组织

为了有效地保护和传承传统文化，需要建立专门的机构和组织来负责相关工作。这些机构可以承担以下职责。

（1）文化遗产保护

负责对重要的传统文化遗产进行保护、修复和管理，确保它们得到妥善保存。

（2）文化活动策划

组织传统文化节庆活动、展览、讲座等，丰富民众的文化生活。

（3）人才培养

开展传统文化研究和培训，培养一批专业人才，推动传统文化的传承和发展。

3. 整合传统文化资源

传统文化传承需要整合各方面的资源，包括人力资源、物质资源和信息资源。具体做法如下。

（1）资源整合与共享

建立传统文化资源库，收集整理传统文化资料、文物等，便于研究和利用。

（2）跨界合作与交流

鼓励传统文化与现代科技、艺术等领域的交流合作，推动传统文化的创新和发展。

（3）引导媒体宣传

借助新闻媒体、社交媒体等平台，加大对传统文化的宣传力度，提高公众对传统文化的认知度。

4. 教育与继承

（1）传统文化课程设置

将传统文化纳入学校教育课程体系中，培养学生对传统文化的兴趣和认同感。

（2）师徒传承

通过师徒制度，让传统文化艺术形式得到真正的传承和发展。

（3）社区活动组织

鼓励社区组织各类传统文化活动，促进不同年龄层次的人群参与其中，实现传统文化的代际传承。

四、文化遗产保护与群众参与

文化遗产是一个国家或地区独特的精神财富，代表着历史、文化和艺术的传承。然而，文化遗产的保护需要广大群众的参与和支持。下面将从群众文化和传统文化的角度，论述文化遗产保护与群众参与的重要性以及相关的策略和方法。

1. 增强群众对文化遗产的认知和意识

为了促使群众参与文化遗产的保护工作，首先需要增强他们对文化遗产的认知和意识。

（1）开展宣传教育活动

通过举办文化遗产展览、讲座、培训班等形式，向公众普及文化遗产知识，提高他们对文化遗产的了解和认同感。

（2）利用媒体平台

借助电视、互联网、社交媒体等媒体平台，广泛宣传文化遗产的价值和重要性，引导公众关注和参与文化遗产保护。

2. 建立群众参与的平台和机制

为了有效地组织和引导群众参与文化遗产保护，需要建立相应的平台和机制。

（1）成立文化遗产保护志愿者组织

通过招募志愿者、培训和指导他们，组织群众积极参与文化遗产的保护工作。

（2）建立社区参与机制

鼓励社区居民参与文化遗产保护，组织相关活动和项目，增强社区对文化遗产的归属感和自豪感。

3. 引导群众参与文化活动和传统技艺的传承

群众参与文化活动和传统技艺的传承对于文化遗产的保护至关重要。

（1）组织传统文化活动

举办传统音乐演奏、舞蹈表演、戏曲演出等活动，吸引群众参与其中，传承和弘扬传统文化。

（2）支持传统技艺的传承

鼓励群众学习和传承传统技艺，如传统手工艺、传统建筑技艺等，使这些技艺得到传承和发展。

4. 建立文化遗产保护与群众利益的关联机制

为了激发群众参与文化遗产保护的积极性，还需要建立文化遗产保护与群众利益的关联机制。

（1）推动文化旅游发展

将文化遗产保护与旅游业相结合，开发文化旅游产品，吸引更多人参观和了解文化遗产。

（2）制定激励政策

通过给予群众相关奖励、荣誉或经济激励，鼓励他们积极参与文化遗产保护。

第三节　群众文化创新与传承的意义和价值

一、群众文化创新的社会影响

1.促进社会凝聚力和认同感

群众文化创新是一种广大民众积极参与和创造文化活动的过程，它对社会凝聚力和认同感具有积极影响。首先，群众文化创新鼓励人们发挥个人的创造力和想象力，使每个人都能参与其中并贡献自己的独特才华。这种创新活动不仅促进了个体的自我表达和价值实现，也激发了彼此之间的认同感。其次，通过共同参与文化活动，人们建立了一个共同的交流平台，可以互相倾听、分享和欣赏彼此的作品和观点。在这个过程中，人们逐渐建立起了一种共同的文化语境和理解，增强了彼此之间的联系和共同体意识。最后，群众文化创新为人们提供了一个共同的文化身份，让他们有机会参与和塑造自己所属的社区或群体的文化特征和形象。这种共同的身份认同有助于凝聚社会成员，增强社会凝聚力和认同感。因此，群众文化创新在促进社会凝聚力和认同感方面发挥着重要作用，为社会和个人的发展做出了积极贡献。

2.丰富社会文化生活

群众文化创新为社会带来了丰富多样的文化表达和艺术作品，极大地丰富了社会的文化生活。首先，群众文化创新鼓励人们以独特的方式表达自己的观点、情感和体验。通过绘画、音乐、舞蹈、戏剧等形式，人们可以用自己独特的语言和风格表达内心的情感和思想。这些作品反映了不同个体的生活经历和审美观点，使社会文化变得多元而丰富。

其次，群众文化创新为社会提供了更多的选择和享受的机会。人们可以欣赏到各种类型和风格的艺术作品，包括传统艺术形式的传承和创新，也有现代艺术的突破和实验。无论是参观展览、观看演出，还是参与文化活动，人们都能够找到符合自己兴趣和喜好的文化产品，丰富了个人的精神生活。

最后，群众文化创新也推动了文化产业的发展，为社会经济做出了贡献。通过群众参与文化创新,涌现出了许多具有市场潜力的艺术家、设计师、创意团队等,推动了文化产业的繁荣和发展。文化创新活动不仅为人们提供了就业机会,也促进了相关产业链的发展,为经济增长提供了新动力。

3.促进社会发展和进步

群众文化创新对社会的发展和进步起到了积极的推动作用。首先,群众文化创新激发了人们的创造力和创新精神。通过参与文化创新活动,人们有机会表达自己独特的想法和观点,挖掘自身的创造潜能。这种创造力的释放和创新精神的激发促使人们不断尝试新的艺术形式、媒体技术等,为社会带来了新鲜的文化产品和艺术作品。

其次,群众文化创新推动了社会的发展和进步。通过创新的艺术形式和表达方式,群众文化创新为社会带来了新的思想观念和文化价值。它打破了传统的束缚和框架,挑战现有的观念和固定模式,引领社会走向更加开放和多元的方向。新的艺术形式和媒体技术的创新也促进了文化产业的发展,为经济增长提供了新的动力。

再次,群众文化创新还在社会中引发了创意产业的兴起。通过群众的创新活动,涌现出了大量的设计师、艺术家、文化创意团队等,他们以自己独特的方式贡献着创新思维和创意作品。这些人才和团队不仅丰富了社会的文化资源,也为经济发展注入了新的活力。

最后,群众文化创新推动了传统文化的转型与传承。通过创新的方式和方法,传统文化得以与现代社会相融合,焕发新的生机与活力。同时,群众文化创新也鼓励传统文化的传承,保护和弘扬传统文化的价值与精髓。

二、群众文化传承的文化价值

1.保护文化多样性

保护文化多样性是一项重要的任务,它涉及维护和传承各地区、各民族的独特文化,从而丰富整个社会的文化多样性。以下是一些关键原因和方法,以确保文化多样性的保护。

首先,群众文化传承对于保护文化多样性至关重要。群众文化是指在广大民众中产生、流传并得到普遍认同的文化形式。这些包括民间艺术、民俗习惯、口头传统和非物质文化遗产等。通过支持和鼓励群众参与文化活动，我们可以保护和传承这些独特的文化元素，使其不被淡化或忽视。

其次，政府和相关机构应该制定并实施保护文化多样性的政策。这些政策可以包括资金支持、法律保护和专门机构的设立等。通过提供经济支持，政府可以帮助保护文化多样性，并鼓励人们参与文化活动。同时，加强法律保护措施，确保文化遗产不受侵犯和破坏。此外，建立专门机构来监督文化遗产的保护和传承也是非常重要的。

再次，教育系统也起着关键作用。学校应该将文化多样性纳入教育课程，并鼓励学生了解和尊重不同的文化传统。通过教育，我们可以培养年青一代对于自己文化的认同感，并增加他们对其他文化的理解和包容。

最后，国际合作也是保护文化多样性的重要手段。各国之间可以加强交流与合作，共同保护世界各地的文化遗产。这可以包括文化交流活动、共同研究项目和跨国保护计划等。通过共同努力，我们可以更好地保护和传承人类宝贵的文化遗产，促进文化多样性的发展。

2. 弘扬传统价值观

传统价值观在社会发展中起着重要的作用，它们是一个国家和民族文化的根基和灵魂。通过群众文化传承，人们可以学习和理解传统的价值观念、道德准则和行为规范，从而使这些传统价值在当代社会得到弘扬和传播。

首先，传统价值观是历史的积淀和智慧的结晶。它们凝聚了民族文化的精髓，反映了社会生活的规范和道德准则。通过群众文化传承，人们可以深入了解和研究这些传统价值观，从而更好地认识自己的文化根源，增强文化自信心。

其次，传统价值观具有长期的生命力和普遍的适应性。尽管社会不断变革，但许多传统价值观仍然具有普遍的意义和指导作用。通过群众文化传承，人们可以将这些传统价值观与现实社会相结合，理解并应用于当代生活中，使之焕发新的活力。

再次，传统价值观是社会稳定和和谐发展的重要保障。在快速变化的社会中，人们普遍感到迷茫和焦虑。而传统价值观具有稳定和持久的特点，可以为人们提供精神支撑和道德指引，使社会更加和谐、秩序更加稳定。

最后，传统价值观对于塑造个人品质和提升社会素质也起着重要作用。通过群众文化传承，人们可以学习到尊老爱幼、孝敬父母、诚实守信等传统美德，这些美德不仅能够培养个人的品格，还能够促进社会的进步和发展。

3. 传递历史记忆

群众文化传承在传递历史记忆方面起着重要的作用。它帮助人们了解自己的历史和根源，增加对过去的认知和理解，从而促进民族认同和社会凝聚力的形成。

首先，群众文化传承通过各种形式的文化活动和传统节日，将历史故事、传说和传统习俗传递给后代。这些文化载体可以是戏曲、舞蹈、音乐、绘画等多种艺术形式，也可以是庙会、祭祀、婚礼等民俗活动。通过参与和观摩这些文化活动，人们能够亲身体验和感受历史的氛围，增加对历史事件和人物的认知和理解。

其次，群众文化传承通过口头传统和家族传承的方式，将历史记忆代代相传。许多民间故事、谚语和歌谣中蕴含着丰富的历史信息，这些口头传统在家庭和社区中被广泛传颂。通过听取长辈的讲述和参与相关的传统活动，人们能够了解到自己所属的族群或地区的历史背景和发展脉络。

再次，群众文化传承通过博物馆、纪念馆等场所，展示和保护历史文物和文献资料，使之得以保存和传承。这些文物和资料可以是古代器物、艺术品、历史文献等，它们记录了过去的社会面貌和人们的生活方式。通过参观和研究这些文物和资料，人们能够直观地感受到历史的真实性和厚重感，加深对过去的认知和理解。

最后，群众文化传承通过教育系统的传统课程设置和历史教育，将历史记忆融入学习中。学校可以组织丰富多样的历史课程和活动，让学生通过亲身体验和实践来感受历史。同时，历史教育也要注重培养学生的历史思维和批判意识，使他们能够客观分析历史事件和人物，形成自己的历史观点和价值观。

4. 促进文化创新

（1）传统与现代结合

通过将传统元素与现代形式相结合，可以创造出新颖而具有吸引力的艺术作品、表演形式或文化产品。这种融合可以使传统文化更具现代感，并吸引更广泛的受众。

（2）鼓励创新实践

提供支持和资源，鼓励人们在传统文化的基础上进行创新实践。例如，设立奖项或资助计划，以激励艺术家、文化工作者和创作者在传统文化领域中尝试新的创新方式。

（3）教育与培训

加强对传统文化知识和技能的教育与培训，培养年青一代对传统文化的理解和热爱。同时，也要鼓励他们在传承过程中提出新的观点和创意，促进传统文化的创新与发展。

（4）文化产业创新

支持文化产业的创新发展，鼓励文化企业与传统文化从业者合作，推动传统文化的商业化和市场化。通过创新的商业模式和运营方式，可以为传统文化注入新的活力和价值。

（5）引入科技手段

利用现代科技手段，如虚拟现实、增强现实等，将传统文化与科技相结合，创造出全新的文化体验和表达方式。这样的创新手段可以吸引更多年轻人参与和了解传统文化。

三、群众文化创新与经济发展

1. 促进创意产业发展

（1）激发创造力和创新精神

群众文化创新能够激发人们的创造力和创新精神，鼓励他们尝试新的想法和方法。这种创造力和创新精神是创意产业发展的基石，能够带来新颖的产品和服务。

（2）推动产业升级和转型

群众文化创新不仅仅是在传统文化中寻找灵感和素材，更包括了跨界融合和创意表达。通过将不同领域的元素融入文化创意产品中，可以推动产业的升级和转型，为经济增长提供新动力。

（3）促进文化创意产业的多元化发展

群众文化创新涵盖了广泛的创意领域，包括艺术、设计、音乐、电影，等等。这种多元化的发展有利于文化创意产业的全面发展，并为不同类型的创意人才提供了更多的机会。

（4）增加就业机会和创造经济效益

创意产业的发展不仅可以创造更多的就业机会，还能够带来经济效益。群众文化创新为创意产业提供了源源不断的创意资源，有助于培育和壮大相关产业链条，促进经济的增长。

2. 推动旅游业发展

（1）丰富旅游产品和体验

群众文化创新带来了各种文化活动、表演和民俗传统，丰富了旅游产品和体验。游客可以参与到这些活动中，亲身感受当地的文化魅力，提升旅游的趣味性和吸引力。

（2）增加旅游目的地的知名度和吸引力

通过群众文化创新带来的各种文化活动和表演，旅游目的地能够获得更多的曝光和宣传。这将增加目的地的知名度和吸引力，吸引更多的游客前来观光和旅游消费。

（3）促进旅游消费和经济效益

群众文化创新为旅游业带来了直接和间接的经济效益。游客参与文化活动和观赏表演时，会进行相关的消费，如购买门票、纪念品、美食等。这些消费能够促进当地的经济发展和就业增长。

（4）保护和传承地方文化遗产

群众文化创新能够促进地方文化遗产的保护和传承。通过举办各种文化活动，让游客了解和体验当地的传统文化，提高对地方文化遗产的重视和保护意识，从而推动文化的传承和发展。

3. 增加就业机会

（1）创意产业的需求

群众文化创新催生了创意产业的发展，包括艺术、设计、音乐、影视等领域。

这些领域需要各类人才和专业技能来进行创意创作、制作、策划等工作，从而为社会提供更多的就业机会。

（2）文化活动组织与管理

群众文化创新带来了丰富多样的文化活动和表演，需要专业人士来组织和管理。例如，文化节、艺术展览、音乐演出等活动都需要活动策划、场地管理、宣传推广等工作人员，这为相关领域的人才提供了就业机会。

（3）创意产业服务与支持

群众文化创新的发展也催生了一系列的创意产业服务与支持机构。例如，创意媒体公司、艺术代理机构、文化创意园区等，这些机构需要各类专业人才来提供市场营销、法律咨询、金融支持等服务，为人才提供了更多的就业机会。

（4）教育培训需求

群众文化创新的发展对于培养和培训专业人才也带来了需求。例如，艺术学院、设计学院、音乐学院等教育机构需要提供相关专业的培训和教育，为有志于从事创意产业的人们提供就业的准备和技能培养。

四、群众文化对个人身心健康的影响

1. 提供情感支持和认同感

（1）社交网络的建立

群众文化活动为人们提供了一个共同的兴趣和话题，使得他们能够相互交流、分享和交流观点。通过参与这些活动，人们可以结识新朋友，建立社交网络，扩大自己的人际关系圈子，从而获得情感上的支持和认同感。

（2）增加归属感和认同感

群众文化活动能够让人们找到自己的兴趣所在，并与其他志同道合的人进行连接。这种共同的兴趣和认同感可以增加个体的归属感，让人们感到自己是社群中的一员，有着共同的价值观和目标。

（3）情感宣泄和释放

参与群众文化活动可以成为情感宣泄和释放的途径。例如，参与音乐演奏、舞蹈表演或戏剧表演等艺术形式可以让人们表达内心的情感，减轻压力和焦虑，提升情绪的调节能力，促进身心健康的发展。

（4）文化认同的建立

群众文化活动能够帮助人们建立对自己文化身份的认同。通过参与传统节日庆典、民俗活动或艺术形式的创作，人们可以加深对自己文化传统的理解和认同，培养自豪感和归属感，进一步增强个体的情感支持和认同感。

2. 丰富个人生活

（1）多元化的文化体验

群众文化创新带来了多种多样的文化体验，包括艺术展览、音乐演出、戏剧表演、电影放映等。通过参与这些活动，个人能够接触到不同类型的艺术形式和文化表达，拓宽自己的视野，丰富自己的文化阅历，使生活更加丰富多彩。

（2）艺术享受和审美提升

群众文化创新为个人提供了欣赏和参与各类艺术作品的机会。无论是观赏一场音乐会、欣赏一幅绘画作品，还是参与舞蹈或书法班学习，都能够让个人享受艺术之美，并在欣赏中提升自己的审美水平，培养对艺术的热爱和理解。

（3）个人创造和表达的平台

群众文化创新为个人提供了展示自己创造力和表达能力的平台。通过参与文化创意活动、艺术作品的创作或参与社区文化团体，个人可以发挥自己的想象力和创造力，表达自己独特的思想和情感，获得成就感和满足感。

（4）文化认同和自我认知的塑造

通过参与群众文化活动，个人能够深入了解自己所属的文化背景和身份认同。这有助于个人塑造自己的文化认同，并进一步认识和理解自己的价值观、信仰和个性特点，促进个人内心的成长和自我认知的提升。

3. 发挥个人创造力

首先，群众文化创新为个人提供了展示自己才华的平台。在传统的文化模式中，个人往往只是被动地接受文化产品，缺乏主动参与的机会。而随着群众文化创新的兴起，每个人都有机会成为文化的创造者和传播者。无论是通过社交媒体、短视频平台还是其他形式的创作，个人都可以表达自己独特的观点和创意，展示自己的才能。这种创造性的参与不仅增强了个人的自信心，还激发了个人的潜能和创造力。

其次，群众文化创新鼓励个人发挥想象力，开拓思维空间。在日常生活中，我们常常受到各种限制和束缚，很难有机会去尝试新的想法和探索未知领域。而群众文化创新给予了个人更多的自由度和创造空间，让人们能够展现自己独特的想象力。通过参与文化创新活动，个人可以挑战传统观念和思维模式，发现新的可能性，激发灵感和创意。这种开拓思维空间的过程不仅丰富了个人的内在世界，还促进了个人的心智发展和成长。

最后，群众文化创新对个人的身心健康也有积极的影响。参与文化创新活动可以给个人带来乐趣和满足感，增加个人的幸福感和快乐感。创造性的活动有助于个人释放压力、缓解焦虑和抑郁情绪，提升心理健康水平。同时，群众文化创新也为个人提供了社交互动的机会，促进了人际关系的建立和发展。在共同参与文化创新活动的过程中，个人可以结识志同道合的朋友，分享彼此的创作和体验，增强社会支持网络，提升个人的社交能力和情感联结。

第八章　群众文化与身体文化

第一节　群众体育与身体文化的关系

一、群众体育的概念和特征

（一）群众体育的概念

群众体育是一种广泛普及的体育形式，它强调人们自愿参与、以促进身体健康和增强体质为目标。与竞技体育相比，群众体育更注重普及性、参与性和健康性。它鼓励各个年龄层、职业和社会阶层的人们积极参与体育活动，无论其体育水平如何。

群众体育的目的是让更多的人享受体育运动的乐趣，并通过体育活动来改善身体素质和提高生活质量。它提供了多样化的运动项目和形式，满足不同人群的需求。群众体育活动不仅有助于身体健康，还可以促进社交互动，加强人际关系，增强社会凝聚力和团队合作精神。

群众体育注重的是运动的乐趣和放松，而不是追求竞技成绩。它强调每个人都有权利和机会参与体育活动，无论其体育水平如何。通过群众体育，人们可以获得身心愉悦，减轻压力，提高生活质量。因此，群众体育在社会中具有重要意义，可以促进全民健康，增强社会凝聚力，并推动社会的进步和发展。

（二）群众体育的特征

1. 广泛性

群众体育的一个显著特征是其广泛性，它不仅包括各个年龄层、性别、职业和社会阶层的人，还包括不同体育水平的人。无论是专业运动员还是普通大众，都可以参与群众体育活动。

2. 参与性

群众体育注重的是每个人的参与，强调每个人都有权利和机会参与体育活动，而不仅仅是少数优秀运动员或专业选手。群众体育鼓励人们主动参与体育活动，并提供多样化的运动项目和形式，以满足不同人群的需求。

3. 健康性

群众体育的目的之一是促进身体健康和增强体质。通过参与群众体育活动，人们可以进行适当的锻炼，改善心血管功能、增强免疫力、预防慢性疾病等。群众体育通过提供各种健身项目和健身场所，为人们提供了保持健康的途径。

4. 社交性

群众体育活动不仅是个人锻炼身体的机会，也是人们相互交流、建立社会联系的平台。参与群众体育活动可以结识新朋友，加强人际关系，增强社会凝聚力和团队合作精神。群众体育通过组织集体活动、比赛和社区体育等形式，促进人与人之间的交流和互动。

5. 休闲性

群众体育活动注重的是运动的乐趣和放松，而不是竞争成绩。它强调人们在体育活动中享受运动带来的愉悦感和放松心情，减轻压力，提高生活质量。群众体育提供了丰富多样的休闲运动项目，以满足人们对身体和心灵的需求。

二、身体文化的内容

1. 身体意识

身体意识是指个体对自身身体的感知和认知。它包括对身体健康状况、形象、姿态、感觉和功能等方面的意识。身体意识可以受到社会文化的影响，不同社会和文化背景下对身体的认知和关注程度有所不同。

2. 身体形象和美学

身体形象是指个体对自己身体外貌的评价和认知，而美学则是对身体美感的主观评价和价值观念。不同文化对身体形象和美学的标准存在差异，例如身材、肤色、脸型等方面的审美观念会因文化背景而有所不同。

3. 身体行为规范

身体行为规范是指社会和文化对身体行为的要求和期望。它包括礼仪、姿势、动作、身体语言等方面的规范和约束。不同文化中对于身体行为规范的要求也存在差异，例如礼仪习惯、公共场合的行为规范等。

4. 身体习俗和仪式

身体习俗和仪式是指社会和文化中与身体相关的传统、习俗和仪式活动。它们包括生命仪式（如出生、成年、婚礼、葬礼等）、节日庆典（如舞蹈、游行、竞技等）以及特定职业或群体的仪式行为（如军队的阅兵仪式、运动员的颁奖仪式等）。

5. 身体健康和保健

身体文化还涉及对身体健康和保健的认知和实践。它包括对健康观念的形成、保持健康的行为习惯、草药疗法、按摩、体育锻炼等方面的内容。不同文化对身体健康和保健的理念和方法也存在差异。

三、群众体育与身体文化的互动关系

（一）群众体育对身体文化的影响

1. 塑造身体观念和价值观

群众体育通过各类健身活动和运动竞赛，推动了人们对身体的关注和重视。参与群众体育活动可以增强身体素质，提高身体健康水平，培养正确的身体观念和价值观。例如，长期参与跑步锻炼的人会形成健康、积极的身体观念，认为运动是保持身体健康的重要途径。

2. 传播健康生活方式

群众体育活动不仅是一种娱乐形式，更是一种健康生活方式的推广者。通过各类健身活动和运动竞赛的组织和宣传，人们接触到了更多的健康知识和生活方式，激发了他们对健康生活的兴趣和追求。例如，社区组织的健身操活动可以让居民了解到科学锻炼的重要性，并引导他们改变不良的生活习惯。

3. 塑造社会行为规范

群众体育活动具有凝聚力和规范性，通过参与和观看体育比赛，人们获得了共同的价值观和行为规范。例如，在足球比赛中，人们会学习到公平竞争、团队合作、尊重裁判等行为规范。这些规范在社会生活中也得到了推广和应用，促进了社会秩序的稳定和良好的人际关系。

（二）身体文化对群众体育的影响

1.影响体育项目的选择和发展

身体文化对群众体育项目的选择和发展起到了重要的作用。不同地区和文化背景下，人们对体育项目的偏好和需求存在差异。例如，在北方地区，冰雪运动比较盛行，而南方地区则更注重水上运动。身体文化的影响使得各地区的群众体育项目有所不同，并在一定程度上塑造了地方特色。

2.形成独特的体育风格和表现形式

身体文化对群众体育的影响还体现在体育风格和表现形式上。不同文化背景下的人们对体育活动有着不同的审美观念和艺术追求，这就促使了群众体育项目在不同地区呈现出独特的风格和表现形式。例如，中国的太极拳、印度的瑜伽等，都是受到当地文化影响而形成的特色体育项目。

3.传承历史文化和民族精神

身体文化通过群众体育活动的传承和发展，可以传承历史文化和民族精神。许多国家和地区的传统体育项目融合了历史、文化和民族特色，成为民族认同和精神凝聚的象征。例如，中国的武术就是一种传承了几千年历史文化的体育项目，代表着中华民族的精神追求和价值观。

（三）群众体育与身体文化的互动对社会发展的影响

1.促进健康社会建设

群众体育的普及和身体文化的提升可以促进健康社会建设。通过推广健康生活方式和培养正确的身体观念，可以提高整个社会的健康水平，减少疾病的发生和医疗资源的压力。同时，健康的身体文化也能够塑造积极向上、团结友爱的社会氛围，促进社会和谐稳定的发展。

2.传播地方文化和民族精神

群众体育与身体文化的互动还可以传播地方文化和民族精神。不同地区和民族的特色体育项目通过参与和观看体育比赛得到了广泛传播，成为宣扬地方文化和民族精神的重要途径。这有助于提升地区形象和民族认同感，促进地方经济和旅游业的发展。

3. 培养社会责任感和公民意识

群众体育与身体文化的互动还可以培养社会责任感和公民意识。参与群众体育活动需要遵守规则、尊重他人，这有助于培养人们的纪律性和团队合作精神。同时，通过体育竞技的平台，人们也能够认识到自己作为公民的责任和义务，激发积极参与社会事务的意识。

第二节　当代健身热潮与群众文化

一、当代健身热潮的兴起

（一）健身热潮的发源

健身热潮的起源可以追溯到近几十年前。20 世纪 70 年代，健美运动开始在全球范围内流行起来。随着电视、杂志和报纸的普及，人们开始关注身体健康和外貌美观的重要性。健美运动员们的肌肉线条和强健体魄成为时尚和理想的象征，吸引了大批人投身于健身运动。

（二）健身热潮的兴起

1. 科学研究的推动

随着科学研究对健身和运动的认识不断深入，人们开始意识到适度的运动对身体健康的益处。研究表明，定期参与体育锻炼可以增强心肺功能、提高代谢率、增加骨密度等。这些科学证据的普及使得越来越多的人开始重视自己的健康，并主动参与健身活动。

2. 社会媒体的影响

社交媒体的崛起成为健身热潮兴起的重要推动力。通过社交媒体平台，人们可以分享自己的健身经验、展示成果，并与他人互动交流。这种互动和鼓励激发了更多人参与健身运动的积极性。此外，社交媒体上出现的健身达人和名人也成为许多人追随的榜样，进一步推动了健身热潮的发展。

3.健身产业的快速发展

随着健身意识的提升，健身产业得到了迅猛发展。越来越多的健身房、运动场所以及专业教练涌现出来，为人们提供了丰富多样的健身选择和指导。同时，健身设备的创新和普及也使得健身变得更加便捷和可行。健身产业的蓬勃发展为健身热潮的兴起提供了坚实的基础。

二、健身热潮对群众文化的影响

（一）健康意识的普及

随着健身热潮的兴起，健康意识在群众中得到了普及。过去，很多人对于健康的重视程度较低，久坐不动、不注意饮食等不良生活习惯普遍存在。然而，如今越来越多的人开始关注自己的身体健康，并积极参与各类健身活动。

这种健康意识的普及带来了一系列的积极影响。首先，它提高了群众的身体素质。通过参与健身活动，人们可以增强体质、改善心肺功能、提高身体的抵抗力。长期坚持锻炼，可以预防和减少许多常见疾病，如心血管疾病、糖尿病等。此外，健康意识的普及还促使人们更加重视饮食健康，选择更加合理的膳食结构，摄入更多的营养物质，减少对高热量、高脂肪食物的依赖。

其次，健康意识的普及也推动了整个社会的健康发展。越来越多的人加入健身运动，带动了健身行业的发展。健身房、健身器材、健身教练等相关产业蓬勃发展，为经济增长提供了新动力。同时，各类健康产品和服务也迅速涌现，满足了人们对健康的需求。

最后，健康意识的普及还改变了人们的生活方式和价值观念。人们开始更注重平衡生活和工作，注重身心健康的平衡。他们学会管理自己的时间，合理安排工作和休息，减少工作压力。这种转变不仅有益于个体的身心健康，也有助于社会的和谐稳定发展。

（二）社交互动的增加

在健身热潮的推动下，人们加入健身俱乐部或团体运动中，社交互动也随之增加。在健身场所，人们可以结识到志同道合的朋友，并通过共同的兴趣爱好建立起深厚的友谊。

首先，参与健身活动的人们拥有共同的目标和价值观念，这使得他们更容易产生共鸣，相互之间更容易建立联系。无论是一起进行训练、分享经验，还是互相鼓励、共同追求进步，都能够增进彼此之间的了解和信任。这种社交互动不仅带来了快乐和满足感，还可以促进个人成长和发展。

其次，健身活动往往以团队形式进行，例如团体操、集体跑步等，这种团队合作的环境也促进了社交互动的增加。人们需要相互配合、协调动作，在合作中培养默契和团队精神。通过团队活动，人们可以结识更多的新朋友，拓宽自己的社交圈子。这种社交互动不仅丰富了个人的社交生活，也为社会增添了更多的凝聚力和积极向上的能量。

最后，健身热潮也催生了许多健身社群和线上平台，为人们提供了更广阔的社交空间。通过这些社群和平台，人们可以交流健身经验、分享健康知识，甚至组织线下聚会和活动。这种虚拟社交互动不受地域限制，使得人们可以与世界各地的健身爱好者进行交流和互动，拓展自己的视野和人脉。

（三）形象意识的提升

随着健身热潮的兴起，人们对自己的形象意识有了更高的追求。他们通过锻炼身体来改善体型，塑造健康美丽的形象。这一趋势的出现，不仅对个人的形象认同感产生了影响，也对整个群众文化的审美观念产生了积极的推动作用。

首先，健身热潮的兴起使得人们开始注重饮食搭配和选择适合自己的运动方式。人们意识到通过合理的饮食结构和均衡的营养摄入，可以更好地支持身体锻炼的效果。他们开始关注蛋白质、碳水化合物、脂肪等营养素的摄入比例，并且尽量避免高糖、高盐、高脂肪的食物。同时，人们也更加注重选择适合自己的运动方式，例如有氧运动、力量训练、瑜伽等，以达到塑造理想身材的目标。

其次，形象意识的提升不仅仅是关于外貌，更是关乎个人内心对自我的认同感。通过锻炼身体，人们可以塑造自信、积极的形象，提升自己的自尊心和自信心。他们意识到外在形象与内在品质之间存在着一定的关联，通过打造健康美丽的形象，也能够改善自己的心理状态。

最后，形象意识的提升对整个群众文化的审美观念产生了积极的推动作用。随着越来越多的人开始注重形象的塑造，社会上对健康美丽的追求也逐渐成为主流价值观。这种审美观念的转变不仅影响着个人的生活方式和消费习惯，还对时尚产业、美容行业等相关领域的发展起到了积极的推动作用。人们更加注重保养和护肤，购买适合自己的服饰和化妆品，形成了一个良好的消费市场。

（四）健康产业的发展

健康产业的发展源于人们对健身和健康生活方式的追求。随着生活水平的提高和健康意识的增强，健身热潮迅速兴起，推动了健康产业的快速发展。

首先，在健身产业中，传统的健身房、瑜伽馆等健身设施得到了广泛的关注和支持。人们越发重视身体健康和形体塑造，积极参与各种运动和锻炼。健身场所不仅提供了专业的设备和指导，还为人们创造了一个共同分享、交流的社交平台，使健身成为一种时尚的生活方式。

其次，新兴的健康食品和运动装备市场也呈现出蓬勃发展的趋势。人们在追求健康的同时，对于食品和装备的要求也日益提高。健康食品市场涌现出各种有机、低糖、无添加剂的产品，满足了消费者对健康饮食的需求。而运动装备领域则推出了更加科技化、舒适性更好的产品，提升了运动体验。

健康产业的快速发展不仅为人们提供了更多选择健身的机会，也促进了相关产业的就业和经济发展。健身房、瑜伽馆等健身设施的兴起为教练、管理人员等提供了大量就业机会。同时，健康食品和运动装备的市场需求不断增长，带动了生产、销售等环节的就业和经济效益。

最后，健康产业的发展还带动了与之相关的文化创意产业的兴起。健身运动逐渐成为一种时尚潮流和生活态度，催生了一系列相关产品和服务。例如，健身服饰设计更加注重时尚感，推出了各种时尚款式；健身音乐、健身APP等应运而生，满足了人们在健身过程中的娱乐和交流需求。

三、健身热潮与身体文化的融合

1. 健身热潮与个人身体认同

健身热潮的兴起在当今社会引起了广泛关注，越来越多的人开始重视自己的身体健康和形象。随着生活水平的提高和健康意识的增强，人们逐渐认识到保持健康的身体对于提高生活质量和幸福感的重要性。

参与健身运动不仅可以帮助个人塑造理想的身体形态，还能够增强自信心和自尊感。通过锻炼和塑造身体，个人能够改善身体素质、增强体力和耐力，提高身体机能的各个方面。这不仅有助于预防疾病，还能够提升个人的工作效率和生活品质。

除了身体健康的好处外，健身热潮还提供了一个平台，让个人能够表达自己的个性和价值观。不同的健身方式和运动项目，都能够满足个人的不同需求和偏好。无论是瑜伽、游泳、跑步还是举重等，每种运动都有其独特的魅力和乐趣，能够帮助个人找到适合自己的运动方式。

健身热潮还促使个人更加关注自己的饮食和生活习惯。为了达到理想的身体形态和健康状态，很多人开始注重营养搭配和饮食均衡。他们选择健康的食材和合理的饮食计划，以满足身体所需的各种营养素，并避免不健康的饮食习惯。

然而，需要注意的是，健身热潮也存在一些问题。一些人可能过度追求完美的身材，对自己过分苛求，甚至出现身体形象扭曲的问题。此外，不正确的锻炼方法和过度训练也可能导致身体受伤或健康问题。因此，在参与健身运动时，个人应该根据自身情况制订合理的锻炼计划，并注意保护好自己的身体健康。

2.健身热潮与社交互动

健身热潮在过去几年持续升温，不仅是由于人们对健康的重视和追求，更因为它成了一种社交互动的方式。传统的健身房、健身俱乐部等场所不仅提供了锻炼身体的设施和器材，更成为人们相聚的地方。

通过参加健身活动，人们可以结识到具有相同兴趣爱好和目标的人，建立起新的社交网络。无论是一起进行有氧运动、力量训练，还是参加团体课程如瑜伽、舞蹈等，人们能够通过共同的运动经历增进彼此之间的了解和交流。这种社交互动不仅使得健身变得更加有趣和有动力，也让人们感受到与他人的紧密联系。

在健身热潮中，人们可以互相鼓励、分享经验和知识，形成一种合作的氛围。通过交流，人们都可以获取到更多的健身信息和技巧，相互之间的督促和支持也能够帮助他们坚持下去并取得更好的效果。同时，在健身活动中，人们也可以结交到各行各业的新朋友，拓宽自己的社交圈子。

健身热潮所带来的社交互动还有助于增强社会凝聚力。通过共同参与健身活动，人们感受到彼此之间的团结和支持，形成了一种共同的认同感。不同年龄、背景、职业的人们在这个共同的平台上相遇，消除了社会界限，让人们更加融洽地相处。这种社会凝聚力的增强对于社会的稳定和发展具有积极的影响。

3. 健身热潮与美学观念

健身热潮的兴起与美学观念密切相关。通过锻炼和塑造身体，个人可以追求自己心目中的理想身材和形象，展现自己对美的追求和价值观。

在健身热潮的推动下，人们开始将身体视为一种艺术表达的媒介。他们通过锻炼和训练来塑造身体线条和肌肉，力求使自己看起来更加强壮、健康和有吸引力。这种追求美的过程不仅满足了个人对自身外貌的审美需求，同时也促进了身体文化的发展。

随着健身热潮的兴起，社会对美的认知和评判标准也发生了变化。传统的审美观念被挑战和重新定义。人们开始关注健康、有活力和有魅力的身体形象，而非过于苗条或过于丰满的体态。这种改变反映了社会对身体多样性和个性化美的认可，推动了美的概念的多元化。

此外，健身热潮也影响了美学观念在大众中的普及和接受度。人们开始更加重视自己的形象和外表，从而对美的要求也提高了。这促使了美容、服装、化妆等相关行业的发展，为人们提供更多满足审美需求的产品和服务。

然而，我们也要意识到在追求理想身材和形象的过程中，应保持理性和平衡。每个人对美的定义都是主观的，不同的身体类型和外貌特征都有其独特的魅力。健身热潮应该鼓励人们关注自身的健康和快乐，而非盲目追求社会对美的标准。

4. 健身热潮与消费市场

健身热潮的兴起对消费市场产生了深远的影响。随着人们对健康和身体形态的重视日益增加，健身相关产品和服务得到了广泛的关注和需求。

首先，健身器材成为一个热门的消费品类别。从跑步机、哑铃到各种功能性的健身设备，市场上涌现出了大量的选择。人们愿意投资在高质量的健身器材上，以便在家中进行锻炼。这种需求的增长也刺激了健身器材制造商的竞争，推动了产品的创新和改进。

其次，运动服装和鞋类也成为健身热潮中的重要组成部分。人们希望在运动过程中感受到舒适和自信，因此他们越来越注重运动服装的质量和时尚性。许多运动品牌也推出了专门的健身系列，满足了不同消费者的需求。

最后，健身热潮也促进了健身教练和营养补充品市场的发展。越来越多的人意识到专业指导在健身过程中的重要性，因此他们愿意雇用健身教练来制订个人化的锻炼计划。同时，营养补充品也受到了消费者的青睐，他们希望通过合理的饮食补充来提高运动效果。

然而，健身热潮也带来了一些消费主义的问题和负面影响。社会对外貌和身体形态的过度关注可能导致人们追求完美的身材和外表，从而忽视了健康的本质。一些不良商家也可能利用这种需求，推销低质量或虚假的产品，欺骗消费者。

因此，在健身热潮的背后，我们需要保持理性和平衡。健身不仅仅是为了外貌，更重要的是为了健康和长久的幸福感。在选择健身产品和服务时，消费者应该注重质量和可靠性，避免盲目跟风和盲目消费。同时，政府和相关机构也应加强监管，打击虚假宣传和不当商业行为，确保消费者的权益得到保护。

第三节　身体审美与群众文化的互动

一、身体审美的演变与多样性

身体审美是一个受到时间和文化影响的观念，随着社会的发展和变迁，人们对于身体美的理解和追求也在不断演变。从古代到现代，不同时期和不同地域都存在着不同的身体审美观念。

在古代文化中，身体审美主要强调健康、丰满和曲线美。例如，在古希腊文化中，雕塑作品中的女性形象常常被描绘为丰满、有魅力和充满生命力的形象，这被认为是健康和美丽的象征。而在中国古代文化中，丰满的身材被视为富贵、健康和生育能力的象征。

然而，随着现代社会的到来，身体审美观念开始发生了变化。瘦身美和运动型美逐渐成为主流。现代社会普遍崇尚苗条的身材，将瘦身作为追求美的目标之一。这种审美观念的改变与时尚产业、媒体的推广以及流行文化的影响密不可分。

例如，时尚杂志和广告中所展示的模特儿通常是身材苗条、线条修长的，这进一步强化了瘦身美的标准。

然而，随着社会的进步和认知的提高，人们开始意识到身体审美的多样性。每个人都有自己独特的身体形态和美感，不应局限于某种标准。多样性的身体审美观念逐渐受到重视，包括各种不同体型、肤色和年龄的人在内。社会也越来越强调身体健康和自信，将身体美与内在美相结合，强调个体的多元性和包容性。

身体审美的演变与多样性的接受也受到了社交媒体的影响。通过社交媒体平台，人们可以分享自己的身体形象和美学观念，以及对多样性的认可和支持。这为推动身体审美的多样性和包容性提供了一个广泛的平台，并促进了公众对于身体多样性的认知和接受度。

尽管如此，我们仍然需要保持理性和平衡地看待身体审美观念。每个人都有权利追求自己认为美的身体形象，但不应将身体外貌作为评价他人价值的唯一标准。身体审美应该是多元化和包容性的，鼓励个体发展健康、自信和积极的身体形象，而不是追求单一的标准。

二、群众文化对身体审美的塑造作用

1. 大众媒体的影响

大众媒体在现代社会中扮演着重要角色，通过电视、电影、杂志等渠道传播各种身体形象和美学观念。在广告、电影和电视剧中，经常出现具有理想化身材和外貌的角色，这些形象被视为追求的对象。大众媒体推广了一种标准化的身体审美观念，对公众形成了一定的价值观和认知。

2. 偶像和明星的示范作用

群众文化中的明星、偶像和网络红人等具有影响力的人物经常成为塑造身体审美的榜样和引导者。他们的身体形象和美学观念被广泛关注和模仿。年轻人特别容易受到他们的影响，努力追求与偶像相似的外貌和身材。

3. 时尚潮流的影响

时尚产业是群众文化中一个重要的方面，它对身体审美产生着深远的影响。时尚趋势不仅涉及服装、饰品等方面，也包括身体形态和外貌。时尚界推动了瘦身美、健康美、运动型美等身体审美观念的流行。时尚杂志、时装周和名人穿着都成为塑造身体审美的参考。

4. 广告营销的诱导效应

广告行业在群众文化中起着重要作用，通过产品宣传和营销手段，塑造和强化了特定的身体审美标准。许多广告利用美丽和吸引人的身体形象来推销产品。这些广告通过展示理想化的身材和外貌，激发消费者对于追求美的渴望，促使他们购买与身体美有关的产品。

5. 社交媒体的影响

随着社交媒体的兴起，个人可以更加直接地展示自己的身体形象和美学观念。社交媒体成为人们分享身体审美和获取他人认可的平台，进一步加强了群众文化对身体审美的影响力。通过社交媒体平台，个人可以发布自己的照片、视频和健身成果，展示自己的锻炼方式和时尚搭配等，从而推广和影响他人的身体审美观念。

三、身体审美与群众文化的互动效应

身体审美和群众文化之间存在着相互作用和相互影响的关系。群众文化不仅塑造着人们的身体审美观念，同时也受到身体审美的影响。

首先，群众文化对于身体审美观念的形成起到了重要的塑造作用。群众文化是指大众所共同参与、接受和传播的文化形式，包括流行音乐、时尚潮流、电影电视等。这些文化形式中所展示的身体形象和审美标准深刻地影响着人们对于自身和他人身体的认知和评价。

例如，在电影和电视剧中，经常出现身材高挑、容貌精致的演员们，这种身体形象被推崇为美的典范。而在流行音乐和时尚潮流中，经常强调苗条的身材和特定的外貌特征，这也在一定程度上塑造了人们对于身体的审美观念。通过各种媒体的宣传和广告，这些身体形象和审美标准被广泛传播和接受，从而影响了人们的审美观念和价值观。

同时，身体审美的变化和多样性也反过来影响了群众文化的发展。随着社会的进步和观念的开放，人们对于不同身体类型和美感的接纳程度逐渐提高。例如，曾经被认为是次要或不被接受的身体特征，如肥胖、残疾、种族特征等，现在得到了更多的关注和认可。这种变化促使群众文化在呈现身体形象和审美标准时更加多样化和包容性。

群众文化的变革和多样化也给予了个体更多的选择权和表达空间。通过社交媒体平台的兴起，个体可以自由地展示自己的身体形象和审美观念，推动了身体审美观念的多元化。此外，一些运动和活动也倡导积极的身体形象和身体正能量，鼓励人们接受自己的身体，并提倡健康的生活方式。

然而，身体审美与群众文化的互动效应也存在一些问题和挑战。首先，社会对于外貌和身体的过度关注和评判可能导致一些人对自身形象的不满和焦虑。特别是在社交媒体上，外貌被放大和夸张，导致一些人追求完美的身体形象，甚至出现了一些身体形象的扭曲现象，如整容、减肥等。

此外，群众文化中流行的身体形象和审美标准往往是通过一些特定的权威机构或个体来确定的，这也可能造成身体审美观念的单一化和标准化。一些人可能因受到社会对于身体形象的期待和压力，而感到自卑和无力。

第九章　群众文化与国家形象塑造

第一节　国家形象在群众文化中的表现与建构

一、国家形象在群众文化中的表现

（一）文化符号的运用

文化符号在国家形象中的运用非常重要。它们可以成为一个国家的独特标志，通过传递特定的意义和价值观念，塑造国家的形象，并增强人们对国家的认同感。

首先，国旗和国徽是国家的标志性符号。国旗通常是一个国家最重要的象征之一，代表着国家的主权和统一。国徽则是国家的正式标志，具有权威和代表性。这些符号在国际上具有普遍的识别度，可以让人们迅速地辨认出一个国家。

其次，国歌也是文化符号的重要组成部分。国歌是国家的音乐象征，通过歌曲的形式传递国家的价值观念和精神风貌。国歌能够激发人们的爱国情感，增强国家凝聚力，并在国际场合展示一个国家的形象。

此外，具有浓厚地域特色的民俗、传统艺术和节日活动也是文化符号的重要体现。这些符号代表了一个国家或地区的独特文化传统和风俗习惯。比如中国的春节和中秋节，它们不仅是中国人民重要的传统节日，也是中国文化的重要象征。这些节日通过丰富多彩的庆祝活动和特色食品，展示了中国悠久的历史和丰富的文化内涵。

（二）历史和传统的传承

历史和传统的传承对于塑造国家形象至关重要。它们代表了一个国家的文化根基和民族精神，通过对历史和传统的传承，国家形象能够在群众中产生深远的影响。

首先，历史是一个国家的记忆和根基。通过弘扬和传承历史，国家可以展示自己的悠久历史和灿烂文明，增强人们对国家的认同感。例如，在中国，古代文化经典如《论语》《孙子兵法》等被广泛传播，并成为中国国家形象的重要元素。这些经典作品体现了中国传统价值观和智慧，让人们更好地理解和认同中国文化。

其次，传统是一个国家的独特符号和特色。通过传承传统，国家可以展示自己的独特文化和风俗习惯，吸引人们的兴趣和关注。比如，日本的茶道和花道、印度的瑜伽和印度舞等传统艺术形式，都成为吸引游客和外国人的重要文化符号。这些传统艺术不仅展示了一个国家的独特魅力，还有助于促进文化交流和友好合作。

最后，对历史和传统的传承也可以加强国家形象在国际舞台上的影响力。一个国家丰富的历史和传统可以吸引世界的目光，提升国家的软实力和文化影响力。例如，意大利以其悠久的文艺复兴时期和世界闻名的古建筑而著称，成为旅游胜地和文化中心，为国家形象的塑造做出了重要贡献。

（三）文化产业的发展

文化产业的发展对于国家形象的塑造和传播具有重要意义。不仅可以提升国家的软实力，还能够增强国家在全球舞台上的影响力。

首先，文化产业是国家形象展示的重要途径之一。通过电影、音乐、艺术等各种艺术形式，国家的文化内涵和特色可以得到有效传达。优秀的文化作品和艺术家的辛勤创作可以展现国家的独特魅力和风采，进而为世界传递出一个积极、开放和富有活力的国家形象。好莱坞电影就是一个典型的例子，它代表着美国电影工业的最高水平，通过其精彩的故事和制作质量，成功地将美国的文化价值观传播到世界各地，成为美国国家形象的重要组成部分。

其次，文化产业的发展可以促进国家经济的繁荣。随着全球化进程的加速和数字技术的迅猛发展，文化产品的需求越来越大。国家如果能够培育和发展自己的文化产业，就可以在这个全球化的市场中占据一席之地，并获得经济利益。文化产业不仅可以创造就业机会，还可以带动相关产业链的发展，促进经济增长。例如，中国电影产业近年来取得了显著的成就，不仅国内市场规模庞大，还在国际市场上有着越来越大的影响力，为中国经济的发展做出了积极贡献。

最后，文化产业的发展还可以加强国家间的文化交流与合作。通过文化产品的输出和输入，不同国家之间的文化交流更加频繁和广泛。这种文化交流不仅有助于增进各国人民之间的了解和友谊，还可以促进不同国家之间的合作与共赢。例如，中国和韩国的文化产业在互相学习和借鉴的基础上取得了良好的合作成果，为两国关系的发展起到了积极的推动作用。

（四）政府形象的建设

政府形象的建设对于国家形象的塑造和传播具有重要意义。一个良好的政府形象可以增强人民对政府的信任和认同感，提升国家在群众文化中的地位。

首先，政府可以通过提供优质的公共服务来建设良好的政府形象。政府是为人民服务的机构，应该将人民的利益放在首位。政府部门需要加强服务意识，提高工作效率，为人民提供便利、高效和贴心的公共服务。例如，在教育、医疗、社会保障等领域，政府可以加大投入，改善服务质量，让人民感受到政府的关怀和支持。通过优质的公共服务，政府可以树立起一个为人民着想、尽职尽责的形象。

其次，政府可以通过执行合理公正的政策来建设良好的政府形象。政府的政策决策需要科学、公正和透明。政府应该倾听人民的声音，了解人民的需求，制定出符合人民利益的政策，并且能够坚决执行。政策的公正性和合理性是建设良好政府形象的基础。政府应该加强对政策的宣传和解释，让人民了解政策的意义和目的，增强人民对政府的理解和支持。

最后，政府还可以通过国际交往来建设良好的政府形象。在全球化的背景下，国家与国家之间的交流与合作越发频繁。政府应该积极参与国际事务，展示国家的开放和包容。通过外交活动和国际合作，政府可以促进友好关系的建立，增强国家的国际影响力。一个积极主动、负责任的政府形象能够为国家赢得更多的国际认可和尊重。

（五）媒体的影响力

媒体在现代社会中具有巨大的影响力，对国家形象的塑造起着至关重要的作用。以下将从媒体对国家形象的塑造、促进国家形象改善以及提升人民认同感和凝聚力三个方面展开阐述。

首先，媒体通过报道国家的成就、文化盛景和人民的生活等方面来塑造国家形象。媒体作为信息传播的重要渠道，能够迅速传递国家的正面信息。例如，媒体可以报道国家取得的科技创新成果、经济发展的亮点、文化遗产的保护与传承等，让国际社会了解并认可国家的实力和魅力。这样的报道有助于树立积极的国家形象，吸引更多的投资、旅游和合作机会。

其次，媒体还可以通过批评和反思促进国家形象的改善。媒体的监督作用能够推动政府及相关部门改进工作和政策，提高国家治理水平和服务质量。媒体的报道可以揭示问题和不足，引发社会关注和讨论，进而促使政府采取行动解决问题，提升国家形象。例如，媒体对环境污染、腐败问题的曝光和监督，推动了环保和反腐倡导的发展，有助于改善国家的形象。

最后，正面的媒体宣传能够提升国家形象的积极性，消除负面影响，增强人民对国家的认同感和凝聚力。媒体的宣传报道可以展示国家的核心价值观、文化传统和社会进步的成果，让人民更好地认识和了解自己的国家。这样的宣传不仅有利于建立国家的正面形象，也有助于培养人民的爱国情感和集体意识。通过媒体的正面宣传，人民能够对国家产生认同感，并为国家的发展和繁荣做出积极贡献。

二、国家形象在群众文化中的构建

（一）教育与宣传

教育和宣传在国家形象构建中扮演着重要角色。通过教育系统和宣传机构的努力，国家可以向人民传递国家的核心价值观、历史文化和发展成就等信息，从而塑造积极正面的国家形象。

首先，教育是培养国家未来公民的重要途径。学校可以加强爱国主义教育，让学生了解国家的发展历程、优秀人物和英雄事迹，引导他们树立正确的国家观念和价值观。通过课堂教育、校园活动和社会实践等形式，学生可以深入了解国家的发展方向和重要政策，增强对国家的认同感和责任感。

其次，宣传部门可以通过各种形式的宣传活动来展示国家的形象和成就。例如，举办主题展览、文化节庆、艺术演出等，向公众展示国家的文化底蕴和民生改善的成果。同时，通过电视、广播、网络等媒体渠道，传递国家的最新政策和发展动态，让人民了解国家的施政方向和目标。这样的宣传活动可以增强人民对国家的信任和自豪感，形成共同的价值认同和社会凝聚力。

最后，新闻媒体也扮演着重要角色，通过报道国家的正面形象和成就，传递国家的核心价值观和发展理念。新闻媒体应注重客观、公正地报道国家事务，避免偏见和误导，以提升公众对国家的信任感和认同感。

在教育和宣传过程中，国家应注重内容的准确性、真实性和可信度。教育系统和宣传机构要严格把关信息的传递，避免虚假宣传或夸大宣传，以免破坏国家形象和人民信任。同时，也要注重与公众的互动和参与，听取公众的意见和建议，让人民更加积极地参与国家建设。

（二）文化艺术的推广

文化艺术的推广对于国家形象构建至关重要。通过推广国家的文化艺术作品，可以展示国家的独特魅力和创造力，提升国家在群众文化中的地位。

首先，政府可以支持优秀的文化艺术创作。通过资助、奖励和扶持政策，激励艺术家和文化机构进行高水平的创作。政府可以成立专门的艺术基金和文化机构，为艺术家提供创作经费和场所。这样的支持可以培养出更多具有国际影响力的文化艺术作品，展示国家的创新能力和文化自信。

其次，政府可以举办各种文化活动来推广国家的文化艺术。例如，组织艺术展览、音乐会、戏剧演出等，让人民有机会欣赏到高质量的艺术作品。此外，举办文化节、艺术节等大型活动，可以集聚各类文化艺术资源，为人民提供多元化的文化体验。这样的活动不仅能够满足人民的精神需求，还能够加强人民对国家文化的认同感和自豪感。

最后，政府也可以鼓励艺术家和文化机构走出国门，向世界展示国家的文化软实力。通过参加国际艺术展览、音乐节、电影节等，让国际社会了解和欣赏国家的优秀文化作品。此外，政府可以支持海外巡回演出、文化交流项目等，促进国家与其他国家的文化互动与合作。这样的努力可以增强国家在国际文化舞台上的声誉和影响力。

在文化艺术推广过程中，政府还应注重保护和传承国家的传统文化。传统文化是一个国家的独特符号和精神财富，通过传承和创新，可以为国家形象构建提供更多元化的资源。政府可以组织传统文化展览、传统工艺品展销、非物质文化遗产保护等活动，弘扬传统文化的价值和魅力。

（三）社会公益活动

社会公益活动在国家形象构建中发挥着重要作用。它们不仅能够解决社会问题和改善人民生活，还能够展示一个国家的社会责任和人道关怀。

首先，社会公益活动能够彰显国家的社会责任。政府可以通过扶贫、救灾、医疗援助等活动来帮助那些处于困境中的人群。这种积极参与社会问题解决的态度，表明了国家对于人民福祉的关注和关怀。这样的行动能够增强人们对国家的信任和认同感，提升国家形象在群众心中的正面评价。

其次，社会公益活动能够展示国家的人道关怀。环保、动物保护、慈善捐赠等活动体现了国家对于环境保护和生命尊重的重视。这些活动传递了一个国家对于可持续发展和社会和谐的关注，展示了国家的文明和进步。这样的形象能够让人们产生对国家的好感和尊重，提升国家形象的美誉度。

最后，媒体宣传对于社会公益活动的推广也起到了重要作用。政府可以通过媒体渠道广泛宣传公益活动的目标、成果和影响，引导公众关注和参与。媒体报道可以提升公益活动的知名度和影响力，进一步加强国家形象在群众文化中的正面形象。

（四）媒体渠道的利用

媒体渠道在国家形象构建中具有重要作用。政府可以通过各类媒体平台传递国家的信息和政策，及时回应民众关切，解答疑惑，增强人们对国家的信任和认同感。

首先，新闻媒体是传递国家形象的重要渠道。政府可以通过新闻发布会、新闻稿件等方式向公众传达国家政策和举措，及时回应社会热点问题。通过新闻媒体的报道，人们可以了解到国家的最新动态和政策方向，增加对国家的信心和理解。

其次，社交媒体成为现代社会信息传播的重要工具。政府可以利用微博、微信、Facebook 等社交媒体平台与公众进行互动，发布国家形象相关的内容，回答民众疑问，解释政策，宣传国家成就。社交媒体的特点在于互动性和传播速度快，可以更直接地与公众进行沟通，提高国家形象在年轻群体中的影响力。

最后，政府还可以利用媒体平台展示国家的优秀形象和成就。通过专题报道、纪录片等形式，向公众展示国家的科技创新、文化艺术、自然景观等方面的成就。这样的宣传有助于提升国家的知名度和形象，吸引更多的人们关注和了解一个国家。

在媒体传播中，政府需要注重准确、真实地呈现国家形象。要保持信息的可信度和客观性，避免夸大宣传或虚假宣传，以免破坏国家形象和公众信任。同时，也要注重与媒体的合作和沟通，确保国家形象能够得到恰当的呈现。

（五）国际交流与合作

国际交流与合作对于国家形象构建至关重要。它不仅能够展示一个国家的开放包容和友好互助的形象，还能够带来经济、文化等方面的共赢，提升国家在群众文化中的地位。

首先，积极参与国际事务是展示国家形象的重要途径之一。国家可以通过参与国际组织、参与全球治理、主持或参与国际会议等方式，发表自己的观点和主张，展示自己的国际责任和影响力。这样的行动能够让国家在国际舞台上发挥更大的作用，提升国家形象的国际声誉。

其次，举办国际活动也是展示国家形象的重要方式。国家可以举办各类国际会议、体育赛事、文化节庆等活动，吸引国际关注和参与。这些活动不仅能够展示国家的独特魅力和丰富文化，还能够促进人民之间的交流与理解，加强国际间的友谊和合作。

最后，加强外交交往也是塑造国家形象的重要手段之一。国家可以通过外交渠道与其他国家进行高层互访、签署合作协议等，展示自己的友好态度和合作意愿。通过外交交往，国家可以拓展合作伙伴关系，促进经济、文化等领域的交流与发展，为国家形象在群众文化中树立良好的形象。

第二节　国家形象塑造与群众文化的互动关系

一、群众文化受到国家形象引导和塑造的影响

群众文化是广大群众参与的、符合他们日常生活习惯和审美需求的文化活动，它体现了人民群众的创造力和热情。而国家形象是一个国家在国际上展示给世界的形象和印象，它包括政治、经济、文化等方面的表现。群众文化受到国家形象引导和塑造的影响，这种互动关系在国家形象塑造和群众文化发展中起着重要作用。

首先，国家可以通过制定政策和措施来引导和支持具有国家特色的文化创作和表演。政府可以提供经济扶持、版权保护等措施，鼓励群众参与文化创造并宣传国家形象。例如，在电影、电视剧等媒体作品中融入国家的核心价值观和文化特色，让群众更好地认同和接受国家形象的塑造。此外，政府还可以组织各类文化节庆活动，倡导和推广具有国家特色的艺术形式和表演，以激发群众的创造力和热情。

其次，媒体在国家形象塑造中起着重要的传播作用。媒体是信息传递和意识形态引导的重要渠道，通过引导媒体的内容和风格，国家可以传递国家形象给广大群众。媒体可以选择报道和宣传那些与国家形象相符合的群众文化活动、艺术作品等，从而提升国家形象的认同度和美誉度。同时，群众文化的发展也会对媒体内容产生积极的影响，丰富媒体的创作素材，为媒体内容提供新鲜、有趣和有深度的文化元素。

再次，教育也是培养人才和塑造社会意识的重要途径。国家可以通过教育体系来引导和培养具有国家意识和文化自信的公民，进一步推动群众文化与国家形象相契合。在教育过程中，可以加强对国家历史、文化传统和核心价值观的教育，激发学生对国家文化的热爱和认同。同时，也应该注重培养学生的文化创造力和审美能力，鼓励他们参与各种形式的群众文化活动，以促进国家形象的传播和塑造。

最后，群众参与是国家形象塑造的重要环节。群众文化的特点之一就是广大群众的参与和创造性表达。国家可以鼓励和支持群众参与各种文化活动，提供平台和机会供他们发挥才华和创造力。通过激发群众的热情和创作力，国家形象能够更加生动地展示在世界面前，同时也能够增强国家内部的凝聚力和社会稳定。

二、国家形象塑造需要与群众文化特点和需求相结合

在国家形象塑造中，与群众文化特点和需求相结合是至关重要的。群众文化是多元化和复杂化的，涵盖了社会各个阶层和群体的文化表达和需求。如果国家形象的塑造脱离了群众文化的实际情况和特点，就很难得到广大群众的认同和接受。

首先，我们需要充分考虑群众的审美观念。不同地区、不同群体对审美的理解和喜好存在差异，因此，在国家形象的塑造过程中，应该尊重和包容不同群体的审美观念，避免一刀切的做法。只有通过充分了解和尊重群众的审美观念，才能打造出更具吸引力和感染力的国家形象。

其次，我们也需要考虑群众的价值取向。不同的群体在价值观上可能存在差异，但这些价值观都是构成群众文化的重要组成部分。国家形象的塑造应该与群众的价值取向相契合，传递积极向上、富有正能量的核心价值观。只有与群众的价值取向相结合，才能让群众对国家形象产生认同感和归属感。

最后，我们还需要关注群众的文化需求。群众的文化需求是多样化的，包括对艺术、音乐、电影、文学等方面的需求。国家形象的塑造应该通过满足群众的文化需求，进一步拉近国家与群众之间的距离。可以通过举办各类文化活动、支持文化创作和推广优秀的文化产品等方式，让国家形象更加贴近人民的生活和需求。

三、群众文化对于国家形象塑造和维护的意义

群众文化对于国家形象塑造和维护具有重要的意义。群众文化是社会各个阶层和群体的文化表达和需求，它反映了人民的生活方式、价值观念和精神追求。在国家形象塑造方面，群众文化可以作为一个重要的参考和依据，通过与群众文

化相结合，能够更好地传递国家的核心价值观和文化特色，使国家形象更加贴近人民的生活和需求。

首先，群众文化是国家形象塑造的重要基础。国家形象是国家在国际上展示自己的形象和形象符号，而群众文化是构成国家形象的重要组成部分。群众文化是广大人民群众的文化表达和需求，只有深入了解和关注群众文化，才能准确把握人民的喜好和需求，从而更好地塑造国家形象。如果国家形象脱离了群众文化的实际情况和特点，就难以得到广大群众的认同和接受。

其次，群众文化对于国家形象的吸引力和感染力至关重要。群众文化是多元化和丰富多样的，包括艺术、音乐、电影、文学等各个方面。这些文化形式能够通过感染力和吸引力来传递国家的核心价值观和文化特色。如果国家形象能够与群众文化相契合，能够在文化产品中融入国家的文化元素，就能更好地引起人民的共鸣和情感共振，从而增强国家形象的吸引力和感染力。

再次，群众文化对于国家形象的维护具有重要意义。国家形象不仅需要塑造，还需要长期维护和更新。群众文化作为社会发展的产物，处于不断变化和发展之中。只有紧跟时代潮流，不断满足群众的文化需求，才能保持国家形象的活力和新鲜感。通过对群众文化的研究和了解，可以及时调整国家形象的传播策略和内容，使其与时俱进，与人民的生活和需求保持紧密联系。

最后，群众文化对于国家形象的塑造和维护还能够增强国家凝聚力和认同感。群众文化是广大人民群众的文化表达和需求，它与国家形象的塑造和维护密切相关。如果国家形象能够充分体现人民的文化价值观念和精神追求，能够满足人民对于文化的需求，就能够增强人民对国家的认同感和归属感。这种认同感和归属感将进一步增强国家的凝聚力，促进社会和谐稳定的发展。

第三节　群众文化对国家软实力的影响和提升

一、群众文化对国家软实力的影响

（一）彰显国家的文化自信

群众文化作为广大人民群众的文化表达和需求，承载着丰富多元的文化内涵，反映了国家的独特文化特色和人民的精神追求。通过充分挖掘和展示群众文化，国家能够彰显自己的文化自信，从而在国际舞台上提升软实力。

首先，彰显国家的文化自信是向世界展示自己的独特魅力。群众文化作为人民群众的文化表达，蕴含着丰富的历史、传统和创造力。通过充分挖掘和展示群众文化，国家能够展示出独特的文化魅力，使他国更加了解和认同国家的文化特色。这种文化自信能够增强国家形象的吸引力和影响力，使国家在国际舞台上更具竞争力。

其次，彰显国家的文化自信有助于塑造国家的文化品牌形象。群众文化中蕴含着丰富的符号、元素和艺术形式，可以成为国家文化品牌的重要组成部分。通过充分挖掘和运用群众文化中的符号，国家可以打造出独特而有吸引力的形象符号，进而塑造国家的文化品牌形象。这样的文化品牌形象不仅能够在国际上传递国家的核心价值观和文化特色，还能够增加国家的知名度和美誉度。

最后，彰显国家的文化自信也有助于推动本土文化产业的发展。群众文化作为广大人民群众的文化表达和需求，具有巨大的市场潜力。通过充分挖掘和发展群众文化，国家可以培育本土文化产业，创造就业机会，促进经济发展。同时，本土文化产业的繁荣也能够加强国家在国际文化贸易中的地位，提升软实力水平。

（二）促进国际交流与合作

群众文化作为人民群众的文化表达和需求，承载着丰富多元的文化内涵。通过积极开展文化交流活动，国家可以借助群众文化的力量促进国际交流与合作，进而提升软实力。

首先，群众文化作为文化交流的桥梁，能够增进不同国家之间的相互了解。

不同国家和民族拥有各自独特的群众文化，通过互相了解和学习，可以加深对彼此的认知和理解。例如，通过电影、音乐、艺术等领域的交流，国家可以向他国展示本国群众文化的魅力，引起他国的兴趣和关注，进而促进文化交流和相互学习。

其次，群众文化作为文化交流的媒介，能够构建友好的国际关系。通过共享群众文化，国家能够与其他国家建立友好关系，增进人民之间的情感纽带。这种友好关系不仅有助于推动文化交流和合作，还能够为政治、经济、科技等领域的合作奠定基础。例如，一些国家通过共同举办文化活动、合作制作影视作品等方式，增进与他国的友好关系，并在其他领域达成更深入的合作。

最后，群众文化作为文化交流的平台，能够提升国家在国际社会的声誉和形象。通过积极参与国际文化交流活动，国家可以扩大自身的文化影响力，展示出丰富多元的文化特色。这样的积极参与能够树立国家的开放形象和文化自信，提升国家在国际社会中的认可度和影响力。例如，一些国家通过主办国际文化节、推广本国艺术家的作品等方式，吸引了全球目光，提高了国家的国际声誉。

（三）塑造国家的软实力符号

群众文化作为一种底层文化形式，承载着广大民众的情感、价值观和生活方式，其内涵丰富多样。在塑造国家的软实力中，充分挖掘和运用群众文化中的符号、元素和艺术形式，可以成为国家软实力的重要象征和标识。

首先，群众文化中蕴含着丰富的符号，这些符号具有浓厚的民族特色和文化内涵。比如，中国的龙、熊猫等动物形象，象征着中国的文化传统和民族精神，而印度的莲花、印度教的神像等，则代表了印度的宗教和精神信仰。通过运用这些符号，国家可以打造出与自身特色相契合的形象符号，增强国家的文化认同感和凝聚力。

其次，群众文化中蕴含着丰富的元素，这些元素可以体现出国家的独特风格和特点。例如，巴西的桑巴舞、阿根廷的探戈舞等，都是具有浓郁地方特色的舞蹈形式，能够吸引外界的目光和兴趣。国家可以通过推广和展示这些元素，打造出独特而有吸引力的文化形象，提升国家的软实力。

最后，群众文化中还蕴含着丰富多样的艺术形式，例如民间音乐、民俗表演等，它们具有浓厚的地域性和民族特色。国家可以通过扶持和推广这些艺术形式，让其成为国家软实力的重要组成部分。比如，爵士乐在美国被视为一种文化符号，代表着美国的自由精神和创新能力。通过在国际舞台上展示和推广这些艺术形式，国家可以有效传递自身的核心价值观和文化特色，增强国际社会对国家的认同和好感度。

（四）增强人民对国家的认同感

群众文化作为广大人民群众的文化表达和需求，与人民的生活和情感密切相关。如果国家形象能够充分体现人民的文化价值观念和精神追求，并满足人民对于文化的需求，就能够增强人民对国家的认同感和归属感。这种认同感和归属感将使国家形象更加贴近人民，进一步巩固和提升国家的软实力。

首先，通过挖掘和运用群众文化中的符号、元素和艺术形式，国家可以塑造出与人民共同认同的形象符号。这些符号能够反映人民的文化价值观念、传统习俗和集体记忆，从而引起人民的共鸣和认同。例如，中国的春节、中秋节等传统节日是中国人民深厚情感的表达和文化传承，通过在国际舞台上展示和推广这些节日，可以增强国内外人民对中国的认同感。

其次，国家可以通过支持和推广群众文化活动，满足人民对于文化的需求，进一步增强人民对国家的认同感。例如，举办民间艺术表演、民俗活动等，让人民参与其中，感受到国家对于群众文化的重视和支持，从而加深对国家的认同感。同时，通过举办文化节庆活动等形式，展示国家的多元文化特色，也能够提升人民对国家的归属感。

最后，国家还可以通过在教育体系中加强对群众文化的传承和教育，进一步增强人民对国家的认同感。通过将群众文化纳入学校课程和教材，年青一代了解和熟悉自己民族的文化传统，培养对国家的热爱和认同感。同时，在媒体宣传中，积极传播群众文化的正能量和创造力，激发人民对国家的自豪感和认同感。

（五）推动经济发展和国际影响力

群众文化作为一种软实力资源，在推动国家的经济发展和国际影响力方面具有积极作用。

首先，发展和推广群众文化产业可以培育新的经济增长点。群众文化产业包括传统手工艺、民间音乐、民俗表演等，这些产业在国内外市场都具有很大的潜力。通过支持和扶持群众文化产业的发展，国家可以创造就业机会，提高人民的生活水平。同时，群众文化产业还能够带动相关产业链的发展，形成完整的产业体系，为国家经济增长注入新的动力。

其次，群众文化的国际传播能够吸引外国游客，促进旅游业发展。群众文化具有独特的地域性和民族特色，它是吸引外国游客的重要资源之一。通过在国际舞台上展示和推广群众文化活动，国家可以吸引更多的外国游客前来体验和了解。这不仅可以促进旅游业的发展，增加国家的国际收入，还能够提升国家的国际影响力和形象。

最后，群众文化的国际传播还能够提升国家的软实力和国际影响力。通过推广群众文化活动、举办文化交流活动等形式，国家可以增加与其他国家的互动和合作。这有助于增进不同国家之间的相互了解和友谊，扩大国家在国际社会中的影响力和话语权。同时，国家形象也将因为群众文化的吸引力而受到更多关注，从而提高国家的国际形象和认可度。

二、群众文化对国家软实力的提升

（一）文化认同和凝聚力

文化认同和凝聚力在国家的软实力提升中起着重要作用。群众文化作为广大人民群众的文化表达和需求，能够增强人民对国家的认同感和归属感。以下从几个方面来论述群众文化对国家软实力的提升。

首先，群众文化是人民对自身文化传统的认同和情感表达。通过充分体现人民的文化价值观念和精神追求，满足人民对于文化的需求，国家可以增强人民对国家的认同感。当人民认同国家所代表的文化特色和价值观念时，会产生一种强烈的归属感，将其与国家形象紧密联系在一起，进而巩固和提升国家的软实力。

其次，群众文化能够促进社会凝聚力和团结意识的形成。群众文化是广大人民群众共同参与、共同创造的文化形式，它能够激发人们的集体荣誉感和责任感，加强人民之间的互动和交流。当人民通过共同参与群众文化活动，分享文化资源和情感体验时，将形成一种共同的文化认同，进而促进社会凝聚力的增强。这种社会凝聚力对国家的稳定发展和软实力的提升具有重要意义。

再次，群众文化是国家文化自信的重要体现。国家应当积极倡导和推动群众文化的发展，鼓励人民参与文化创作和传承。当国家将群众文化作为一种宝贵的资源加以重视，并通过各种方式支持和保护群众文化，体现了国家对自身文化的自信和自豪。这种文化自信能够影响人民对国家形象的认知，进而提升国家的软实力。

最后，群众文化的传播也能够在国际舞台上展示国家的文化魅力和多样性。当国家的群众文化具备较高的吸引力和影响力时，吸引了外国游客的关注和兴趣，进而促进旅游业的发展，增加国家的国际收入和影响力。同时，在国际交流中，国家的群众文化也能够为国家赢得更多的好感度和尊重，从而提升国家的软实力。

（二）形象符号的塑造

形象符号的塑造是群众文化对国家软实力提升的重要方面。群众文化中蕴含着丰富的符号、元素和艺术形式，通过挖掘和运用这些符号，国家可以打造出独特而有吸引力的形象符号。以下从几个方面来论述形象符号对国家软实力的提升。

首先，形象符号能够有效地传递国家的核心价值观和文化特色。群众文化中的符号和元素往往与国家的历史、传统和精神追求密切相关。通过充分挖掘和运用这些符号，国家可以在国际舞台上展示自己的独特文化特色，向世界传达国家的核心价值观念。例如，中国的龙和熊猫等动物形象，象征着中国的文化传统和民族精神；巴西的桑巴舞、阿根廷的探戈舞等具有浓郁的地方特色，可以代表国家的文化魅力和多样性。这些形象符号能够深入人心，让世界更好地了解和认知国家。

其次，形象符号能够提升国家的影响力和竞争力。一个独特而有吸引力的形象符号能够在国际社会上产生较大的关注度和话语权。当国家通过运用群众文化中的形象符号，在国际舞台上展示自己的文化魅力和创新能力时，能够吸引更多的目光和兴趣。这不仅有助于增加国家的国际影响力，还能够提升国家的竞争力。例如，日本的动漫文化和韩国的流行音乐产业，都成为它们软实力提升的重要因素之一。

最后，形象符号也能够塑造国家的品牌形象和形象认知。一个有吸引力和与众不同的形象符号能够成为国家的标志性特征，形成独特的国家品牌形象。这种品牌形象可以为国家带来更多的机遇和合作伙伴，提升国家的知名度和美誉度。例如，法国的巴黎时装周和意大利的米兰时装周成为这两个国家的时尚品牌，吸引了全球的目光和关注，推动了国家的经济和文化发展。

（三）经济发展和国际影响力

1. 经济发展

群众文化产业作为一种软实力资源，可以为国家带来经济增长和就业机会。通过发展和推广群众文化产业，国家能够培育新的经济增长点。群众文化产业包括传统手工艺、民间音乐、民俗表演等，这些产业在国内外市场都具有很大的潜力。国家可以通过支持和扶持群众文化产业的发展，推动相关产业链的发展，形成完整的产业体系，为国家经济增长注入新的动力。同时，群众文化产业的发展也能够创造大量的就业机会，提高人民的生活水平。

2. 国际影响力

群众文化的国际传播能够吸引外国游客，促进旅游业发展，增加国家的国际收入和影响力。群众文化具有独特的地域性和民族特色，它是吸引外国游客的重要资源之一。通过在国际舞台上展示和推广群众文化活动，国家可以吸引更多的外国游客前来体验和了解。这不仅可以促进旅游业的发展，增加国家的国际收入，还能够提升国家的国际影响力。当外国游客深入了解和体验国家的群众文化时，会对国家产生积极的认知和好感，从而提高国家的形象和声誉。

（四）文化交流与合作

文化交流与合作是群众文化对国家软实力提升的又一个重要方面。以下从几个角度来论述文化交流与合作对国家软实力的提升。

首先，文化交流与合作可以增进不同国家之间的相互了解和友谊。通过推广群众文化活动、举办文化交流活动等形式，国家可以展示自己的群众文化特色，与其他国家分享自身的文化资源。这种跨文化的交流和互动有助于打破文化隔阂，加深不同国家之间的相互了解和认知。当国家能够通过群众文化与其他国家建立起良好的友谊和合作关系时，将提升国家在国际社会中的影响力和话语权。

其次，文化交流与合作有助于提升国家的软实力。国家的软实力不仅仅体现在经济和军事实力上，还包括文化、教育、科技等方面。通过积极开展文化交流与合作，国家可以展示自己的文化魅力和创造力，提高国家的文化影响力。当国家在国际舞台上被认可为具有丰富、多样且具有吸引力的群众文化时，将增强国家的软实力，进一步提升国家在国际社会中的地位和影响力。

最后，文化交流与合作也能够促进国际合作与发展。通过推动文化交流与合作，国家可以建立起更广泛的合作网络，促进各领域的合作与发展。特别是在文化创意产业、教育交流、科技创新等领域，国家之间的文化交流与合作可以促进经济的繁荣和科技的进步。这种国际合作与发展不仅有助于提升国家的软实力，还能够带来更多的机遇和共赢的结果。

第十章　群众文化研究方法与途径

第一节　群众文化研究的理论框架和方法论

一、群众文化研究的理论框架

（一）文化生产和消费理论

文化生产和消费理论是群众文化研究中的重要理论框架之一。它关注群众文化产品的产生和消费过程，以及人们对这些产品的参与和互动。下面将详细阐述这一理论框架。

在文化生产和消费理论中，首先关注的是群众文化产品的制作。群众文化产品可以是音乐、电影、电视剧、网络视频、文学作品等各种形式的文化创作。这些产品的制作涉及从创意构思到实际制作的一系列流程，包括编剧、导演、演员、音乐家、作家等创作者的努力。这一过程中，群众文化产品不仅是个别创作者的作品，更是集体智慧和创造的结晶。群众文化强调了广大人民群众共同参与和创造的特点，反映了人民群众的审美需求和文化表达。

其次，文化生产和消费理论关注群众文化产品的传播和接受。群众文化产品通过各种媒介渠道进行传播，如电视、广播、互联网等。传播途径的多样性使得群众文化产品能够迅速传播和触达更广大的受众。在接受方面，人们对群众文化产品进行解读、欣赏和评价。这种互动性使得群众文化不再是单向的信息输出，而是双向的交流和互动过程。

文化生产和消费理论强调了群众文化的创造性和民主性。创造性体现在群众文化产品的多样性和创新性，它们能够满足不同人群的需求和兴趣。民主性则表现在群众文化的制作和接受过程中广大人民群众的参与和决策权。群众文化的创造和传播并非由少数特权阶层掌握，而是通过广泛的参与和共享实现的。这种民主性使得群众文化成为人民群众自我表达和参与社会文化生活的重要方式。

（二）文化认同和身份理论

文化认同和身份理论是群众文化研究中的另一个重要理论框架。它关注群众文化在个体和社会群体身份认同形塑方面的作用，探讨了群众文化如何通过符号、象征和价值观念等方式影响人们对自我和社会的认同感和归属感。

在文化认同和身份理论中，首先关注的是群众文化如何通过符号和象征来塑造个体和社会的认同感。符号和象征是群众文化中常见的表达方式，可以是语言、服饰、音乐、艺术作品等。这些符号和象征承载着特定的意义和价值观，通过被接受者共同理解和传播，促进个体和社会的认同。例如，特定的音乐类型、时尚风格或艺术作品可能成为某个群体的象征，并引发他们的身份认同。

其次，文化认同和身份理论关注群众文化如何通过价值观念来影响人们对自我和社会的认同感。价值观念是人们对于好与坏、重要与无关等事物的评价标准和信念体系。群众文化可以通过传递特定的价值观念，引导个体和社会群体形成对于自我和他人的认同感。例如，某种群众文化强调平等、合作和社会正义，与这种文化相接触的人可能会在思想和行为上表现出与之相关的身份认同。

文化认同和身份理论认为群众文化是社会集体认同的重要组成部分，对于个体和社会的身份建构具有重要意义。通过群众文化，人们能够找到归属感和共同体认同，从而加强个体与社会的联系与凝聚力。同时，群众文化也可以促进多元文化之间的对话与交流，增进社会的包容性和多样性。

（三）文化流行和媒介效应理论

文化流行和媒介效应理论是一个重要的研究框架，旨在理解群众文化在媒介环境下的传播和影响力。它关注群众文化产品如何通过各种媒介渠道进行传播，以及人们对这些产品的接受度和反应。

这一理论框架强调了群众文化的流行性。流行性是指一种文化产品或现象在社会中被广泛接受、追捧和模仿的程度。通过媒介的传播，群众文化可以迅速扩散并成为大众关注的焦点。流行文化的特点是变化快速、多样化和易于传播，它经常涉及时尚、音乐、电影、电视节目、网络文化等领域。

另外，媒介效应也是该理论框架的核心概念之一。媒介效应指的是媒介对个体和社会产生的影响。媒介通过传递信息、塑造形象和价值观念，对人们的意识、思维和行为方式产生深远影响。例如，电视、互联网和社交媒体等媒介平台的普及，改变了人们获取信息、娱乐和社交的方式，进而塑造了他们的文化观念和行为方式。

文化流行和媒介效应理论认为，群众文化在塑造公众意识、价值观和行为方式方面具有重要影响力。它强调了媒介对文化产品传播的关键作用，以及群众对这些产品的接受度和反应如何受到媒介的影响。该理论框架为研究和分析群众文化与媒介之间的相互关系提供了重要的工具和视角。

（四）文化政治经济学理论

文化政治经济学理论是一个重要的研究框架，旨在理解群众文化与政治、经济之间的相互关系。它关注群众文化如何被政治和经济力量塑造和操控，以及群众文化对政治和经济结构的反作用。

这一理论框架认为群众文化不仅是一种文化现象，还是政治和经济权力斗争的场域。在政治方面，群众文化可以被用作塑造和巩固政治统治的工具。政治力量可以通过控制媒介、教育系统和文化产业来塑造和传播符合其意识形态和利益的文化产品。同时，政治力量也可以利用群众文化来型塑公众意识、价值观和社会认同，从而维护自身的统治地位。

在经济方面，群众文化也受到市场和商业力量的影响。商业机构通过生产和销售文化产品来追求经济利益，而消费者的需求和偏好则在很大程度上塑造了文化产品的内容和形式。经济力量可以通过市场机制和商业策略来影响和引导群众文化的发展，从而塑造和操控人们的文化消费行为和文化认同。

然而，文化政治经济学理论也强调了群众文化对政治和经济结构的反作用。群众文化具有创造性和反抗性，可以成为社会变革和权力重构的力量。在政治方面，群众文化可以成为表达民意、争取权益和追求社会正义的工具。在经济方面，群众文化的多样性和独立性可以对商业机构和市场规则进行挑战，促进公平竞争和创新。

（五）文化交流和跨文化研究理论

文化交流和跨文化研究理论是一个重要的研究框架，旨在理解群众文化在不同地域、不同文化间的传播和互动。它关注群众文化如何通过跨文化交流和互动，影响着不同社会和文化之间的相互影响和认知。

这一理论框架强调了群众文化在全球化背景下的重要性。随着全球化进程的加速，不同文化之间的接触和交流变得更加频繁和紧密。群众文化作为一种普遍受众能够理解和参与的文化形式，在全球范围内具有广泛的传播和共享性。通过媒介和其他跨文化交流渠道，群众文化可以迅速传播到不同地域和文化中，促进文化的多元化和交融。

在文化交流和跨文化研究理论中，重点研究了群众文化在跨文化交流中的影响和反响。通过跨文化互动，群众文化可以促进不同文化之间的相互了解和认知。人们通过接触和体验来自不同文化的群众文化产品，获得了对其他文化的认知和理解。这种互动和对话有助于打破文化隔阂和偏见，促进文化多元性的尊重和包容。

另外，文化交流和跨文化研究理论还强调了多元文化之间的对话与碰撞。不同文化之间的相互影响和交流可以激发新的文化创造和创新。当不同文化的群众文化相互融合和交织时，可能会产生新的文化形式和风格。这种跨文化的创造力和创新性对于推动全球文化的发展和演变至关重要。

（六）社会意义和符号学理论

社会意义和符号学理论是一个重要的研究框架，旨在理解群众文化中的符号、象征和意义的构建和解读。它关注群众文化如何通过各种符号和意义，表达和传递社会集体的情感、价值观念和社会秩序。

这一理论框架认为群众文化是一种象征系统，通过符号的使用和解读来塑造社会的意义和秩序。符号是一种特定的物质或非物质形式，具有代表和传递意义的能力。在群众文化中，符号可以是语言、图像、音乐、服饰等各种形式的表达方式。这些符号通过被社会共同接受的意义和象征，成为人们理解和交流的媒介。

社会意义和符号学理论强调了符号的构建和解读过程。符号的意义并非固定不变的，而是由社会共同约定和个体解读所构建的。社会集体通过共享和传递符号的意义，形成了一种共同的文化认知和社会秩序。同时，个体根据自身的经验、背景和观念，对符号进行个体化的解读和理解。

群众文化通过符号的使用和解读，表达了社会集体的情感、价值观念和社会秩序。符号不仅仅是一种表面的形式，更重要的是其背后所代表的意义和象征。例如，在音乐中，特定的旋律和歌词可以引发人们的情感共鸣，并传递出特定的文化价值观念。在时尚领域，服装和饰品的选择可以展示个体的身份认同和审美偏好，同时也反映了社会对于美和风格的认知和期待。

社会意义和符号学理论强调了符号与社会的互动关系。符号的构建和解读不仅受到社会集体的影响，也受到社会结构和权力关系的制约。符号的使用和解读可以塑造和维持社会的意义和秩序，同时也可以被用作权力和控制的工具。因此，符号学的研究有助于揭示符号与社会结构、权力关系和文化冲突之间的相互作用。

二、群众文化研究的方法论

群众文化作为一种普遍受众能够理解和参与的文化形式，对于理解和分析社会文化具有重要意义。然而，群众文化研究的复杂性和多样性使得方法选择成为一个关键问题。下面从历史和社会背景、定性研究和定量研究、文化批评和符号学、媒介与传播、跨文化研究等角度出发，探讨群众文化研究的方法论。

（一）历史和社会背景的分析

群众文化的演变和影响是研究的重要内容，通过历史和社会背景的分析可以揭示群众文化的起源、发展和变迁。历史研究方法可以通过文献资料、档案记录和口述历史等途径，还原和解读群众文化的历史过程。社会背景分析则关注社会结构、政治经济环境和社会价值观念对群众文化的塑造和影响。

在历史研究方法中，文献资料是重要的研究资源之一。通过对历史文献的梳理和分析，可以了解不同时期群众文化的表现形式、流行趋势以及相关事件的影响。例如，在中国历史上，可以通过阅读古代文学作品、官方文件和私人日记等文献，了解古代民间艺术、宗教信仰和传统节日等方面的群众文化。而对于现代社会，可以通过研究报纸、杂志、电视节目和互联网上的信息，了解当代群众文化的发展状况和主要特点。

此外，档案记录也是历史研究中不可或缺的资源。政府机构、社会团体和个人都会留下各种档案记录，这些记录可以提供关于群众文化的实际情况和演变过程的详细信息。例如，在某一历史时期，通过研究政府部门的统计数据、社会调查报告和宣传资料，可以了解当时的群众文化水平、生活方式和价值观念等方面的情况。

此外，口述历史也是重要的历史研究方法之一。通过采访老年人、民间艺术家和社区领袖等，可以获取他们亲身经历和见证的群众文化活动的珍贵信息。口述历史可以帮助还原历史事件的真实性，并从个人的角度解读群众文化的内涵和影响。

在社会背景分析中，关注社会结构是理解群众文化的重要途径。社会结构指的是社会中各个组成部分的相互关系和地位分配。社会结构的变迁会对群众文化的形成和发展产生深远影响。例如，在封建社会中，由于封建等级制度的存在，群众文化受到了严格的约束和压抑，表现形式较为单一。而在现代工业社会，随着社会结构的变动，群众文化呈现出多样化、个性化的特点。

政治经济环境也是社会背景分析的重要方面。政治经济环境包括政府政策、经济发展和国际关系等因素。这些因素对群众文化的发展和变迁产生直接或间接的影响。例如，政府的文化扶持政策可以促进某些群众文化形式的繁荣，而经济危机可能导致群众文化活动的减少或转型。

最后，社会价值观念对群众文化的塑造和影响也不可忽视。社会价值观念指的是社会成员对于事物的认知、评价和态度。不同的社会价值观念会影响人们对群众文化的接受程度和评价标准。例如，在某些社会中，传统文化被视为珍贵的精神财富，受到高度重视和保护，而在其他社会中，新兴的流行文化更受年青一代的青睐。

（二）定性研究和定量研究的比较

在群众文化研究中，定性研究和定量研究是两种不同的方法，它们各有优势和适用范围。下面将对定性研究和定量研究进行比较。

定性研究注重对个体、群体和社会现象进行深入的描述和解释。它通过非结构化或半结构化的访谈、观察和文本分析等方法，获取丰富的质性数据。定性研究关注于探索复杂问题背后的深层意义和内涵，能够揭示出人们的观点、态度、价值观念和行为动机等方面的信息。这种方法适用于对群众文化中的主观感受、经验和社会交互过程进行理解和解释的研究问题。例如，通过深入访谈民间艺术家，可以了解他们的创作动机、艺术观念以及与传统文化的联系。

相比之下，定量研究则强调使用数量化的方法收集和分析大量的数字数据。它借助统计学方法，通过问卷调查、实验设计和数据分析等手段，从整体上揭示群众文化中的规律和趋势。定量研究注重于统计推断和一般化，能够提供具有代表性的数据，并进行数值比较和趋势分析。这种方法适用于对群众文化的规模、流行程度、变化趋势等方面进行描述和分析的研究问题。例如，通过大规模问卷调查，可以了解不同年龄群体对某一文化产品的接受程度，或者评估某一传媒活动对公众意见的影响。

定性研究和定量研究在方法论上存在着明显的区别。定性研究通常采用小样本、非随机抽样的方式进行数据收集，研究过程更加灵活和主观。定量研究则追求大样本、随机抽样的方式，以保证结果的代表性和可靠性。因此，定性研究的数据分析更依赖于人工理解和解释，而定量研究则更依赖于统计分析和数学模型。

然而，在实际研究中，定性研究和定量研究并不是相互排斥的，而是可以互为补充的。研究者可以根据具体问题和研究目的选择合适的方法，并结合两种方法进行综合分析。通过定性研究可以深入了解个体和群体的观点和经验，揭示出复杂问题的内涵，而定量研究则可以提供全面、客观的数据，揭示出整体趋势和普遍规律。综合应用定性和定量方法可以使研究结果更加全面、准确和可信。

（三）文化批评和符号学的应用

文化批评和符号学是两种重要的工具，用于理解和解读群众文化中的符号和意义。这两个领域在文化研究中发挥着重要作用，帮助我们深入探索文本和作品背后的文化价值、社会反映以及隐藏的意义。

首先，文化批评关注文本和作品的文化价值和社会反映。它通过对文本进行分析和解构，揭示其中隐含的意义和影响。文化批评家会考虑文本所处的历史背景、社会环境以及创作者的意图，从而推断出作品的文化价值观和对社会现象的反映。例如，在对一部电影的文化批评中，批评家可能会分析其主题、角色塑造、剧情发展等方面，以探讨其中的文化意义和价值。

其次，符号学强调符号的构建和解读过程。符号是指具有特定意义和象征性的物体、行为或概念，它们在文化中被赋予了特定的意义。符号学家关注符号与社会集体的关系，并通过解读符号来揭示群众文化中的意义和象征。符号学的一个重要概念是"符号系统"，它指的是一组相互关联的符号，形成了特定的文化语言和意义体系。通过对符号系统的研究，我们可以了解不同文化中的符号使用方式、象征含义以及文化价值观。

文化批评和符号学的应用可以帮助我们更好地理解和解读群众文化中的符号和意义。它们提供了一种分析框架，使我们能够深入挖掘文本和作品的内涵，从而更好地理解文化的多样性和复杂性。通过运用文化批评和符号学的方法，我们可以揭示出不同文化中的价值观、社会现象和象征意义，促进跨文化交流和理解。

总之，文化批评和符号学在理解和解读群众文化中的符号和意义方面起着重要作用。它们帮助我们深入分析文本和作品，揭示其中的文化价值观、社会反映和象征意义。通过运用这些工具，我们可以更好地理解和欣赏不同文化的多样性，促进文化交流和共享。

（四）媒介与传播的分析

媒介与传播的分析是研究群众文化传播和影响力的重要途径。群众文化在不同媒介环境下的传播方式和效应对于我们理解和解读群众文化的发展和变化具有重要意义。以下将从媒介平台、受众接触和参与以及群众文化产品的生产、传播和接受过程三个方面进行分析。

首先，媒介平台是群众文化传播的基础和载体。随着科技的发展，媒介形式多样化，包括电视、广播、互联网、社交媒体等。不同媒介平台具有不同的特点和传播方式，影响着群众文化的传播效果。通过分析不同媒介平台上群众文化的传播特点，我们可以了解到群众文化如何利用媒介平台实现传播目标，并对受众产生影响。

其次，受众接触和参与是群众文化传播的关键因素。媒介传播的目的是将信息传递给受众，并引起他们的注意和参与。群众文化产品需要引起受众的兴趣和共鸣，才能实现传播效果。研究者可以通过调查和观察受众接触群众文化产品的方式和程度，以及他们对产品的参与程度，来评估传播效果和受众反应。例如，在社交媒体平台上，用户可以通过点赞、评论、转发等行为来表达对群众文化产品的喜好和参与。

最后，群众文化产品的生产、传播和接受过程也是媒介与传播分析的重要内容。群众文化产品的生产包括创作、制作和发布等环节，传播涉及宣传、推广和传递等过程，而接受则包括受众的认知、理解和消费等方面。研究者可以通过对这些过程的观察和分析，了解群众文化在不同阶段的特点和影响因素。例如，通过分析电影的制作过程和宣传手段，可以了解到电影在传播过程中的市场策略和受众定位。

（五）跨文化研究的视角

跨文化研究的视角在全球化背景下变得越来越重要。随着全球化进程的加速和交通技术的发展，不同文化之间的群众文化交流与互动日益频繁。跨文化研究通过比较不同文化之间的群众文化现象和意义，揭示了文化差异和共通性，对于我们更好地理解和应对文化冲突、促进文化多样性有着重要的意义。

首先，跨文化研究可以帮助我们了解不同文化背景下群众文化的相互影响、转化和适应。在全球化时代，各种文化元素通过媒体、互联网等渠道在不同文化中广泛传播和融合。例如，电影、音乐、时尚等群众文化产品经常跨越国界，在不同文化中产生影响和改变。通过跨文化研究，我们可以深入探讨这些文化元素在不同文化中的接受程度、变化和演变过程，揭示出文化之间的相互影响和互动关系。

其次，跨文化研究还可以分析跨文化交流对于群众文化的影响和反响。随着全球化的推动，人们越来越容易接触到来自不同文化的群众文化产品和观念。这种跨文化交流对于群众文化的发展产生了深远的影响。通过研究不同文化之间的跨文化交流现象，我们可以了解到这些交流对于群众文化的塑造和改变有何影响，同时也能够观察到不同文化在接受和回应跨文化交流时的态度和行为。

跨文化研究的视角还可以帮助我们更好地理解文化差异和共通性。每个文化都有其独特的价值观、习俗和传统，而跨文化研究可以帮助我们认识到这些差异的存在和背后的原因。通过比较不同文化之间的群众文化现象，我们可以看到不同文化中的相似之处和不同之处，进一步理解不同文化的思维方式、行为规范以及对待群众文化的态度。

最后，跨文化研究还可以促进文化多样性的保护和发展。在全球化的浪潮中，一些小众文化可能面临被边缘化和同化的风险。通过跨文化研究，我们可以更好地认识到不同文化的独特性和重要性，推动对这些文化的保护和传承。同时，跨文化研究也可以促进文化多样性的交流与互鉴，为创新和发展提供源源不断的灵感和资源。

第二节　群众文化研究的数据收集和分析技术

一、群众文化研究的数据收集

（一）问卷调查

问卷调查是群众文化研究中常用的数据收集方法之一。设计和分发问卷可以帮助研究者获取大量的定量数据，从而了解群众文化的偏好、消费习惯、参与活动等方面的情况。通过统计和分析问卷结果，可以得出一些总体趋势和结论，为群众文化研究提供重要的数据支持。

1. 确定研究目的

在设计问卷之前，需要明确研究目的和研究问题。研究目的可以是了解群众对于某种文化产品的接受程度，或者探索群众对于某种文化活动的态度和行为等。明确研究目的有助于确定问卷的主题和问题。

2. 选择样本和目标人群

根据研究目的，确定适合的样本和目标人群。样本的选择应该具有代表性，能够反映出所研究群体的特征和特点。例如，如果研究的是年轻人对音乐节的参与情况，那么样本应该包括年轻人群体，并且尽量涵盖不同地区、不同性别和不同背景的受访者。

3. 设计问卷结构

问卷应该具有清晰的结构，包括引言、问题部分和结束语。引言部分可以简要介绍研究目的和保证受访者信息保密的承诺。问题部分应该根据研究目的设计相关问题，可以采用单选题、多选题、评分题等形式。问题的顺序应该合理，逻辑清晰，以便受访者能够理解并回答。

4. 选择问题类型

问题类型的选择取决于研究目的和需要收集的信息。单选题适用于提供互斥选项的情况，多选题适用于允许受访者选择多个选项的情况，评分题适用于了解受访者对某种观点或事物的评价程度。问题的选择应当全面反映所研究的群众文化方面。

5. 预测试问卷

在正式分发问卷之前，进行预测试是非常重要的。预测试可以帮助研究者检查问卷的流畅性、问题的清晰性以及受访者是否能够理解问题的意思。通过预测试，可以及时修正和改进问卷，提高数据质量。

6. 分发和收集数据

确定好样本和目标人群后，可以通过多种途径分发问卷，如面对面调查、邮寄调查或在线调查等。在分发问卷时，需要说明问卷的目的和重要性，并鼓励受访者如实回答。同时，要确保问卷的匿名性和机密性，以增加受访者的信任度和参与度。

7. 数据分析和结果呈现

完成数据收集后，可以使用统计软件进行数据分析，如 SPSS、Excel 等。根据研究问题，可以使用描述性统计、交叉分析、因素分析等方法来分析数据，得出结论和总体趋势。最后，将分析结果以图表、表格或文字形式进行呈现，使得结果更加清晰明了。

（二）访谈

1. 确定访谈目的

首先明确访谈的目的和研究问题，确定需要了解被访者观点、经验和感受的具体内容。这样可以在访谈过程中更加有针对性地引导对话，获取所需的详细和具体信息。

2. 选择被访者

根据研究目的和问题，在目标人群中选择合适的被访者。被访者应具备相关经验、知识或特定背景，以便能够提供深入的见解和理解。可以通过抽样方法选择被访者，确保代表性和多样性。

3. 制定访谈指南

在进行访谈前，制定一个访谈指南作为参考。访谈指南包括一系列问题或主题，用于引导访谈的进行。这些问题应该是开放式的，鼓励被访者详细描述自己的观点、经验和感受。同时，也要允许被访者自由发挥，提供其他相关信息。

4. 安排访谈时间和地点

与被访者协商并安排访谈的具体时间和地点。可以选择面对面的方式进行访谈，以便更好地观察被访者的非语言表达和情感反应。如果不方便面对面访谈，也可以选择电话访谈或视频会议的方式。

5. 进行访谈

在访谈过程中，首先向被访者介绍研究目的和问题，确保被访者理解并愿意参与访谈。然后按照访谈指南的问题引导对话，注意倾听和记录被访者的回答。同时，也要留有足够的空间，让被访者自由发表意见和补充信息。

6. 记录和整理数据

在访谈结束后，及时整理和记录访谈所得到的详细和具体信息。可以使用录音设备进行记录，但要事先征得被访者的同意。同时，也可以将访谈笔记整理成文字形式，便于后续分析和总结。

7. 数据分析和总结

在收集到足够的访谈数据后，进行数据分析和总结。可以使用内容分析、主题编码等方法，对访谈数据进行归纳和分类。通过深入理解被访者的观点、经验和感受，揭示群众文化现象背后的原因和动机。

（三）观察

1. 选择观察目标

确定要观察的群众文化事件、活动或场所。可以选择一场音乐会、一个街头艺术表演或一个传统节日庆典等。

2. 制订观察计划

明确观察的时间、地点和持续时长。确保能够全面记录观察对象的行为、互动和表达形式。

3. 准备观察工具

准备好适合记录的工具，如笔记本、相机或录音设备。根据需要也可以使用数字设备进行观察和记录。

4. 观察开始

到达观察场所后，开始记录观察对象的行为、互动和表达形式。可以记录下来的内容包括人们的行为举止、言语交流、身体语言以及他们对环境的反应等。

5. 注意观察重点

针对观察对象的特定方面，如表演者的技巧、观众的参与程度等，有针对性地进行观察和记录。这样可以更深入地了解群众文化的行为规律和特点。

6. 记录数据

将观察到的数据记录下来，可以通过文字描述、拍摄照片或录制视频等方式进行保存。

7. 分析和总结

观察结束后，对所得到的数据进行分析和总结。可以通过整理数据、比较差异、找出规律等方法来揭示群众文化的行为规律和特点。

8. 撰写观察报告

根据观察和分析的结果，撰写观察报告。报告应包括观察的背景、目的、方法、结果和结论等内容，以提供客观的实证数据。

9. 反思与改进

回顾观察过程，思考观察中可能存在的偏见或不足，并提出改进的意见。这有助于提高观察的准确性和可靠性。

注意事项

① 在观察过程中保持客观中立，尽量不对观察对象产生干扰或影响。

② 尊重观察对象的隐私权和个人权益，在记录和使用数据时要谨慎处理。

③ 观察时要保持警觉，留意可能影响观察结果的外部因素，如其他观察者的存在或场所的嘈杂程度等。

④ 如有需要，可以结合其他研究方法，如访谈、问卷调查等，以获取更全面和深入的信息。

⑤ 在观察过程中，要保持开放的心态，不断学习和探索，以获取更丰富的观察结果。

（四）文献研究

1. 确定研究主题

明确研究的主题或问题，例如群众文化的发展历程、群众文化与社会变迁的关系等。

2. 收集文献资料

通过图书馆、网络数据库等渠道收集与研究主题相关的书籍、期刊、报纸、网站等文献资料。

3. 筛选文献

对收集到的文献进行筛选，选择与研究主题紧密相关、权威可信的文献。可以根据作者的学术声誉、出版机构的影响力、引用次数等指标进行评估。

4. 阅读和分析文献

仔细阅读选定的文献，理解其中的理论框架、研究方法和结果。同时，将文献中的关键观点、重要数据和相关引用进行整理和分析。

5. 总结和归纳

将阅读和分析得到的信息进行总结和归纳，梳理出已有研究在群众文化领域的主要成果和研究视角。可以通过制作文献综述、思维导图等方式进行整理和呈现。

6. 建立理论框架

基于文献研究的结果，建立起适合研究主题的理论框架。可以借鉴先前研究的理论模型、概念定义等，也可以根据已有研究的不足提出新的理论或研究假设。

7. 引用和参考文献

在研究报告、论文或学术文章中准确地引用和参考所使用的文献资料，遵守相应的引用格式和规范。

（五）媒体分析

1.选择分析对象

确定要分析的媒体内容，可以选择一部电影、一首歌曲、一则广告等。确保选取的对象与研究主题相关。

2.收集媒体素材

获取所选媒体内容的原始素材，可以通过购买或借阅相关作品、浏览网络平台等方式进行收集。

3.观看／听取并记录

仔细观看／听取所选媒体内容，并记录下来观察到的关键信息，如剧情、表演方式、视听效果、符号传达等。

4.分析媒体元素

对所选媒体内容进行深入分析，关注其中的各种元素，如故事情节、人物形象、音乐风格、画面构图、文字表述等。分析这些元素在传达意义、引发情感共鸣、塑造文化价值观等方面的作用。

5.研究背景和制作过程

了解所选媒体内容的背景信息，如导演、编剧、演员、音乐人等的背景和意图，以及制作过程中的考虑和决策。这有助于理解媒体内容产生的社会文化背景和目的。

6.比较和对比

将所选媒体内容与其他类似作品进行比较和对比，分析其在群众文化产品中的地位、创新点和影响力。

7.探索流行趋势和意义

通过分析多个媒体内容，观察其中的共性和趋势，探索群众文化产品的流行趋势和意义，如消费主义、身份认同、审美观念等。

8.讨论和总结

根据分析的结果，展开讨论并进行总结，提炼出关键发现和观点，阐述所选媒体内容在群众文化中的重要性和影响。

二、群众文化研究的分析技术

（一）统计分析

统计分析是对定量数据进行处理和分析的一种方法。它可以帮助我们了解数据的总体趋势、相关关系以及建立预测模型等。

常用的统计方法如下。

1. 描述性统计

描述性统计是对数据进行整理、汇总和描述的过程，常见的描述性统计指标包括均值、中位数、众数、标准差、方差等。通过描述性统计，我们可以了解数据的集中趋势、离散程度和分布形态。

2. 相关性分析

相关性分析可以用来衡量两个或多个变量之间的相关关系强度和方向。常用的相关性分析方法包括皮尔逊相关系数和斯皮尔曼相关系数。相关性分析可以帮助我们判断变量之间的线性相关性，从而发现变量之间的关联关系。

3. 回归分析

回归分析是一种用于建立和预测变量之间关系的统计方法。它通过建立回归方程来描述自变量与因变量之间的关系，并利用该方程进行预测。常见的回归分析方法有简单线性回归和多元线性回归。回归分析可以帮助我们了解变量之间的因果关系，并进行预测和推断。

（二）内容分析

内容分析是对文本、图像、音频或视频等群众文化材料进行系统的分类、编码和分析的方法。它可以帮助研究者了解群众文化材料中的主题、符号、情感表达等方面的特点。

在内容分析中，研究者首先需要建立一个分类系统或编码框架，用于对文本、图像、音频或视频进行分类和编码。这个分类系统可以基于研究问题的需要，包括主题、情感、符号、语言风格等方面的维度。然后，研究者根据分类系统对群众文化材料进行分析，并将其编码为相应的类别或特征。

通过内容分析，研究者可以得出一系列关于群众文化材料的结论和结果。例如，他们可以了解某一群体的主要关注领域、符号使用的偏好、情感表达的方式等。内容分析还可以帮助研究者比较不同群体、不同时期或不同媒体之间的差异，并探索群众文化材料中的潜在模式和趋势。

（三）文本挖掘

文本挖掘是利用自然语言处理和机器学习技术对大规模文本数据进行挖掘和分析的过程。通过文本挖掘，我们可以从文本中提取关键词、发现主题模式、识别情感倾向等，从而深入理解群众文化的内涵和影响。

文本挖掘的过程通常包括以下几个步骤。

1. 文本预处理

首先需要对原始文本数据进行预处理，包括去除噪声、标记化、分词、去停用词等操作。这些预处理步骤有助于将文本转化为可供机器学习算法处理的形式。

2. 关键词提取

通过文本挖掘技术，可以自动提取文本中的关键词。关键词提取可以帮助我们了解文本的核心内容和重点关注领域。

3. 主题模式发现

文本挖掘可以帮助我们发现文本中隐藏的主题模式。通过聚类、主题建模等技术，可以将相似的文本归为同一主题，并发现不同主题之间的差异和联系。

4. 情感分析

文本挖掘可以识别文本中的情感倾向，包括正面、负面或中性情感。通过情感分析，我们可以了解群众对特定主题或事件的态度和情感表达。

文本挖掘在群众文化研究中具有广泛的应用。例如，可以通过挖掘社交媒体上的文本数据，了解公众对某一事件或产品的看法，可以分析大量新闻报道，发现热门话题和关注点，还可以通过分析文学作品、电影评论等，揭示不同文化背景下的价值观和审美趋向。

（四）质性分析

质性分析是对质性数据进行归纳、分类和解释的方法，旨在寻找其中的模式和主题。与定量数据不同，质性数据通常是以文字、图像、声音等形式呈现的非结构化数据。通过质性分析，可以提供更为详细和丰富的描述和解释，帮助揭示群众文化的复杂性和多样性。

常用的质性分析方法如下。

1. 内容分析

内容分析是对文本、图像、音频或视频等质性数据进行系统的分类、编码和分析的过程。通过内容分析，可以揭示文本中的主题、符号使用、情感表达等方面的特点，从而深入理解群众文化的内涵。

2. 文本分析

文本分析是对文本数据进行深入解读和分析的过程。它可以帮助研究者发现文本中的隐含意义、观点、观点之间的关系等。文本分析方法包括语义分析、语篇分析、修辞分析等，可以帮助我们更好地理解文本背后的意义和思想。

3. 主题分析

主题分析是对质性数据中的主题进行识别和分析的过程。通过主题分析，可以发现数据中的潜在主题，并了解不同主题之间的联系和差异。常见的主题分析方法包括主题建模、聚类分析等。

质性分析的优势在于可以提供深入的描述和解释，帮助我们理解群众文化的复杂性和多样性。质性分析可以揭示文本或数据背后的意义、价值观和社会背景，帮助我们更好地把握群众文化的内涵和影响。

（五）比较分析

比较分析是通过对不同文化、不同群体或不同时期的数据进行比较，寻找共同点和差异的过程。它可以帮助研究者揭示文化差异和共通性，进一步理解群众文化的特点和变化趋势。

在比较分析中，研究者可以选择多个文化、群体或时间点作为比较对象，并通过对其相关数据进行整理和分析来进行比较。常见的比较分析方法如下。

1. 跨文化比较

通过比较不同文化背景下的群众文化数据，可以了解不同文化之间的差异和共同点。例如，可以比较不同国家或地区的价值观、传统习俗、艺术表达等，揭示文化之间的差异和交流。

2. 跨群体比较

通过比较不同群体的群众文化数据,可以了解不同群体之间的差异和共通性。例如,可以比较不同年龄段、性别、教育水平、社会阶层等群体在某一领域的兴趣爱好、消费偏好等,揭示群体之间的差异和相似之处。

3. 历史比较

通过比较不同时期的群众文化数据,可以了解群众文化随时间的演变和变化趋势。例如,可以比较不同时代的艺术作品、音乐风格、电影题材等,揭示群众文化在不同历史背景下的变迁和发展。

比较分析可以帮助研究者深入理解群众文化的特点和变化趋势。它可以帮助我们发现不同文化、群体或时期之间的共同性和差异性,从而揭示出群众文化的多样性和复杂性。比较分析也可以为跨文化交流、文化政策制定等提供参考,促进文化的多元发展和相互理解。

第三节　群众文化研究的案例分析和实证研究

一、案例一:音乐流行趋势的变化

1. 研究目标

探究音乐流行趋势的变化,了解不同时期和地区的音乐偏好,以及对音乐产业和文化的影响。

2. 数据收集

(1)历史音乐记录

收集不同时期的音乐排行榜、销售数据和流媒体播放量等数据。

(2)调查问卷

针对不同年龄段的受访者进行调查,了解他们对不同类型音乐的喜好和听歌方式。

(3)音乐评论和专家访谈

收集音乐专家和评论家对不同时期音乐流行趋势的观点和解读。

3. 数据分析

（1）描述性统计

对历史音乐记录进行整理和汇总，比较不同时期的音乐类型、艺术家和歌曲的排名和销售情况。

（2）相关性分析

分析调查问卷数据，探究不同年龄段人群对音乐类型和平台的偏好，以及与流行趋势的关系。

（3）内容分析

对音乐评论和专家访谈进行主题分析，了解不同时期音乐流行趋势的驱动因素和社会背景。

4. 结果解释

（1）音乐类型变化

通过历史音乐记录的分析，发现不同时期音乐类型的变化，如从摇滚到流行、从电子音乐到嘻哈等。

（2）年龄段差异

调查问卷数据可能显示不同年龄段人群对音乐偏好的差异，如年轻人更倾向于流行和电子音乐，而老年人偏好经典和民谣音乐。

（3）社会影响

通过内容分析，揭示不同时期音乐流行趋势与社会背景、文化变革等之间的关联，如反映时代精神、青年文化等。

二、案例二：社交媒体对消费者购物决策的影响

1. 研究目标

探究社交媒体在消费者购物决策中的作用，了解消费者对产品评价、意见领袖和社交推荐的依赖程度。

2. 数据收集

（1）调查问卷

调查消费者在购物决策中使用社交媒体的频率、购物平台偏好和对社交推荐

的态度。

（2）用户评论和评价数据

收集电商平台上商品的用户评论和评价数据。

（3）个别访谈和焦点小组

深入了解消费者在购物过程中如何利用社交媒体，以及他们对社交媒体信息的信任程度。

3. 数据分析

（1）描述性统计

对调查问卷数据进行整理和汇总，比较不同群体对社交媒体在购物决策中的使用情况。

（2）情感分析

对用户评论和评价数据进行情感分析，了解消费者对产品的态度和评价。

（3）质性分析

对个别访谈和焦点小组的数据进行质性分析，揭示消费者对社交媒体信息的信任程度和影响因素。

4. 结果解释

（1）社交媒体使用趋势

通过调查问卷数据，了解消费者在购物决策中使用社交媒体的频率和购物平台的偏好，如大多数消费者会在购买前查看社交媒体上的评价和意见。

（2）产品评价影响

通过情感分析，揭示用户评论和评价对消费者购物决策的影响，如积极评价对产品销售具有正面影响。

（3）社交媒体信任程度

通过质性分析，了解消费者对社交媒体信息的信任程度和对意见领袖的依赖程度，以及影响因素如真实性、专业性等。

三、案例三：电视节目对观众态度和行为的影响

1. 研究目标

探究电视节目对观众态度和行为的影响，了解不同类型和内容的电视节目如何塑造观众的价值观、消费习惯等。

2. 数据收集

（1）实验设计

进行随机分组的实验，将观众分为观看不同类型电视节目的组别。

（2）调查问卷

在实验结束后，对观众进行调查，了解他们对电视节目的评价、态度变化和购买意向。

（3）观察记录

观察观众观看电视节目时的反应和行为，并进行记录和分析。

3. 数据分析

（1）描述性统计

对调查问卷数据进行整理和汇总，比较不同组别观众的态度变化和购买意向。

（2）t 检验或方差分析

通过统计方法比较不同组别之间的差异和显著性，验证电视节目对观众态度和行为的影响。

（3）观察记录分析

对观察记录进行质性分析，揭示观众观看不同类型电视节目时的反应和行为模式。

4. 结果解释

（1）电视节目类型影响

通过数据分析，证实不同类型电视节目对观众态度和行为的影响。例如，娱乐类节目可能增强观众快乐和放松感，而新闻类节目可能引发观众关注社会问题的意愿。

（2）质性分析结果

通过观察记录的分析，揭示观众在观看特定类型电视节目时的行为和情感反应，如喜好、互动等。

第十一章　群众文化的未来发展趋势

第一节　当代群众文化的发展趋势和预测

一、多样性和个性化

在现代社会中，人们对群众文化的需求越来越多样化和个性化。这主要得益于互联网和社交媒体的普及，使得个体更加容易表达自己的兴趣、爱好和观点，并与拥有相同兴趣的人进行连接和交流。这种趋势将推动群众文化向更加多元化、细分化和个性化的方向发展。

首先，互联网的普及使得信息获取和传播变得更加便捷。人们可以通过网络轻松地获取各种文化资源，如音乐、电影、书籍、艺术作品等。无论是传统文化还是时尚潮流，都可以在互联网上找到相关内容。这为人们提供了更大的选择空间，满足了不同人群对于多样文化的需求。

其次，社交媒体的兴起使得个体能够更加容易地表达自己的兴趣、爱好和观点。人们可以通过各种社交平台分享自己的创作、心得体会或是参与讨论。这种自由表达的环境促进了个性化文化的发展。例如，有些人可能对摄影感兴趣，他们可以通过社交媒体展示自己的摄影作品，与其他摄影爱好者交流经验。而有些人可能对音乐有着独特的喜好，他们可以通过网络平台发表评论、推荐或是与其他音乐爱好者组织线上活动。这种个性化的文化表达方式使得每个人都能够找到属于自己的文化圈子，从而满足个体需求。

再次，跨界融合也成为一种趋势，不同文化之间的交流和碰撞促进了新的艺术形式和文化表达方式的诞生。例如，音乐中融入传统乐器与电子音乐元素的结合，或是将不同风格的舞蹈进行创新和融合等。这种跨界融合不仅丰富了群众文化的内涵，还激发了人们对于多样文化的兴趣和探索欲望。

最后，环保、健康等价值观念的兴起也影响了文化的发展方向。人们开始更加注重可持续发展和身心健康。在文化产业中，出现了更多关注环境保护和健康生活方式的文化产品和活动。例如，推广可持续时尚、绿色旅游、健身休闲等方面的文化内容，引导人们关注和实践环保与健康的生活方式。这种价值观的兴起使得群众文化在追求多样性的同时也更加注重社会责任和个人发展。

二、数字化和虚拟化

数字技术的进步对群众文化产生了巨大的影响。过去，音乐、电影、游戏等传统群众文化形式主要依赖于实体媒介和现场体验，而现在随着数字化的发展，这些文化形式正逐渐转向数字平台。数字化使得群众文化内容更加易于获取和传播，同时也为创作者提供了更多的表达和推广方式。

首先，数字化使得音乐、电影、游戏等传统群众文化形式更加普及。通过互联网和数字平台，人们可以随时随地享受各种类型的音乐、观看电影和玩游戏。不再局限于实体唱片、电影院或游戏机，群众可以通过在线音乐平台、流媒体视频和移动设备来访问和体验这些文化产品。这使得传统群众文化的消费门槛降低，越来越多的人能够参与其中，丰富了群众的文化生活。

其次，数字技术还改变了人们对于群众文化的体验方式。虚拟现实（VR）和增强现实（AR）等新技术正在逐渐应用于群众文化领域。通过虚拟现实技术，人们可以身临其境地参与音乐演出、观看电影或玩游戏，获得更加沉浸式的体验。增强现实技术则将虚拟元素与现实场景相结合，为观众带来全新的视听感受。这些技术使得群众文化的体验更加多样化和个性化，提升了观众的参与度和互动性。

未来，数字化和虚拟化将成为群众文化发展的重要方向。随着科技的不断创新，数字技术将进一步改变传统群众文化形式的制作和呈现方式。例如，人工智能和机器学习的发展可能会推动音乐和电影创作过程的自动化和个性化，使得创作更加高效和多样化。同时，虚拟现实和增强现实技术将进一步融入群众文化领域，为观众提供更加逼真、沉浸式的体验。

数字化和虚拟化还将促进群众文化的跨界融合。通过数字平台和社交媒体，不同领域的创作者和观众可以更加便捷地进行交流和合作。音乐、电影、游戏等传统群众文化形式可能会与科技、艺术、设计等其他领域相结合，创造出全新的文化产品和体验。这种跨界融合将进一步丰富群众文化的内涵和表达方式。

三、跨界融合

当代群众文化的发展趋势之一是不同领域和形式的融合。在过去的几十年中，我们见证了音乐、电影、时尚、艺术等领域之间的交叉合作和创新成为常态，这种跨界融合推动了新的艺术形式和文化表达的出现，进一步丰富和拓展了群众文化的内涵。

首先，音乐与其他领域的融合已经成为当代群众文化的重要特征。音乐产业的发展使得音乐与电影、时尚、艺术等领域之间建立了更加紧密的联系。例如，电影中的原创音乐和配乐对于电影情节的塑造起着至关重要的作用。同时，音乐也成为时尚界的灵感源泉，不少设计师将音乐元素融入时装秀和品牌宣传中。此外，艺术家们通过音乐表演来呈现他们的艺术作品，将视觉和听觉的体验相结合，创造出全新的艺术形式。

其次，电影与其他领域的融合也在不断深化。电影作为一种集合了视觉、音频、故事情节等多种元素的艺术形式，与音乐、时尚、艺术等领域的交叉合作已经成为常态。例如，电影中的服装设计对于角色形象的建立和故事情节的发展至关重要，时尚界的设计师们也愿意与电影制片方进行合作，为电影中的角色设计独特的服装。此外，电影也成为艺术家们表达自己创作的平台，通过电影作品来呈现他们的艺术观点和思考。

再次，时尚领域与其他领域的融合也在不断加深。时尚不再仅仅是服饰的设计和穿着，它已经超越了实用性的层面，成为一种文化符号和审美表达。时尚界与音乐、电影、艺术等领域的合作已经成为常见的现象。例如，时尚杂志经常会与音乐人、电影明星以及艺术家合作拍摄封面和内页，将不同领域的艺术元素相互融合，创造出独特而有趣的视觉效果。

最后，艺术领域也在与其他领域进行跨界融合。传统的艺术形式如绘画、雕塑等已经不再是唯一的表达方式，艺术家们开始尝试将音乐、电影、时尚等元素融入他们的作品中。例如，一些艺术展览会结合音乐和视频元素，创造出沉浸式的艺术体验。同时，艺术作品也可以成为电影的主题或者背景，通过电影的传播渠道使更多人了解和欣赏艺术。

四、参与性和互动性

当代群众文化相较于传统的被动接受，更加强调观众的参与和互动。人们不再只是单纯地消费文化产品，而是积极参与其中，参与创造、分享和讨论。这种参与性和互动性将会进一步增强，并且通过社交媒体等平台得到更广泛的传播。

首先，当代群众文化注重观众的参与创造。通过技术的进步，人们可以更加方便地参与到创作过程中。例如，音乐领域出现了一种称为"开放式创作"的模式，即音乐人在创作过程中邀请粉丝提供意见和建议，使得观众能够更加直接地影响音乐作品的发展。类似地，在电影领域，一些制片公司也会通过征集观众的意见来决定剧情走向或者角色设定，增强观众的参与感。

其次，社交媒体的普及使得观众能够更加方便地分享和讨论文化产品。人们可以通过社交媒体平台上传自己的音乐作品、电影评价、时尚穿搭等内容，并与其他观众进行互动和交流。这种分享和讨论的方式不仅扩大了观众之间的交流范围，还为文化产品的传播提供了更广泛的平台。

再次，当代群众文化注重观众的互动体验。一些音乐会、电影展映等活动开始采用互动的形式，使观众可以更加积极地参与其中。例如，一些音乐会上会设置互动环节，观众可以通过手机或者其他设备与演出者进行互动，共同创造音乐的氛围。类似地，在电影展映中，观众可以通过投票、评论等方式来表达自己的意见和喜好，与其他观众共同参与到电影的评选过程中。

最后，当代群众文化的互动性通过社交媒体等平台得到更广泛的传播。人们可以通过社交媒体平台分享自己的文化体验、互动参与的照片和视频等，吸引更多人的关注和参与。这种传播方式使得互动性在群众文化中的作用得到放大，同时也为文化产品的推广和传播提供了更广阔的渠道。

第二节　科技创新对群众文化的影响和变革

一、内容创作和分发

科技创新使得内容创作和分发更加便捷和普及化。互联网和数字技术的发展，为个体提供了更容易创作和发布内容的机会，例如音乐、视频、博客等。同时，数字平台和社交媒体也提供了大规模传播的机会，促进了文化内容的广泛流通。

首先，互联网和数字技术为内容创作者提供了更多创作和表达的机会。过去，只有少数人能够通过传统的出版、电视、电台等渠道来分享自己的作品。然而，随着互联网的普及，任何人都可以轻松地创建自己的网站、博客或社交媒体账号，并在上面发布自己的创作作品。无论是音乐、视频、摄影还是写作，个体创作者都能够通过网络平台将其作品推向世界。

其次，数字平台和社交媒体为内容创作者提供了更广泛的传播途径。通过在线音乐平台、视频共享网站和社交媒体等渠道，内容创作者可以将自己的作品传播给全球范围内的观众。这种传播方式不受地域限制，大大拓展了内容创作者的影响力和观众群体。同时，社交媒体的分享和转发功能使得优秀的作品可以迅速传播，获得更多人的关注和支持。

再次，科技创新还改变了内容创作的方式和形式。数字化技术使得音乐、电影、艺术等领域的创作过程更加便捷和灵活。例如，音乐制作软件和设备的进步使得个人能够在家中进行专业级别的音乐创作和录制。同样地，视频制作软件和相机的普及也使得任何人都可以进行高质量的视频创作。此外，虚拟现实（VR）和增强现实（AR）技术的应用也为艺术家提供了全新的表达方式和体验。

最后，科技创新也带来了一些挑战。随着内容创作者和分发平台的增加，内容的质量和版权问题成为一个亟待解决的问题。如何保护原创作品的知识产权以及维护内容创作者的合法权益是一个重要的议题。此外，信息过载和碎片化也给观众带来了选择困难，很难找到真正符合自己兴趣和需求的内容。

二、个性化和推荐算法

科技创新对于个体获取个性化的文化产品推荐带来了革命性的变化。以前，人们往往只能通过传统的渠道，如电视、广播、报纸等，来获取文化产品的信息和推荐。这种方式存在着一定的局限性，无法满足每个个体的特殊需求和偏好。

然而，随着科技的发展和智能化技术的应用，个体现在可以根据自己的兴趣和偏好获得个性化的文化产品推荐。这主要得益于推荐算法的运用。推荐算法利用人工智能和大数据分析技术，通过分析用户的行为和喜好，能够准确地预测用户可能感兴趣的文化产品，并将其推荐给用户。这种个性化推荐大大提高了用户的体验度和满意度，使得用户能够更加便捷地获取到符合自己口味的文化产品。

首先，个性化推荐算法可以基于用户的历史行为和喜好进行推荐。例如，在一个音乐流媒体平台上，推荐系统可以根据用户过去收听的歌曲、喜欢的艺术家、频繁访问的音乐类型等信息，来预测用户可能感兴趣的新歌曲或音乐推荐。这种个性化推荐能够大大提高用户发现新音乐和艺术家的机会，丰富了他们的音乐体验。

其次，个性化推荐算法还可以根据用户的社交网络和好友关系进行推荐。在社交媒体平台上，推荐系统可以分析用户的好友关系、兴趣爱好等信息，来向用户推荐他们的好友喜欢的文化产品。这种推荐能够增强用户与好友之间的互动和共鸣，使得用户能够更加深入地了解他们的朋友，并分享彼此的文化消费体验。

最后，个性化推荐算法还可以利用其他的维度进行推荐，如地理位置、时间等。例如，在一个旅游推荐平台上，推荐系统可以根据用户所在的地理位置和时间，向用户推荐附近的景点、美食、文化活动等。这种个性化推荐不仅能够满足用户对于当地文化的探索需求，还能够提供特定时间段内的限时优惠和活动信息，让用户能够更加方便地规划自己的旅行计划。

总的来说，科技创新使得个体能够根据自己的兴趣和偏好获取个性化的文化产品推荐。推荐算法利用人工智能和大数据分析技术，根据用户的行为和喜好进行个性化推荐，提高了用户体验并丰富了文化消费。然而，也需要注意保护用户的隐私和信息安全，确保个性化推荐算法的合理性和公正性。只有在科技与人文精神相结合的基础上，个性化推荐算法才能真正发挥其积极的作用，满足个体的多样化需求，并促进文化产业的繁荣发展。

三、虚拟现实和增强现实

虚拟现实（Virtual Reality，VR）和增强现实（Augmented Reality，AR）技术的出现，确实在很大程度上改变了人们对于群众文化的感知和体验。这些技术为用户提供了更加沉浸式的参与方式，打破了传统媒体形式的限制，让人们能够以全新的方式与文化内容进行互动。

首先，虚拟现实技术使得人们可以身临其境地参与音乐、电影、游戏等领域。通过佩戴虚拟现实头显设备，用户可以进入一个完全虚拟的环境中，仿佛置身于现实世界之外。在这个虚拟环境中，用户可以与虚拟艺术家互动、观看虚拟演唱会、参与虚拟游戏等。这种沉浸式的体验给人们带来了前所未有的感觉，让他们能够更加深入地理解和欣赏文化作品。

其次，增强现实技术通过在现实世界中叠加虚拟内容，丰富了人们对于群众文化的感知和体验。使用增强现实技术，用户可以通过智能手机、平板电脑或AR眼镜等设备，将虚拟内容叠加在现实场景中，使得用户能够与虚拟角色互动、观看虚拟表演、体验虚拟游戏等。这种技术让人们可以在真实的环境中与虚拟元素进行交互，为他们带来了更加丰富和多样化的文化消费方式。

最后，虚拟现实和增强现实技术还为艺术家和创作者提供了新的表现和创作平台。他们可以利用这些技术创造出更加惊艳和引人入胜的作品，以全新的方式与观众进行互动。例如，一些音乐家可以利用虚拟现实技术创建出身临其境的音乐视频，让观众感受到更加逼真和震撼的音乐体验。同时，增强现实技术也为电影制作提供了新的可能性，可以将虚拟角色和特效与现实拍摄相结合，打造出独特的视觉效果和故事情节。

虚拟现实和增强现实技术的出现，确实改变了人们对于群众文化的感知和体验。它们为用户提供了更加沉浸式的参与方式，让人们能够以全新的方式与文化内容进行互动。同时，这些技术也为艺术家和创作者提供了新的表现和创作平台。虽然这些技术还处于不断发展和完善的阶段，但它们已经在文化领域带来了革命性的变化，并将继续对文化消费和创作产生深远影响。

四、社交媒体和参与互动

社交媒体的兴起确实极大地促进了群众文化的社交和互动性。传统上，群众文化的消费往往是被动的，人们通过电视、广播等媒体接受文化产品，而缺乏主动参与和交流的机会。然而，随着社交媒体的出现和普及，人们现在可以更加积极地参与到文化事件和话题中，分享自己的观点和体验。

首先，社交媒体为人们提供了一个广阔的平台，让他们能够与其他人分享和讨论文化产品。通过发布状态、图片、视频等形式的内容，人们可以展示自己对于音乐、电影、艺术等领域的喜好和见解，引发他人的共鸣和讨论。这种分享和讨论的过程不仅让人们更加深入地理解和欣赏文化作品，还促进了人与人之间的互动和交流，丰富了文化消费的体验。

其次，社交媒体使得人们能够参与到文化事件和话题中，成为文化生活的一部分。例如，在某个音乐节或艺术展览期间，人们可以通过社交媒体分享自己的参与经历和感受，了解其他人的观点和反馈。这种参与让人们能够更加深入地感受到文化活动的热情和氛围，同时也为他们提供了一个平台，表达自己对于文化事件的态度和看法。

再次，社交媒体还推动了更加开放和多元的文化交流。通过社交媒体，人们可以接触到来自不同地区、不同文化背景的人们的观点和作品，拓宽了自己的视野和认知。这种开放性的交流促进了文化多样性的发展，并打破了传统媒体形式对于文化产品的限制。人们可以在社交媒体上发现新的艺术家、音乐风格、电影类型等，从而丰富自己的文化消费选择。

然而，需要注意的是，社交媒体的兴起也带来了一些问题和挑战。例如，信息过载、谣言传播等现象可能会影响用户对于文化产品的判断和选择。此外，个人隐私和信息安全也是一个重要的问题，需要加强保护措施，确保用户在社交媒体平台上的参与和互动安全可靠。

第三节 群众文化在全球化背景下的挑战和机遇

一、文化多样性的平衡

在全球化的背景下，不同文化之间的交流和融合变得更加频繁和普遍。这种交流和融合带来了许多机遇，但同时也带来了一些挑战，其中最重要的挑战之一就是如何平衡文化多样性与文化融合之间的关系，保护和维护各个地区和群体的独特文化特点。

全球化使得人们能够更加容易地接触到其他地区和文化的内容和产品。通过互联网、社交媒体等渠道，人们可以轻松地获取到来自世界各地的音乐、电影、艺术作品等。这种文化交流的便利性增强了人们对于其他文化的认知和理解，促进了文化的融合和互动。然而，与此同时，文化同质化的趋势也开始显现。

文化同质化指的是不同文化之间的差异逐渐减少，逐渐趋向于一种相似的模式或标准。这可能导致一些文化特点和传统被边缘化或消失，给世界带来了一种单一化的文化形态。这种趋势可能会对文化多样性和文化独立性造成威胁，使得各地区和群体的独特文化面临挑战。

为了应对这一挑战，保护和维护各个地区和群体的独特文化特点变得至关重要。首先，政府和相关机构应制定并实施文化政策，加强对本土文化的保护和支持。这包括提供经费和资源，推动本土艺术家和创作者的发展，鼓励本土文化产业的壮大。同时，也需要采取措施保护知识产权，防止盗版和侵权行为，确保文化创作者能够得到应有的回报和认可。

其次，教育系统应注重培养学生对于本土文化的认同和理解。通过教育，可以加强人们对于自己文化的自信心，增强对本土文化的尊重和传承。此外，学校还应开设相关课程，让学生更好地了解其他文化，培养跨文化的交流与合作能力。

另外，社会各界应积极参与和推动文化多样性的保护和发展。非政府组织、文化机构以及媒体等可以发挥重要作用，通过组织活动、推广本土文化产品等方式，增加对本土文化的认知和关注。同时，也应鼓励人们参与到跨文化的交流和合作中，促进不同文化之间的平等对话和理解。

在保护和维护各个地区和群体的独特文化特点的同时，也需要积极推动文化融合。文化融合并不意味着完全放弃原有的文化特点，而是通过相互尊重和借鉴，创造出新的文化形式和内容。通过文化融合，可以促进不同文化之间的交流和互动，培养更加开放和包容的文化观念。

二、版权和盗版问题

全球化对于文化产品的传播具有积极的影响，它使得各种形式的艺术、音乐、电影、文学作品等可以更容易地在全球范围内传播。这为不同国家和地区的人们提供了更多接触不同文化的机会，促进了文化多样性的交流和交融。然而，与此同时，全球化也带来了一些问题，其中之一就是盗版和侵权的风险。

盗版和侵权是指未经授权复制、发布、展示他人作品的行为，这严重侵犯了创作者的知识产权和权益。全球化加速了信息和技术的传播，使得盗版和侵权活动变得更加容易和普遍。数字化时代的到来，使得盗版行为更加隐蔽，网络空间成为盗版者的主要活动场所。

保护知识产权和维护创作者权益成为一个重要的任务，以确保群众文化的可持续发展。首先，国际合作是解决这个问题的关键。各国政府应加强协作，共同制定和执行保护知识产权的法律和政策。通过加强知识产权保护的国际合作，可以减少盗版和侵权现象在全球范围内的蔓延。

其次，技术手段也是保护知识产权的重要途径。数字水印、加密技术等技术手段可以有效地防止盗版和侵权行为。数字化时代的到来，使得对文化产品的版权管理变得更加复杂，但同时也提供了更多应对盗版的技术手段。政府和创作者可以积极采用这些技术手段，提高文化产品的版权保护水平。

再次，教育和宣传也是解决盗版问题的重要途径。加强公众对知识产权的认识和意识，提高他们对盗版行为的厌恶和警惕性，有助于减少盗版和侵权行为的发生。政府可以通过开展宣传活动、组织培训班等方式，加强公众对知识产权保护的理解和支持。

最后，创作者自身也应主动采取措施保护自己的作品。他们可以选择通过正规渠道发布和销售作品，与版权机构合作进行版权登记和维权，以确保自己的权益得到有效保护。此外，他们还可以利用数字化时代提供的各种工具和平台，积极管理和推广自己的作品。

三、跨文化交流与理解

全球化对于不同文化之间的交流和互动具有重要的推动作用，它打破了地域和国界的限制，促进了不同文化之间的接触和碰撞。这种交流可以丰富人们的视野，拓宽思维，推动文化的创新和发展。然而，与此同时，全球化也可能导致文化冲突和误解的产生。

全球化使得不同文化的产品、习俗、价值观等在全球范围内传播，这可能引发文化冲突。由于不同文化的背景、历史和价值观差异，人们对于某些文化产品或行为可能持不同的看法和态度。这可能导致误解、歧视和偏见的产生，加剧了文化之间的隔阂和冲突。

为了促进跨文化的理解和尊重，提倡文化平等和包容性成为群众文化发展的关键。首先，教育是培养跨文化理解和尊重的重要途径。通过学校教育和社会宣传，可以向公众普及各种文化的知识和价值观，帮助人们更好地理解和尊重其他文化。此外，教育还可以培养人们的文化鉴赏能力，使他们能够欣赏和理解其他文化的艺术、音乐、文学等作品。

其次，跨文化交流和互动的平台和机会应得到加强。政府和社会组织可以积极组织各种文化活动和节日，促进不同文化之间的交流和互动。例如，举办国际艺术展览、文化交流节等活动，可以为不同文化的创作者提供展示和交流的机会，增进彼此的了解和认同。

再次，媒体在跨文化交流中也起着重要的角色。媒体应扮演起客观、公正的角色，避免片面或歧视性的报道，传递多元、包容的价值观。同时，媒体还可以发挥桥梁的作用，引导公众更好地理解和接受其他文化。

最后，政府应加强对文化平等和包容性的法律和政策支持。制定和执行相关法律，保护少数民族和移民等弱势群体的文化权益，防止文化冲突和歧视的发生。政府还可以通过推动文化多样性的宣传和教育，提高社会对于文化平等和包容性的认识和重视。

四、新兴市场和全球影响力

全球化对于新兴市场和发展中国家的群众文化来说，提供了更广阔的发展机遇。这些地区可以通过创意产业和文化输出来提高自身的国际影响力，并在全球文化交流中发挥重要作用。

首先，全球化为新兴市场和发展中国家的文化产品提供了更广泛的传播渠道。随着全球通信和互联网技术的发展，文化产品可以更容易地进入国际市场。这使得新兴市场和发展中国家的艺术、音乐、电影、文学等作品可以被更多人接触和欣赏。通过文化产品的输出，这些地区能够向世界展示其独特的文化魅力和创造力。

其次，创意产业成为新兴市场和发展中国家经济发展的重要引擎。全球化促进了创意产业的蓬勃发展，包括电影、音乐、时尚、设计等领域。新兴市场和发展中国家可以借助本土的文化资源和创意人才，培育和发展自己的创意产业。这不仅可以推动当地经济增长，还可以提供更多就业机会，促进社会发展和文化繁荣。

此外，新兴市场和发展中国家也可以通过文化交流来提高自身的国际影响力。全球化使得不同国家和地区之间的文化交流更加频繁和便捷，这为新兴市场和发展中国家提供了参与全球文化对话的机会。通过展示本土的文化艺术、举办文化活动和节日等，这些地区可以与其他国家和地区建立更紧密的联系，推动文化交流和理解。

然而，要实现新兴市场和发展中国家群众文化的可持续发展，还需要面对一些挑战。首先，保护知识产权是关键。全球化带来了盗版和侵权的风险，对于创作者和文化产业来说，这是一个重要的问题。政府应加强知识产权保护的法律和执法力度，鼓励创作者进行合法授权和维权。

其次，投资和支持创意产业的发展也十分重要。新兴市场和发展中国家应加大对创意产业的投资，提供资金、设施和培训等支持，帮助创意人才和企业实现创作和生产的高质量。此外，政府还应制定相应的政策，简化创意产业的运营环境，鼓励企业创新和发展。

最后，加强国际合作也是促进新兴市场和发展中国家群众文化发展的重要途径。各国政府可以加强文化交流和合作，通过举办文化节、艺术展览等活动，增进彼此的了解和认知。同时，也可以与国际组织合作，互相学习和借鉴经验，推动全球文化产业的繁荣和可持续发展。

五、数字鸿沟与数字包容

数字鸿沟是指信息和技术资源在不同地区和群体之间的不平等分配现象。在全球化的背景下，数字技术的普及和应用对群众文化产生了深远影响。然而，由于经济、教育和社会等方面的差异，数字鸿沟问题依然存在，阻碍了一些地区和群体充分参与到全球化进程中。解决数字鸿沟，实现数字包容，是确保群众文化能够充分参与到全球化进程中的重要机遇。

首先，解决数字鸿沟需要加强基础设施建设。在许多发展中国家和偏远地区，由于缺乏基础设施和覆盖网络，使得大量人口无法享受到数字技术带来的便利和机遇。政府和国际组织应加大投资力度，改善基础设施建设，提高网络覆盖率和质量，使更多人能够接入互联网和数字技术。

其次，数字素养的培养也是解决数字鸿沟的关键。数字技术的快速发展和更新换代，要求人们具备一定的数字技能和知识。教育系统应将数字素养作为基础教育的一部分，培养学生的信息获取、处理和创新能力，使他们能够灵活运用数字技术解决问题。

此外，降低数字技术的成本也是实现数字包容的重要手段。数字设备和互联网的高昂价格限制了一些地区和群体的参与。政府可以通过减税、补贴等方式鼓励数字技术的普及和应用，降低数字设备和网络的成本，使更多人能够获得数字技术的便利。

同时，数字内容的多样性和包容性也需要得到关注。在数字化时代，文化产品的传播不再受限于地理位置和传统媒体，但仍然存在着信息过滤和偏见的问题。为了实现数字包容，需要推动各种语言、文化和观点的平等表达和传播，避免数字空间中的信息不平等和文化歧视现象。

最后，政府、企业和社会组织之间的合作也是解决数字鸿沟的关键。只有通过共同努力，才能推动数字技术的普及和应用，促进数字包容的实现。政府应加大政策支持和投资力度，企业应积极参与数字包容项目，社会组织可以发挥桥梁和推动者的作用，促进资源的共享和交流。

六、社交媒体的双面性

社交媒体的兴起确实为群众文化的传播和互动提供了便利和机会。它打破了传统媒体的限制，让人们可以自由地表达意见、分享信息和参与讨论。社交媒体也促进了人们之间的联系和沟通，使得距离不再成为问题。

然而，我们也必须认识到社交媒体的双面性。首先，虚假信息的传播成为一个严重的问题。社交媒体平台上的信息流量庞大，很难对每一条信息进行准确性的验证，这给谣言和虚假信息的传播提供了土壤。这不仅可能误导公众，还可能对社会稳定造成影响。

其次，网络暴力是社交媒体的另一个严重问题。匿名性和广泛的传播渠道使得一些人更容易在社交媒体上发表恶意言论、进行欺凌和骚扰行为。这不仅侵犯了个人权益，还可能对社会和谐产生负面影响。

此外，隐私泄露也是一个令人担忧的问题。在社交媒体上，人们往往会分享大量的个人信息，包括照片、地理位置和个人喜好等。如果这些信息被滥用或泄露，可能导致个人隐私权受到侵犯，甚至引发身份盗窃和其他安全问题。

为了发挥社交媒体的积极作用，我们需要加强监管和教育。社交媒体平台应该设立更加严格的审核机制，加强对虚假信息的过滤和打击。政府和相关机构也应该出台法律法规，规范社交媒体的运营和内容发布。此外，教育也起着关键的作用，人们应该学会辨别虚假信息，提高网络素养，自觉抵制网络暴力行为，并保护个人隐私。

七、文化创新与文化自主权

在全球化背景下，文化创新对于群众文化的发展至关重要。各个地区和群体应当保持文化自主权，积极推动本土文化的创新和发展。通过以下措施，可以实现文化创新与传统文化的有机结合。

1. 保护知识产权：加强知识产权保护，防止盗版和侵权行为，鼓励创作者进行原创作品的创作。这样可以激励创作者投入更多精力和创意，推动文化创新的发展。

2. 培育本土艺术家和创作者：政府和社会应该加大对本土艺术家和创作者的培养和扶持力度，提供专业的培训和创作条件，帮助他们发挥才华，创造出具有独特风格和本土特色的作品。

3. 支持本土文化产业的发展：鼓励投资者和企业支持本土文化产业的发展，提供资金和资源支持，建立起完善的产业链条。同时，政府可以出台相关政策，提供税收减免和其他优惠政策，吸引更多的投资和创业者进入文化产业。

4. 加强文化交流与合作：在保持文化自主权的前提下，积极参与国际文化交流与合作，学习借鉴其他地区和群体的优秀文化成果，以开放的心态吸收外来文化元素，促进文化创新和文化融合。

参考文献

[1] 兰宜谦."文化列车"开进广元文化盛宴送到群众身边 [N]. 广元日报 ,2024-01-28(2).

[2] 潘晓 . 振兴乡村文化视域下开展群众性文化活动的实践与思考——以安徽省枞阳县 "枞阳之歌" 周末大舞台为例 [J]. 大众文艺 ,2024(2):15-17.

[3] 王利兰 . 浅析文化馆开展群众文化美术活动的策略 [J]. 参花 ,2024(3):149-151.

[4] 顾媛媛 . 新时期文化馆开展群众文化辅导的重要意义和路径研究 [J]. 文化月刊 ,2024(1):74-76.

[5] 毛天俊 . 短视频时代群众文化建设中陶瓷文化的宣传策略 [J]. 陶瓷科学与艺术 ,2024,58(1).

[6] 朱顺超 . 乡村振兴背景下基层群众文化活动的困境及对策研究 [J]. 大众文艺 ,2024(1).

[7] 徐昕彤 . 戏剧在群众文化建设中的作用与转型路径研究 [J]. 戏剧之家 ,2024(1):54-56.

[8] 张欣 , 刘怀英 , 杨春 . 为奋力谱写中华民族现代文明巴蜀新篇章作出广元贡献 [N]. 广元日报 ,2024-01-07(2).

[9] 张欣 , 刘怀英 , 吕梅等 . 自觉担负起新的文化使命奋力推动宣传思想文化工作再上新台阶——全市广大党员干部群众学习全市宣传思想文化工作会议精神热议新时代新征程新使命 [N]. 广元日报 ,2024-01-06(2).

[10] 吴启翠 . 现代公共文化服务体系中的文化馆服务创新策略 [J]. 参花 ,2024(1):143-145.

[11] 高静 , 刘振伟 . 戏剧创作与表演辅导对基层群众文化工作的影响 [J]. 文化产业 ,2024(1):108-110.

[12] 陆菁菁 . 新时代下文化馆在群众文化工作中的影响和作用探析 [J]. 牡丹 , 2023(24):93-95.

[13] 孙建军 . 发展民间文艺振兴乡村文化——永吉县口前镇创建"吉林省民间文化艺术之乡"的实践与思考 [J]. 大众文艺 ,2023(24):4-6.

[14] 宋凯 . 藏羌红色歌谣在区域群众文化活动中的创新应用研究 [J]. 名家名作 , 2023(36):69-71.

[15] 孙文轩 . 跨文化背景下青少年宫如何引导群众文化的传承与创新 [J]. 文化月刊 ,2023(12):141-143.

[16] 黄浩 . 文化自信视域下群众音乐创作风格的创新路径探索 [J]. 戏剧之家 , 2023(35):100-102.

[17] 朱丽芳 . 群众艺术培训助力乡村文化振兴发展的策略研究 [J]. 参花 (下), 2023(12):119-121.

[18] 康璐 . 做好文化为民"三篇文章"着力提升群众生活幸福指数 [N]. 包头日报 , 2023-12-12(1).

[19] 郭丹 . 打造"文明实践路线"让红色教育"活"起来 [N]. 汕头日报 ,2023-12-06(2).

[20] 丁丽艳 . 文旅融合背景下群众文化艺术活动的创意与策划探讨 [J]. 参花 (上), 2023(12):128-130.

[21] 郭志清 , 朱萌 . 山西省长治市文化馆让更多群众沐浴文化阳光 [N]. 中国文化报 , 2023-12-05(6).

[22] 沈与 . 浅谈文化馆公共文化服务社会化的管理和创新 [J]. 中国民族博览 , 2023(22):253-255.

[23] 张婧 . 增强责任感使命感推动宣传思想文化工作取得新进展新成效——雅安广大党员干部群众热议全市宣传思想文化工作会议精神 [N]. 雅安日报 ,2023-11-27(2).

[24] 胡海娣 . 基层文化馆在群众文化活动中的作用及活动开展策略 [J]. 牡丹 , 2023(22):99-101.

[25] 王伟 . 浅谈群众文化建设中小戏小品的发展路径——以第十九届"群星奖"戏剧类决赛入围作品为例 [J]. 戏剧之家 ,2023(32):39-41.

[26] 蒋德军.陶瓷彩绘活动在群众文化活动建设中的开展路径[J].陶瓷科学与艺术,2023,57(11):6-7.

[27] 成庭羽.优化高质量文化供给增强群众获得感幸福感[N].新华日报,2023-11-14(10).

[28] 刘英芝.新形势下开展基层群众文化活动存在的问题和解决对策[J].参花(下),2023(11):125-127.

[29] 游亚东.探究在公共文化服务背景下群众文化活动品牌的打造[J].参花(下),2023(11):134-136.

[30] 黄琳清.新形势下文化馆群众文化工作的创新发展研究[J].参花(上),2023(11):125-127.

[31] 胡海娣.基层文化馆加强群众文化辅导工作的实践路径分析[J].参花(下),2023(10):113-115.

[32] 冷春艳.培植构建城市文化记忆路径选择及实践探索——以长春市群众艺术馆为例[J].参花(上),2023(10):125-127.

[33] 傅小花.群众文化艺术活动的创意与策划分析[J].艺术品鉴,2023(27):19-22.

[34] 金晶.新形势下文化馆群众文化工作展新姿[J].文化产业,2023(20):46-48.

[35] 刘路.基于计划行为理论的农民参与群众文化活动行为研究[D].华中农业大学,2023.

[36] 程慧.因地制宜 顺势而为 寻求新的突破口——江西省乐平市赣剧团寻求体制改革的新探索[J].影剧新作,2023(2):79-82.

[37] 董雅宁.新时期群众文化发展中文化类电视节目的现实意义[J].百花,2023(5):48-50.

[38] 孙筱玥.新时代马克思主义大众化文化传播的挑战与应对研究[D].西南大学,2023.

[39] 李想.北京市西城区文化馆群众文化品牌建设——以"缤纷鼓风青少年打击乐团"群众文化品牌为例[J].文化产业,2023(13):112-114.

[40] 赵琰.新形势下的文化馆群众文化辅导工作路径探索[J].参花(上),2023(5):116-118.

[41] 褚震 . 浅议声乐艺术在群众文化传播中的发展与探索 [J]. 明日风尚 , 2023(8):10-12.

[42] 李颖 . 全媒体语境下群众文化传播的创新路径研究——以山东文艺全媒体传播实践为例 [J]. 山东艺术 ,2023(2):117-120.

[43] 李甜甜 . 浅析如何发挥基层文化馆在群众文化活动中的作用 [J]. 参花 (上), 2023(4):128-130.

[44] 杨华星 . 论舞蹈艺术在推动基层群众文化发展中的重要性 [J]. 尚舞 ,2023 (6):141-143.

[45] 谢文婷 . 探讨群众艺术馆如何做好新时代群众文化艺术工作 [J]. 参花 (下), 2023(3):128-130.

[46] 才让东珠 . 探索群众文化与非遗保护有机整合的有效策略 [J]. 参花 (上), 2023(3):134-136.

[47] 薛云喜 . 文化馆如何适应新时代的要求增强群众文化服务功能 [J]. 中国文艺家 ,2023(2):151-153.

[48][50] 张莹 . 在群众文化开展视域中文化馆普及推广音乐的策略 [J]. 戏剧之家 , 2022(29):111-113.

[49] 冯晓薇 . 当代群众文化艺术教育探索 [J]. 戏剧之家 ,2015(15):183.